中国职业风险与工伤保障
——演变与转型

乔庆梅 著

商务印书馆
2010年·北京

图书在版编目(CIP)数据

中国职业风险与工伤保障:演变与转型/乔庆梅著.
—北京:商务印书馆,2010
ISBN 978-7-100-07097-3

Ⅰ.中… Ⅱ.乔… Ⅲ.工伤事故－劳动保险－研究－中国
Ⅳ.D922.55

中国版本图书馆 CIP 数据核字(2010)第 064987 号

所有权利保留。
未经许可,不得以任何方式使用。

中国职业风险与工伤保障
——演变与转型
乔庆梅 著

商 务 印 书 馆 出 版
(北京王府井大街36号 邮政编码 100710)
商 务 印 书 馆 发 行
北 京 瑞 古 冠 中 印 刷 厂 印 刷
ISBN 978-7-100-07097-3

2010年6月第1版　　开本 880×1230　1/32
2010年6月北京第1次印刷　　印张 11
定价:25.00元

目 录

前言 …………………………………………………………… 1

第一章 文献回顾 …………………………………………… 17
1. 引言 ……………………………………………………… 17
2. 国内职业安全(风险)与工伤保险文献回顾 ………… 19
   2.1 国内职业安全(风险)文献回顾 ………………… 20
   2.2 国内工伤保险基本理论文献回顾 ……………… 31
   2.3 中国工伤保险制度建设文献回顾 ……………… 34
   2.4 工伤保险技术研究文献回顾 …………………… 43
   2.5 国内学者对外国工伤保险研究文献回顾 ……… 49
3. 国外职业风险和工伤保险文献回顾 ………………… 52
   3.1 国外职业风险研究回顾 ………………………… 52
   3.2 国外工伤保险文献回顾 ………………………… 53
4. 综合评述 ……………………………………………… 56

第二章 中国工伤保险的演进与转型 …………………… 60
1. 引言 …………………………………………………… 60
2. 转型期的背景 ………………………………………… 61
   2.1 经济体制的转型 ………………………………… 61
   2.2 政府角色的转换 ………………………………… 63
   2.3 发展理念的转变 ………………………………… 65
   2.4 社会意识和价值观念的转变 …………………… 67

3. 工伤保险的转型 ·································· 69
　　　　3.1 转型之前的工伤保险 ························ 69
　　　　3.2 工伤保险转型的第一阶段(1986—1996) ········ 71
　　　　3.3 工伤保险转型的第二阶段(1996—2003) ········ 74
　　　　3.4 工伤保险走向成熟时期(2004—) ·············· 76
　　4. 结论 ·· 78

第三章 工伤保险替代和补充保障的发展与转型 ············ 82
　　1. 引言 ·· 82
　　2. 工伤保险替代和补充保障形式 ···················· 83
　　　　2.1 雇主责任保险 ······························ 83
　　　　2.2 团体意外伤害保险 ·························· 84
　　　　2.3 雇主责任制 ································ 85
　　　　2.4 雇员自我责任 ······························ 86
　　3. 工伤保险替代和补充保障的转型与发展 ············ 87
　　　　3.1 雇主责任保险的发展 ························ 88
　　　　3.2 团体意外伤害保险的发展 ···················· 90
　　4. 替代和补充保障的评价 ·························· 91
　　　　4.1 保障效果评价 ······························ 92
　　　　4.2 制度效率评价 ······························ 94
　　　　4.3 与工伤保险统一性的矛盾 ···················· 95
　　5. 结论 ·· 96

第四章 转型期职业风险的变化和特征 ···················· 98
　　1. 引言 ·· 98

2. 转型期职业风险变化的表现 …………………………… 99
   2.1 职业危害内容和种类增加 ………………………… 99
   2.2 职业风险结构变化 ………………………………… 101
   2.3 受害对象扩张和危害后果转移 …………………… 107
   2.4 职业风险在产业和行业之间聚合与分配 ………… 109
   2.5 职业风险重心转移 ………………………………… 113
   2.6 职业风险地域分布转移 …………………………… 116
3. 转型期职业风险变化的效应 …………………………… 121
   3.1 职业风险危害深化 ………………………………… 121
   3.2 职业风险受害群体年轻化 ………………………… 126
   3.3 造成经济与社会发展的长期潜在危害 …………… 128
   3.4 增加了工伤保险发展和完善的迫切性 …………… 129
4. 转型期职业风险变化的原因 …………………………… 130
   4.1 职业风险变化的直接原因 ………………………… 130
   4.2 职业风险变化的深层原因 ………………………… 133
5. 转型期职业风险的特征 ………………………………… 139
   5.1 风险的扩张性与上升性 …………………………… 139
   5.2 风险的领域分散性与行业集中性 ………………… 140
   5.3 防控的无序性 ……………………………………… 143
6. 职业风险的发展趋势 …………………………………… 145

第五章 转型期工伤保险制度分析 ……………………… 150
1. 引言 ……………………………………………………… 150
2. 工伤保险制度覆盖范围的有效性分析 ………………… 151
   2.1 工伤保险覆盖面概述 ……………………………… 151

2.2　工伤保险的行业分布 ……………………………… 153
　　2.3　工伤保险的地区发展 ……………………………… 155
　　2.4　各类经济主体的参保状况 ………………………… 158
3. 工伤保险基金充足性与稳定性分析 …………………… 159
4. 工伤保险制度效率分析 ………………………………… 164
　　4.1　保障水平分析 ……………………………………… 164
　　4.2　保障效果分析 ……………………………………… 167
　　4.3　制度成本效益分析 ………………………………… 168
5. 转型期工伤保险制度评价 ……………………………… 172
　　5.1　企业和工伤保险管理部门的双重逆选择 ………… 172
　　5.2　制度刚性不足 ……………………………………… 174
　　5.3　地区之间缺乏互济性 ……………………………… 176
　　5.4　制度内部脱节导致工伤保险制度效率低 ………… 179
6. 结论 ……………………………………………………… 181

第六章　转型期特殊群体的工伤保障 …………………… 183
1. 引言 ……………………………………………………… 183
2. 老工伤者的保障问题 …………………………………… 184
　　2.1　老工伤问题的产生 ………………………………… 184
　　2.2　问题的解决 ………………………………………… 186
3. 灵活就业者的工伤保障 ………………………………… 191
　　3.1　灵活就业者工伤保障的难点 ……………………… 191
　　3.2　灵活就业者工伤保障问题的解决途径 …………… 194
4. 农民工的工伤保障 ……………………………………… 196
　　4.1　农民工工伤社会保险政策和实践现状 …………… 197

4.2 解决农民工工伤保障的新思路 …………………… 200
　5. 结论 ………………………………………………………… 205

第七章　国外典型国家工伤保险制度及其借鉴………… 206
　1. 引言 ………………………………………………………… 206
　2. 工伤保障世界范围的演进 ………………………………… 207
　　2.1 工业化前的工伤保障 ………………………………… 207
　　2.2 工业化时期的工伤保障 ……………………………… 208
　3. 典型国家的工伤保险制度 ………………………………… 211
　　3.1 德国工伤保险制度 …………………………………… 212
　　3.2 美国工伤保险制度 …………………………………… 221
　　3.3 阿根廷工伤保险制度 ………………………………… 225
　　3.4 日本工伤保险制度 …………………………………… 228
　4. 国际工伤保险制度的规律总结 …………………………… 231
　　4.1 制度实施技术的趋同化 ……………………………… 231
　　4.2 制度目标的趋同化 …………………………………… 232
　　4.3 保障对象和保障范围扩张 …………………………… 233
　　4.4 制度发展方向在探索中明确 ………………………… 234
　5. 结论 ………………………………………………………… 234

第八章　工伤保障制度的未来发展………………………… 236
　1. 引言 ………………………………………………………… 236
　2. 建制理念与目标指向 ……………………………………… 237
　　2.1 发达国家工伤保险理念和目标总结 ………………… 237
　　2.2 中国工伤保障建制理念和目标的确立 ……………… 240

3. 工伤保障制度的宏观构建 ·· 244
　3.1 发达国家的制度架构借鉴 ································· 245
　3.2 双层的工伤保障模式 ·· 246
　3.3 优化的中国工伤社会保险制度 ···························· 250
4. 责任分担与协作机制 ·· 255
　4.1 工伤保障中的政府职能 ····································· 255
　4.2 工伤保障中的市场机制 ····································· 258
　4.3 工伤保障中的企业责任 ····································· 262
　4.4 政府、市场与企业的协作 ··································· 265
5. 管理体制的优化 ··· 269
　5.1 我国现行工伤保险管理体制 ································ 269
　5.2 优化的工伤保险管理体制 ··································· 271
6. 工伤保障实施的相关制度保证 ··································· 273
　6.1 劳动合同制度 ··· 273
　6.2 劳动和安全监察制度 ·· 275
　6.3 就业政策 ··· 278
　6.4 工伤保险司法救济制度 ····································· 281
7. 结论 ··· 285

第九章　结论及有待进一步研究的问题 ······················· 287
1. 研究结论 ··· 287
　1.1 职业风险发生了全面深刻的变化 ························· 287
　1.2 工伤保险制度转型具有滞后性和不完全性 ·············· 288
　1.3 工伤保险制度有效性有待提高 ···························· 289
　1.4 应从工伤保险制度发达的国家汲取可资借鉴的经验 ······ 289

  1.5 应实现工伤保险的两个转化 ·················· 290
  1.6 制度优化需要环境条件和相关的制度保障·········· 291
 2. 有待进一步研究的问题 ························ 292
  2.1 工伤保险精算的细化 ····················· 292
  2.2 职业安全卫生体系及标准的科学化 ·············· 293
  2.3 职业伤害事故救援机制及运作 ················ 294
  2.4 企业安全生产激励的实施 ··················· 295

参考文献 ································ 297
附录 新中国工伤保险 60 年大事记 ··············· 309
致谢 ·································· 342

前　言

职业风险作为工业化的产物，随着工业化程度的提高而不断加深。进入转型期以来，随着中国经济工业化初期阶段的腾飞，职业风险迅速扩张。安全生产和职业伤害已经成为政府、社会乃至举国上下关注的问题，安全生产执法力度加大、社会监督逐年增强，作为职业安全保障制度的工伤保险改革进程也随之加快。目前，对工伤保险制度却没有全面系统的研究和剖析，对养老、医疗等"热门"险种的关注使得对工伤保险的研究遭到忽略，能为政策制定提供一定理论依据的研究欠缺。这就在工伤保险实践和研究中形成了政府、社会的高度关注与学界的冷落和忽视的强烈对照。在当前职业危害严重、工伤保险制度面临严峻挑战的条件下，对转型期职业风险和工伤保障的改革进行全面的评价与分析，正是本书的立足点和出发点。

据统计，近年来，我国企业每年因职业伤害事故死亡近两万人，每年造成的伤残人员以几十万计，实际遭受职业危险因素威胁的劳动者超过两亿人。据有关学者的调查与测算，20世纪90年代，中国年均因安全生产事故造成的损失在1800亿至2500亿元之间，如果按2000亿事故损失的水平分析，每年的损失相当于毁掉两个三峡工程，[1]甚至还有的专家认为，每年2000亿元的安全

---

[1] 参见罗云："事故对社会经济影响的调查分析"，《安全》2004年第3期。

事故损失或许还是保守的估计,实际损失远不止这么多,而是高达4000亿元。① 随着安全执法的加强和安全生产监督管理的规范化,虽然职业伤害程度整体上略有减轻,但总体形势依然严峻。我国正处于职业风险事故的高发期,这不但体现在大量显性和突发性的职业伤害事故的发生,更表现于难以计数的数量庞大的潜在职业危害受害群体和正在遭受职业危险却没有意识到这一问题严重性的大批劳动者中。经济体制的转变、产业结构的升级、发展理念的变化以及社会文化和社会阶层的分化,从不同方面影响着职业风险的变化。时时有风险,事事有风险,此谓风险无处不在,职业风险亦然。职业风险的变化和恶性扩张,要求有完备的职业安全制度,并能为工伤者提供赔偿和康复服务,这一责任就自然而然地落到工伤保险制度的肩上。完善的工伤保险制度不仅能为劳动者提供赔偿和康复服务,而且防患于未然、实现工伤事故的高效预防更是其应追求的目标。2004年1月1日,工伤保险在我国经历了劳动保障、企业保险以及适应市场经济的改革试点之后终于确定下来,但转型期职业风险的复杂性又使得新的工伤保险制度在短期内为所有劳动者提供工伤风险保障显得力不从心。其中有制度自身的原因,也有人为的原因,还有一些问题是新旧制度的衔接没有理顺的结果。转型期社会经济状况的复杂性增加了工伤保险迅速发展的难度,而转型期职业风险的复杂现实又决定了工伤保障发展的迫切性以及保障方式的多样性,这为雇主责任保险、意外伤害保险等商业保险的发展提供了一定的空间,也成为当前我国

---

① 梁嘉琨:"我国生产安全应急救援体系研究",丁石孙主编:《城市灾害管理》,群言出版社2004年版,第173页。

职业风险保障的现实。工伤保险虽已确立,短期内不可能有根本性的变革,但却需要进一步完善,需要理念的更新和架构的科学化。

"安全工作"、"健康工作"作为现代社会先进的工作理念,应当成为我国工伤保险制度构建的目标基石和出发点,这是保障劳动者基本安全权益的需要,也是以人为本的发展理念在工伤保障中的体现。工伤保险制度从它诞生的那一刻起,就被赋予了稳定社会、缓和阶级矛盾、调和劳资关系的社会职责,随着社会文明的进步,其保障人权、保障劳动者职业安全权益的目标得到升华,并成为制度的着眼点。转型期的现实决定了中国的工伤保险制度不能像其在工业化国家诞生之初那样经历漫长的发展和演进,而是要在建立伊始就应兼具劳动者权益保护、调和劳资关系及稳定社会的职能。由此决定了中国工伤保险制度劳动者权益保护与调和劳资关系的双重任务目标。然而,我们不得不面临的尴尬是,在经济社会的转型期,伴随着经济的高速发展,一面是高事故率、高伤亡率的安全生产形势,另一面却是低覆盖面、低保障水平的工伤保障发展现状。如何加强工伤预防、解决劳动者工伤保障问题是我们不得不解决的燃眉之急。在问题的解决中,政府应该做什么、市场应该做什么、企业又应该做什么是必须理顺和澄清的。

工伤保险制度作为一项社会政策,并不单单是一个制度,而是经济、社会、文化等多种因素的综合反映。结合我国经济、社会、文化和工伤保险制度改革的实际,如何从长远的角度,建立适应我国经济社会文化特征的工伤保险制度,是中国现阶段改革过程以及未来发展构想中必须思考的问题。本书从分析转型期职业风险的变化入手,对中国转型期的工伤保险制度进行剖析和评价,并对工伤保险制度的未来发展提出构想。另外，本书还将对转型期新旧制度交接过程中被遗漏的和新制度尚未覆盖但又具有迫切需求的一部分特殊群体的工伤保障问题以及工伤保险的补充保障方式进行探讨。对工伤保障制度宏观构建的探讨旨在从政府、市场和企业三个层面进行分析，建立起三者在工伤保障中的协调机制，理清政府和市场、企业各自的职责定位。这中间不但有建制理念的更新，而且包括制度目标的明确；不但包括管理体制的理顺，而且需要相应的政策和环境保障；不但包括新的协调机制的建立，而且需要对现有资源如残疾人康复资源等的充分利用。

经济体制的改革和产业结构的变化带来了职业风险的变化，这种变化不仅在于其表现形式的变化，而且在于职业风险在区域、行业分布的变化，这些变化具有以往所不具备的特征。对转型期职业风险的特殊性进行分析、对当前的工伤保险制度及其制度效果进行讨论、从宏观和微观两个层面促进全面而科学的工伤保险制度的构建是本书的宗旨和目的所在。因此，本书拟回答以下几个方面的问题：

第一，如何全面把握中国转型期职业风险的变化和特征？

第二，如何全面评估我国转型期工伤保障制度的演进及其评价？

第三，如何全面实现工伤保障制度的优化？

具体内容包括如下：

第一部分即本书第一章"文献回顾"，是对前人已有研究成果的总结和评述。首先从工伤保险理论研究入手，对工伤社会保险的理论基础作出一般性的总结；其次对中国职业风险和工伤保险研究现状进行梳理，总结出前人的主要研究成果和观点；再次是对国外工伤保险研究的概括和介绍；最后是对当前研究现状的评述。

第二部分即本书第二章"中国工伤保险的演进与转型"和第三章"工伤保险替代和补充保障的发展与转型"，这部分是对我国工伤保险制度及其补充保障——雇主责任保险和团体意外伤害保险演进和转型的总结。首先对我国转型期的背景作一简单的介绍，这是工伤保险赖以存在的宏观环境。其次按照历史的发展脉络，将我国工伤保险划分为转型期之前的工伤保险和转型期的工伤保险。首先对我国转型期之前的工伤保险制度作简单的梳理，接着对我国转型期的工伤保险进行归纳，并将我国工伤保险制度的转型分为三个阶段：从1988年至1996年为工伤保险制度的探索阶段；第二阶段是从1996年至2003年，这段时间是我国工伤保险经过探索、试点之后进入成型的阶段，这一时期的经验积累为后来工伤保险制度的最终确立起到了基础性的作用；2004年至今为第三阶段，这是我国工伤保险制度虽已定型但却需要完善的时期。第二章最后是对我国工伤保险制度演进和转型的评价与总结，指出我国工伤保险制度从其建立、发展到转型直到最终定型，经历了一个规范—失范—再规范的过程，而后一个规范并不是前一个规范的简单重复，而是经过了转型期的改革调整之后更合理、更完善的规范。当然，这后一个规范在我国尚没有完全实现。

在由计划经济体制下规范的劳动保险过渡到转型期工伤社会保险制度的过程中，新制度的缺漏为补充保障——商业保险的发展提供了一定的空间，第三章"工伤保险替代和补充保障的发展与转型"主要对当前发挥部分工伤保障职能的雇主责任保险、团体意外伤害保险等进行介绍。这些保险虽然属于商业保险的形式，但由于转型期的工伤社会保险制度覆盖面有限、保障程度有限,这些商业保险形式在很多领域发挥着职业安全保障的作用,成为工伤社会保险的补充或替代保障。

第三部分是本书的第四章"转型期职业风险的变化和特征",从纵向和横向两个维度对中国转型期职业风险的变化和特征进行分析与总结,包括计划经济向市场经济转变过程中职业风险在不同产业、行业、地区分布的变化以及发展理念和发展目标的转变对职业风险的影响,也包括对近年来我国职业风险现状的描述和总结。另外,本章还对我国职业风险发展趋势作出了预测,指出在今后相当长的一段时间内,我国的职业伤害将维持在较高的水平。

第四部分包括第五章"转型期工伤保险制度分析"和第六章"转型期特殊群体的工伤保障"两章的内容。这部分主要包括对转型期工伤保险制度的分析与评价,以及对当前尚未解决的特殊群体的工伤保障问题的分析,这也是全书的重点之一。具体而言,第五章"转型期工伤保险制度分析",主要包括对制度覆盖面、制度效率、制度评价以及工伤保险基金运行有效性等方面的分析,并对其作出总体的评价和总结。第六章"转型期特殊群体的工伤保障"主要论述了灵活就业人员、进城务工人员、老工伤者等特殊群体的工伤保障问题。目前,除进城务工人员外,其他两个群体的工伤保障尚未引起足够的重视,即便是已经引起激烈争论的进城务工人员的工伤保障也远未得到圆满的解决。希望通过第六章的分析,能对上述问题的解决有所突破。

本书第五部分包括两章内容,即第七章"国外典型国家工伤保险制度及其借鉴"和第八章"工伤保障制度的未来发展"。本部分意在对当前发达国家工伤保险建制理念和体制进行总结评价的基础上,形成对我国工伤保险制度优化的借鉴。"工伤保障制度的未来发展"作为全书中解决问题的一章,在总结过去、借鉴他人的基础上,对我国工伤保险制度的未来发展作出设想。未来工伤保险制度的发展源于转型期,又高于转型期。在重新对我国工伤保险建制理念和政策目标进行定位的基础上,对未来优化的工伤保险制度给予构建:包括双层的保障模式;三位一体制度构架的实现;政府、市场和企业在工伤保障中的协作;相关政策和制度保障的构建,等等。

最后一部分为第九章"结论及有待进一步研究的问题",本章是对全书研究的总结,除要得出转型期我国职业风险的变化与特征、转型期工伤保险制度的转型与评价等结论之外,还对工伤保险制度的未来发展和优化以及需要的环境保障进行了总结。对于后续研究的设想,笔者构筑了庞大而繁杂的内容和计划,包括职业伤害事故救援机制的建立、职业安全卫生体系及标准、企业安全生产激励、工伤保险精算等,这些研究不仅对经济学、管理学等学科背景有较高的要求,而且需要具备管理工程、人体功效、卫生保健、保险精算等多方面多学科的知识,这将是职业安全健康和工伤保障领域需要研究的方向。

由于本书对中国转型期的职业风险和处于转型中的中国工伤保险制度进行研究,因此,有必要对有关概念进行说明和界定。

首先是转型期。这是一个纵向的和历史的概念。中国的转型既包括经济体制的转变,又包括社会形态的变革,既包含政治体制的重构,又蕴涵着社会文化和价值观念的再造,其突出表现是社会的繁乱和无序。由一种制度过渡到另一种制度、由一种社会形态演变成另一种社会形态,不可避免地产生新旧制度的冲突和消长,在冲突和消长中完成新制度、新体制以及新的文化和社会价值观念对原有的制度、体制和社会文化以及价值观念的替代。因此,转型期的突出特点是在失范性、冲突性、不确定性和复杂性中实现其最终的上升性。关于中国的转型期,一般将1978年开始于农村的经济体制改革视为其开始。有的学者(如杨宜勇)将中国的转型期划分为三个阶段:从1978年到1991年是中国转型期的自发启动阶段;从1992年到2000年中国转型期进入自觉推进阶段;从2001年开始,进入全面加速转型阶段。全面加速转型不仅仅指经济领域的变迁及某项制度的变化,而是经济结构和社会结构的整体性变革与重组。从实际效果看,1978年开始的经济体制改革对中国的城市社会并未产生太大的影响,从而对以城市中心战略为主要发展道路的中国也没产生太大的冲击。因此,可以说,中国真正的转型开始于1984年的城市经济体制改革,直到1992年市场经济体制目标的确立才掀起了中国经济社会全面转型的浪潮。

中国的转型不但包括经济体制的转型,而且包括政治体制改革,还包括发展理念、发展方式的变革,这个转型又形成了对社会文化、价值观念的影响和冲击。因此,中国的转型堪称是最全面的、最复杂的转型,不但孕育了社会发展理念和价值的变迁,而且促成了社会发展的主导力量和决定因素的转移;不但蕴涵了社会结构重组和社会运行机制的转变,而且实现了从计划经济到市场经济、从农村到城市、从工业社会到信息社会的变革。产业结构调整、社会分层加剧、社会利益的调整和再分配、价值观念从一元向多元发展、社会成员自由度增加、新旧观念的冲突调和等导致的人们价值判断弱化、社会凝聚力和动员力下降等,这些或正面或反面的现象都成为社会转型不可避免的伴生物。应该说,中国的转型是全面的转型,又是不协调不一致的转型,其最突出的表现在于政治体制的改革滞后于经济体制的转型、相关社会政策的改革又滞后于社会的转型。其中,社会保障制度的改革滞后于整个经济社会发展的需要即是最突出的表现之一。

从1986年的《国营企业实行劳动合同制暂行规定》和《国营企业职工待业保险暂行规定》开始,中国社会保险制度改革全面启动,社会保障制度也进入了转型时期。而在社会保障体系的转型过程中,它的各子系统的发展又是不平衡的。工伤保险作为各项目中定型最早却推进最慢的一个子系统,其发展不但滞后于整体社会保障制度的改革,更滞后于经济社会的发展,尤其滞后于我国职业风险形势发展变化的需要。之所以如此,与历史的、现实的因素密切相关:一是因城市国有企业改革而出现的大批失业下岗工人和退休人员养老问题使失业、养老等保险成为政府与社会关注的焦点,从而使工伤保险并没有吸引人们太多的注意力;二是城市化的加剧、职业结构的分化和社会分层的加剧,使城镇劳动者离职业伤害渐行渐远,由传统农民转化而来的进城农民工成为职业伤害的主要承担者,而传统以城市为中心的发展战略使农村居民长期处于受歧视、受忽略的地位,从而使他们受到的职业伤害和工伤保障问题并没有引起及时、足够的重视,这是工伤保险制度发展缓慢的最重要原因。工伤保险制度发展缓慢的现实,形成了中国转型期职业风险剧增但保障制度缺位、受伤害者众但受保障者寡的矛盾。因此,本书中的转型期包括两层含义:一是指中国的工伤保险制度赖以存在的宏观环境,即经济、政治、社会的转型。这一转型从1978年经济体制改革的推进开始,以工业化发展进程、产业结构变化为主线;同时,经济的改革推动了政治体制的变化,从而引发了社会文化、意识形态的变革。从这个时期开始，中国的职业风险状况开始随着经济水平的发展、产业结构的升级、经济成分的变化以及地区发展不平衡而出现了较以往计划经济时期不同的变化。二是指中国的工伤保险制度本身的转型，即由计划经济时期的劳动保障到适应市场经济体制的社会保障的转型。这一转型从1988年工伤保险制度的试点开始，是一个渐进的改革和探索过程。中国的工伤保险制度本身的转型又可以分为三个时期：从1988年至1996年，这是工伤保险制度转型的试点和探索时期；从1996年至2003年，这是工伤保险制度成型时期；而从2004年开始，中国的工伤保险制度框架最终形成，从此开始走向完善和多层次发展的时期。虽然表面上看上述两个转型不同，但从实质上看，这两者又是统一的，因为任何社会的转型首先需要制度上的转型，而制度上的转型又是社会转型的主要标志和表现。工伤保险制度作为一项重要的社会政策，当然既是中国社会转型的内容之一，也是其标志之一。值得提出的是，虽然2004年中国的工伤保险制度最终得以确立，但由于其所处的宏观经济社会环境尚处于变革之中，历史遗留的很多问题还没有解决，工伤保险制度并不能给所有的劳动者提供风险保障，许多问题仍在争论中，中国工伤保险制度的转型实际上并未彻底完成，制度的完善和理顺还需要很长的时间。

其次是工伤、工伤保险和工伤保障。1921年《国际劳工组织公约》中规定，工伤是由于工作直接或间接引起的伤害；1982年第13届国际劳工统计大会将工伤定义为"雇佣伤害"，即由雇佣引起或在雇佣过程中发生的工业事故和上下班事故；1964年国际劳工大会通过的公约将职业病和通勤事故列入工伤保险赔偿范围之内；美国国家标准ANSIZ16.1将工伤定义为工作伤害，意指由工作引起并在工作过程中发生的伤害或职业病;而中国《企业职工伤亡事故分类》(国标 GB-64441-86)中将"伤亡事故"规定为企业职工在生产劳动过程中发生的人身伤害、急性中毒;中国《工伤保险条例》第一条规定:"为了保障因工作遭受事故伤害或者患职业病的职工获得医疗救治和经济补偿……制定本条例。"由此可见,从狭义理解,工伤通常指由于工作过程中遭受意外事故而导致的对劳动者身体的损害;从广义理解,工伤不但包括了由于意外事故导致的身体损伤,还包括因工作而长期处于某一环境导致的对劳动者身体的非突发性的损害,即职业病。工伤的认定首先应有伤害发生,其次应当与工作有关系,即发生在劳动过程中或与工作有关的过程中。中国《工伤保险条例》对工伤的认定范围采取列举的方式,但在实践中往往会就工伤认定问题产生分歧,尤其当伤害事故不是发生在工作期间,而是发生在与工作相关的活动中时,工伤认定的弹性更大。因此,笔者认为,工伤的认定除遵循工作相关性之外,还应当遵循"近因原则",根据对损失的发生具有现实性、决定性和有效性的原因来认定由某事故导致的伤害是否属于工伤。

工伤保险也称职业伤害保险,美国称为"雇员赔偿"(workers' compensation),德国称为"事故保险"(accidents insurance),而日本则称其为劳动灾害保险。它一般指劳动者在工作中或在规定的某些特殊情况下,因遭受意外伤害或患职业病丧失劳动能力或死亡时,由其本人或亲属从国家或社会获得物质帮助的社会保险制度。① 工伤保险属于社会政策的范畴,本书中工伤保险指工伤社会保险。

---

① 参见郑功成:《社会保障学》,中国劳动社会保障出版社 2005 年版,第 329 页。

工伤保障则是指在劳动者遭受职业伤害时能够为其提供经济赔偿的所有保障形式,既包括《工伤保险条例》规范实施的工伤社会保险,又包括在当前承担劳动者工伤赔偿职责的工伤保险的补充保障——商业雇主责任保险、团体意外伤害保险,还包括雇主自身承担劳动者职业伤害赔偿的雇主责任制。

再次是雇主责任。这是一种以雇佣关系为基础的侵权责任。一般而言,雇主责任包括两方面的含义:一是雇主对雇员在执行工作任务过程中对他人造成的伤害应承担的赔偿责任;另一种含义指雇主因违反法律规定的义务而应承担的对雇员的赔偿责任,以及雇主根据法律规定对受雇人在工作过程中遭受伤害而应承担的赔偿责任。在不同的法律体系中,雇主责任的含义有所不同。大陆法系中,雇主责任通常指雇主对雇员在执行工作任务时造成的对他人的伤害应承担的赔偿责任;在英美法系中,一般指雇主由于违反义务或雇员在工作中受到伤害而应承担的赔偿责任。本书中所讲的雇主责任是指雇主对雇员在工作过程或与工作有关的活动中遭受伤害而应承担的责任,即雇主对雇员本身的损害应承担的赔偿责任。在雇主责任的演变过程中,经历了雇员自担责任即雇主无责任时期、雇主过错责任时期和雇主无过错责任时期。从雇员自担责任到雇主无过错责任的演变,说明了随着社会文明的进步,雇主责任的扩大和对雇员利益保护的加强。

雇员自担责任意味着雇主无责任,即雇员自己对其在工作中遭受的伤害负责,雇主不承担对雇员的赔偿责任。随着19世纪初期欧洲开始进入工业化,在自由主义原则的支配下,由封建农奴转变而来的产业工人成为与雇主具有"平等"地位的雇员,双方具有"平等"的买卖关系,一方出卖劳动力获得报酬,另一方使用劳动力支付报酬,在这种建立在自由契约基础上的劳动关系下,劳动者自愿接受了具有某种风险的工作,同时也接受了这种风险。因此,雇员自担责任的归责原则是建立在"危险自任说"基础上的,它可以在亚当·斯密的著作中找到理论渊源。亚当·斯密认为,在雇主支付给雇员的工资中已经包含了对职业风险的补偿,劳动者接受既定工资水平下的工作,就意味着他也同时接受了工作中所包含的危险,因此,必须自己承担在工作中遭受的伤害和损失。伴随着工业化程度的加深,工伤事故和职业伤害成为越来越普遍的现象,劳动者自担责任的工伤归责原则使许多雇员在遭受工伤后陷入窘迫的境地,造成越来越严重的社会问题。如何解决职业伤害者救济成为工业化国家不得不面临的问题。与此同时,个人责任、自担责任原则因受到挑战逐渐被废除,过错责任原则成为取而代之的工伤归责原则。

工伤保险中的过错责任是指雇主对雇员在工作中遭受的伤害承担过错责任。从雇员自担责任过渡到雇主过错责任是工伤归责原则的一大进步。过错责任原则的基本含义是:过错是加害人承担民事责任的基础和前提,若加害人对受害人遭受损失的客观结果存在主观上的过错,则必须为其过错承担民事责任;如果加害人不存在主观上的过错,则不承担民事责任。工伤赔偿中的过错责任原则指雇员在工作中遭受伤害时,如果雇主存在过错则要承担对雇员的赔偿责任,否则不承担赔偿责任。在实践中,如果雇员能证明雇主存在过错,则可以请求雇主赔偿,否则无法请求雇主赔偿。在工业化早期,过错责任原则始终是民法归责原则的核心,也是工伤处理的依据。过错责任原则在资本主义上升时期,对限制劳动者权益、保护资本主义经济的自由竞争和资本家利益起到了重要作用，它是资本主义发展初期保护资本家经营安全的需要。但是，从工人的角度而言，由于在赔偿请求中负有举证责任，他们必须证明雇主在工作伤害事故中有过错才能得到赔偿，因此，实际上工人往往因为举证困难而得不到赔偿，从而处于异常悲惨的境地。

无过错责任原则是指雇主对雇员因遭受职业伤害承担赔偿责任，而不必要求雇员证明雇主存在过错。由过错责任发展到无过错责任是工伤保险归责原则的巨大进步。无过错责任是以风险理论为基础的，即既然工伤事故发生在工作过程中，是发生在雇主实现自己利益目标的过程中，获取利益必须承担风险，无论雇主在工伤事故中有无过错，都应对生产过程造成的雇员伤害负责。无过错责任原则在工伤保险中的确立始于1884年德国的《雇员赔偿法》，现在已经成为各国处理工伤赔偿案件的共同规则。工伤保险中的无过错责任原则的核心思想是：当工伤事故发生后，雇员只要能证明伤害是由工作引起的就能够获得工伤赔偿，雇主不能因为其在工伤事故中没有过错而免除赔偿责任。无过错责任原则的着眼点已经从对加害人过错行为的惩罚转向对受害者的补偿和保护，体现了对劳动者生命和权益的尊重，对限制雇主的行为也具有重要意义。

雇员自担责任（雇主无责任）、雇主过错责任、无过错责任表明了工伤事故责任归责原则的演变过程，在工伤保险制度建立前的早期，承担赔偿责任的是企业雇主；当工伤保险制度产生并成为提供劳动者工伤保障的基本制度安排以后，对雇员的赔偿责任自然而然地由雇主转嫁给了工伤保险制度，即由工伤保险承担雇主应当承担的对雇员的赔偿责任。当然，在工伤赔偿和民事赔偿兼得模式中，工伤赔偿的存在并不能免除雇主对雇员职业伤害应承担的过错责任。

最后是补充保障。所谓补充保障，笔者在本书中将其定义为有别于工伤社会保险但却承担工伤保险的职能、为遭受职业伤害的劳动者提供保障的保障形式，主要包括雇主责任保险、团体意外伤害保险、雇主责任制（即没有参加工伤保险、商业雇主责任保险和团体意外伤害保险的企业，由于雇主对雇员的职业伤害赔偿责任没有转嫁，发生职业伤害后，根据有关规定，雇主自己承担对工伤职工的赔偿责任的工伤赔偿形式）。

本书主要采取文献研究、比较研究和实证研究相结合的方法，在对前人已有研究成果进行搜集整理的基础上力求有所思考和突破，同时对相关数据资料进行了搜集和整理。通过对经济转型前和转型期职业风险的比较，突出当前由于经济社会环境的变化而引发的职业风险的变化，从而对工伤保险预防职能的发挥提出了更高的要求和挑战，并揭示出由于经济发展水平不同、产业结构不同而决定的职业风险在不同的行业领域、地区分布与表现形式不同，要求对不同风险结构的地区不能千篇一律地推行整齐划一的制度，工伤社会保险与商业保险在不同的领域应该而且只能有所为、有所不为。本书还通过对数据的搜集整理和对现有调研资料的分析，得出关于我国转型期工伤预防、赔偿和康复制度的"实然"与"应然"两方面的结论，并在此基础上对未来优化的工伤保障制度进行构想。

本书所要达到的目的包括：尽可能圆满而充分地解决所提出的问题；对中国转型期职业风险状况和特殊性进行提炼与总结；安全生产监督管理和工伤社会保险部门、商业保险和企业主体在职业安全与工伤保障中的互动关系如何理顺；工伤社会保险三位一体的构建；对当前工伤保险实施中存在争议的问题和难题进行分析等。本书所要实现的现实意义是对转型期职业风险进行系统全面的分析，寻求出高风险、高伤亡、低保障矛盾的解决之道，以求实现制度的有效性。

本书力求达到的创新之处有以下几点：

第一，以全方位视角，包括纵向的视角、横向的视角和社会公正的视角，对中国转型期的职业风险进行系统全面的分析，采用比较分析的方法揭示出不同经济发展水平和产业结构背景下的职业风险的巨大变化，进而总结出我国转型期职业伤害风险不同于一般时期的特殊性，这是当前尚未进行的研究。第二，从经济、社会、历史乃至政治、文化的角度，对转型期工伤保险制度作出全面系统的评价，揭示出工伤保险制度转型的不彻底性、不完全性和其已经存在的并在转型期得到了某种强化的分割性与歧视性，这种对工伤保险制度纵向和横向并重、多种因素兼顾的全面的分析和评价，是此前尚未进行过的研究；同时，对工伤保险制度中已经或者还没有受到关注的相关问题进行分析，并给出相应的思考。与其他社会保险相比，工伤保险引起人们注意的时间较晚，因而与其有关的职业风险、职业安全等方面的调研和数据资料也容易被忽视，本书在论证过程中包含了对现有调研成果和现有数据资料的梳理。第三，在借鉴国外制度和分析现存制度的基础上，对制度完善从基本目标、价值取向等方面给出设想。制度目标是一项制度的根本出发点和归宿，理清了工伤保险的制度目标，才能确定制度发展的方向。当然，在中国的职业安全和工伤保障领域尚有太多本书中不能解决的问题，需要在后续研究中对这些问题进行深入的探索。

第一章 文献回顾

1. 引 言

关于职业风险及工伤保障,历史上虽然没有成型的、完整的理论体系,但许多思想和理论都或多或少包含了工伤保障的思想。

工业化以后关于职业风险分担的思想最早可以追溯到亚当·斯密,他认为,在雇主支付给雇员的工资中,已经包含了对工作危险性的补偿,雇员自愿与雇主签订劳动合同则意味着他们接受了工作中可能存在的风险,因此,雇员自己应当负责他们在工作中因为工伤事故而遭受的损失。亚当·斯密的思想体现了雇员风险自担的原则,虽然在这种思想理论的指导下,雇主对雇员在工作中发生的事故不承担赔偿责任,但也体现了一种工伤保障的思想,即雇员的自我保障。关于工伤保障的思想还可以见于马克思的论著。在《哥达纲领批判》中,马克思在论及社会总产品的六个扣除时讲到"为丧失劳动能力的人等等设立的基金"[①],"该基金中事实上包含了对劳动者人身伤害的补偿费用"[②],这部分用于劳动者人身伤害补偿的费用的一部分便形成了现在的工伤保障基金。列宁根

---

① 〔德〕马克思:《哥达纲领批判》,人民出版社1966年版,第11—12页。
② 郑功成:《灾害经济学》,湖南人民出版社1991年版,第287页。

据马克思和恩格斯的论述，认为最好的工人保险形式是国家保险，工人在因伤残、疾病、年老、残废等丧失劳动能力而丧失收入时，国家保险都要给工人以保障，受保障的对象包括一切雇佣劳动者及其家属，保险费则由企业和国家承担。列宁的思想对于开创社会主义的国家保障模式产生了巨大影响。德国新历史学派的学者（如G·施穆勒、L·布伦塔诺等）则主张政府应当缓和阶级矛盾，保护劳动者利益；而安东·门格尔在其1886年完成的《全部劳动史论》中首次提出的生存权思想则把保护社会弱者生存作为国家的义务，认为国家应当担负起保障公民生存权的职能。19世纪末法国法学家利昂·狄冀认为，社会中的人是相互依赖、相互作用且有共同目的的群体，每个人具有不同的需要，每个人为社会贡献其固有的能力，人们为实现共同的需要而相互援助，从而形成分工和求同两种不同的连带关系，此之为社会连带思想。依照社会连带思想，社会中的人必须相互扶助、相互照顾，这就构成了社会保险赖以存在的思想基础。在这一思想下，劳动者面临的职业风险已经不是某个个体的人或某个个体的企业所面临的风险，而是全社会共同的风险，应当采取社会化的措施来化解和抵御全社会面临的共同风险。约翰·梅纳德·凯恩斯的国家干预主义思想也为工伤保障制度提供了理论依据。在凯恩斯国家干预主义的影响下，时任美国总统的富兰克林·德拉诺·罗斯福对保障社会成员的安全有了新的认识，认为社会化大生产已经使原来依赖于家庭的保障体系趋于解体，政府必须通过对全社会的关心来增强每个人的安全保障，从而使政府负起文明和福利的职责。

以上理论从宏观的或社会的角度为工伤保障的发展提供了理

论支持。从微观或个人的层面来讲,根据马斯洛人的需求层次理论,人在满足了基本的生理需要之后就会产生安全的需要,即人有避免危险和生活有保险的要求,这些安全的需要包括职业稳定、经济保障、社会稳定等。因此,从马斯洛的理论看,由工伤保障提供事故预防所达到的职业安全和工伤待遇所提供的生活保障,对于劳动者也是必不可少的。除此之外,还有人认为工伤保障是建立在"完整人理论"(The Whole Man Theory)基础上的,即应对遭受职业伤害的劳动者提供必要的救治、补偿和康复服务,使其恢复身体健康,重新成为"完整人"。

上述理论都从不同的角度为工伤保障思想和制度发展提供了理论依据,从某种意义上讲,可以被视为工伤保障的思想渊源。当然,作为一般社会保障制度的思想渊源,无论是两千多年前"鳏寡孤独废疾者皆有所养"的大同思想,还是近代的民生理论;无论是理想国里的和谐,还是太阳城中的憧憬,都包含了对伤残者的保障和救助,也当然地为工伤保险制度提供了理论的支持。

2. 国内职业安全(风险)与工伤保险文献回顾

职业安全与职业风险是相对的,不同的职业安全程度对应着不同程度的职业风险。较好的职业安全状况意味着较低的职业风险;反过来,较差的职业安全状况意味着较高的职业风险。因此,从两者的对立关系上来说,对职业安全的研究也就是对职业风险的研究,反之亦然。

2.1 国内职业安全(风险)文献回顾

近年来的安全生产事故和职业危害形势,使职业安全问题成为学界的焦点之一。当前国内对职业风险与职业安全的研究多集中于对整体职业风险和安全生产状况的分析、总结上,并与对安全生产的研究密切相关。

郑功成对职业伤害和职业风险从以下几个角度进行了研究:

首先,对于职业风险的整体形势,他与孙树菡认为职业安全问题是一个具有普遍意义的社会问题,职业风险存在于各个生产领域,减少职业风险、增加工作安全是整个社会都应当承担的责任。近十年来,我国已经进入了安全生产的高风险期、安全生产事故的群发期。这不仅表现在现行职业伤害事故的频繁、职业病的发病率上升、发病者年轻化、接尘工龄短等方面,而且表现在隐性的职业病伤害上。在我国劳动者队伍中存在四大弱势群体:农民工、女职工、未成年劳动者和缺乏劳动保护的其他劳动者,他们成为高职业风险的主要承担者。一般在大企业和国有企业工作的城镇劳动者能够得到较好的劳动保护,而在小企业、乡镇企业、外资企业、港台企业和私营企业工作的劳动者很难得到较好的劳动保护,成为职业伤害事故的主要受害群体,尤其是数量庞大的农民工——安全生产事故的主要受害者,成为收益最低、遭受职业伤害严重的群体。[①]

其次,对于我国职业伤害严重的原因,郑功成认为是多种因素

[①] 参见郑功成等:"劳动保护与弱势群体工作安全",郑杭生主编:《中国人民大学中国社会发展研究报告2002:弱势群体与社会支持》,中国人民大学出版社2002年版,第232—256页。

综合作用的结果。第一,计划经济时代,我国安全生产事故多发的原因主要是国力贫弱、生产力水平和防灾技术落后,而改革开放以来,安全生产事故不仅与工业化进程加快有关,更与片面强调经济增长和效率而忽视安全生产、漠视劳动者生命与健康直接相关,这可以说是安全生产事故多发的最重要原因。高发的安全生产事故既是片面强调经济增长和经济效率的反应,又是当前劳动保护制度和安全生产监管不足的反应,同时安全生产事故受害者的群体集中性还反映了当前我国社会阶层分化和社会成员地位不平等、社会经济发展不协调的一面。第二,劳动者技术文化水平低、安全生产素质不高、缺乏基本的劳动安全知识以及操作技能,没有足够的防灾意识。[①] 第三,许多恶性工伤事故的发生都与政府失职有关,管理部门执法观念和执法理念没有彻底转变,劳动、安全、卫生部门工作脱节,法制规范得不到全面贯彻或与其他制度相冲突,导致执法部门权威性不够,或者政府、企业缺乏足够的防灾意识,也是安全生产事故频发的重要原因。[②] 第四,在强资本、弱劳工的格局下,一些企业不重视劳动保护,安全事故和职业风险增加,危害劳动者的健康。我国安全生产事故居高不下的状况是经济全球化导致的全球性强资本、弱劳工格局背景下中国劳资力量对比发生变化的表现,资本的强势和劳工的弱势构成了安全生产事故高发的重要社会基础。[③] 第五,企业社会责任的缺失是恶化市场经济

---

① 参见郑功成:"生产事故与社会安全",郑杭生主编:《中国人民大学中国社会发展研究报告2004:走向更加安全的社会》,中国人民大学出版社2004年版,第157—159页。

② 同上书,第155—156页。

③ 参见郑功成:"劳工地位弱化和劳动者权益保护",《关注民生——郑功成教授访谈录》,人民出版社2004年版,第97—98页。

公平竞争的重要因素,从而也使得劳资关系进一步失衡,成为导致当前职业伤害严重的重要原因。① 另外,郑功成认为,劳动者工作安全状况的好坏,很大程度上取决于劳动保护政策和社会保障制度的健全与否。② 我国的劳工保障制度正处于传统劳工保障制度已被打破却未完全废除、新制度尚未完全定型的时期,工伤预防和劳动保护能力弱,也是职业伤害严重的原因之一。③

再次,在论及人灾互制规律时,郑功成认为灾害事故和人类本身存在着一种互制规律,灾害发展的同时,人类社会认识和抵御灾害的能力也逐渐增强,人类在灾害事故面前不是无能为力,而是应当有所作为。④ 因此,对于如何改善我国的安全生产形势,他提出:第一,安全生产形势的好转需要依靠综合治理,建立起安全生产的长效机制,树立以人为本、尊重人的生命和健康权的理念是建立安全生产长效机制的根本,预防是降低事故成本的重要手段,因此,应当真正建立以人为本的发展理念,将保护劳动权益提升到与经济发展并重的地位,确立生命权与健康权至上的观念。⑤ 第二,完善安全生产和劳动保护立法,规范地方政府和雇主在劳动保护中的职责,将事后监督转化为预防为主的监督管理机制,加强政府

---

① 参见郑功成:"我们需要掀起一场企业社会责任运动",中欧企业社会责任北京国际论坛演讲,2005年9月8日。
② 参见郑功成等:"劳动保护与弱势群体工作安全",郑杭生主编:《中国人民大学中国社会发展研究报告 2002:弱势群体与社会支持》,中国人民大学出版社 2002 年版,第 232—256 页。
③ 参见郑功成:"中国大陆劳工保障制度的变迁与发展",《构建和谐社会——郑功成教授演讲录》,人民出版社 2005 年版,第 175—191 页。
④ 参见郑功成:《灾害经济学》,湖南人民出版社 1998 年版,第 62—80 页。
⑤ 参见郑功成:"劳工地位弱化和劳动者权益保护",《关注民生——郑功成教授访谈录》,人民出版社 2004 年版,第 97—98 页。

职能部门之间的协调,建立高效权威的劳动监察机制,提高政府对企业履行社会责任监督的权威性;对于安全生产事故应建立事故责任追究制度,包括政府领导事故责任引咎辞职制度、行政处罚制度以及对雇主的责任追究制度和监察者的奖惩制度,以制度规范安全生产中各方主体的责任,同时确立对重点行业企业的重点监管。第三,平衡劳资关系,抑制资本势力的过度膨胀和劳资关系的失衡,建立综合有效的劳动保护制度,包括劳动申诉制度、集体谈判制度和相应的社会救援制度,明确雇主责任制度,以维护劳工权益。① 第四,企业社会责任的落实,对于改善劳资关系、改善劳动条件和职业安全以及构建和谐的劳资关系具有重要意义,应当针对当前中国企业社会责任感不强的现状,掀起一场企业社会责任运动,将企业社会责任提升到法制的层面,健全行业协会,以协会的规范和约束促使企业实施自身的社会责任,从社会责任的高度督促企业改善劳动条件、降低职业危害。② 第五,当前强制推行雇主责任制和以工伤赔偿为核心的工伤保障制度,待发展到一定程度之后,将雇主责任和工伤保险统一到一元化的集工伤预防、赔偿和康复于一体的工伤保险制度之中。第六,进一步完善安全生产教育与培训体系,推行科学的安全管理也是改善安全生产形势、降低工伤事故和职业风险的必要举措。③

刘铁民是国内研究安全生产和职业安全问题的又一位专家,

---

① 参见郑功成:"平等规范我国的劳动关系",《光明日报》2006年4月24日。
② 参见郑功成:"雇主的守法意识和企业的社会责任",《关注民生——郑功成教授访谈录》,人民出版社2004年版,第97—98页。
③ 参见郑功成:"生产事故与社会安全",郑杭生主编:《中国人民大学中国社会发展研究报告2004:走向更加安全的社会》,中国人民大学出版社2004年版,第172—173页。

他的许多著作(或合著)对于中国的安全生产和职业安全问题都有较为全面、深刻的研究与论述。关于我国安全生产形势的规律,刘铁民提出了橙色GDP的概念,认为我国工伤事故死亡人数曾出现过三次高峰和三个低谷,高峰几乎都出现在政府和企业安全监管力度受到明显削弱的经济高速增长、有重大的政治运动或重要的经济社会变革的时期;当处于经济增长较缓慢时,国家和企业都较重视安全生产且各方面投入较大,监管体制、机制比较通畅,会出现安全事故发生较少的低谷时期。他利用线性回归的方法分析了从1952年至2004年我国工伤事故死亡人数变化趋势,得出如下结论:经济增长的加速可能会增加伤亡事故的风险,反过来,伤亡事故风险又对经济增长产生负面影响;而经济增长放缓可能会减小伤亡事故风险,事故风险减小又对经济增长产生正面效应。这是他提出橙色GDP理论、经济发展与安全生产的依据。[①] 关于安全生产的监管,周建新、刘铁民等学者认为,在由计划经济向市场经济转变的过程中,我国出现了政企分开但权限交接不清的问题,使劳动安全卫生问题受到削弱。市场经济条件下出现的安全生产问题集中表现在经济高速发展与国家、企业劳动安全卫生投入相对减少的矛盾和经济社会改革加快与劳动安全卫生立法、监督不相适应的矛盾上,而这两个矛盾又引发了对安全卫生要求的提高与工伤事故增多、职业危害严重的矛盾。劳动安全卫生政策必须适应经济体制的发展,保障劳动者职业安全卫生是劳动者享有的基本权益,也是国家的责任。劳动安全卫生政策作为国家的社会

---

① 参见刘铁民:"橙色GDP及其演变规律",《中国安全生产科学技术》2005年第2期。

政策,不能由市场进行调节,而当前我国职业危害严重则是国家政策失调的结果。"国家监察、行政管理、企业负责、群众监督"的十六字方针是计划经济管理模式的产物,已经不适应市场经济体制的要求。由于我国安全监察员的权力有限、监察职能分散、安全监察人员本身的专业背景和素养不够,职业安全监察存在着权威性不足、监察方法落后的弊端。因此刘铁民建议在我国安全监察中,应当对企业职业风险进行分级,实行分级监察,降低安全生产监察成本,促进企业职业伤害风险数据库建设。周建新、刘铁民等根据事故统计、风险暴露人员数量以及生产状态等变量,建立了企业风险等级分级模型:$P = \delta_1 \delta_2 \delta_3 P_i$,并指出企业的风险等级是由企业所在行业风险的 10 万人死亡率 P_i、主要风险暴露人群调整系数 δ_1、生产状况调整系数 δ_2 以及安全管理绩效调整系数 δ_3 决定的。该企业风险等级模型可以用于对企业的职业风险状况进行计算分级,而不受企业规模的限制。根据这一风险等级模型,从企业的所属行业即可判断其基本职业风险,从而是动态的、开放的,可以为分级安全监察提供技术和信息支持。[①] 在对美国、英国、日本等国家分级监察模式进行分析的基础上,周建新、刘铁民、任智刚将安全监管模式总结为三种,即事故跟进模式、单纯循环模式和风险优先模式。[②] 刘铁民、耿凤主张根据我国现阶段监察力量不足的现状,监察工作中应依据"风险优先"原则,集中力量对风险级别较高的企业实施强化监察,控制重大事故风险。在安全生产监督管理规模和水平方面,要达到日本的规模和水平,必须配备 2.3 万名监

---

① 参见周建新等:"企业职业伤害风险分级模型研究",《中国安全生产科学技术》2005 年第 4 期。

② 参见周建新等:"分级安全生产监察的探讨",《劳动保护》2006 年第 4 期。

察人员,且每年投入409亿元的安全生产经费;而要达到英国的安全生产水平,则必须建立7.3万人的安全监察队伍,且每年投入500亿元的安全生产经费。但鉴于我国实际,很难在短期内达到这样的水平。劳动安全与卫生是一个完整体系,两者的目标和任务是一致的,但在我国现行管理体制下,安全与卫生被分成两部分,工伤保险与劳动安全卫生工作也被分离,这一做法不利于部门之间的协调和管理。因此,当前可以采取过渡性的应急措施,发挥现有法规的作用,统一劳动安全卫生和技术标准,保证监察员的监察工作的相对独立性和权威性。另外,应当保持监察政策的连续性和稳定性,不应当由于机构或领导人的改变而改变。[1]

关于职业安全卫生在国际关系中的影响,刘铁民认为,由于长期积累不足,我国的安全生产状况与工业发达国家有很大差距,使我国在一些国际交往中处于被动地位,严重的可能会危及国家政治稳定和行政管理体制的运行。[2] 安全生产问题关系到我国的国际政治经济地位,劳工标准越来越成为国际贸易中的重要条件,安全生产问题长期得不到解决,必将影响到我国的国际经济贸易和国际形象。因此,无论从保护劳动者健康、完善市场机制,还是从迎接国际挑战上讲,都应当搞好安全生产,维护国家利益。应当重视国际劳工标准的研究,引进国外先进的职业安全卫生标准、技术和管理方法,以逐渐融入全球经济的一体化。[3] 另外,刘铁民、张华俊、耿凤等学者还指出,安全生产是促进社会发展的动力,对于

---

[1] 参见刘铁民等:"市场经济国家安全生产监察管理体制研析",《劳动保护》2000年第10期。

[2] 参见刘铁民:"WTO与中国安全生产(上)",《劳动保护》2000年第6期。

[3] 参见刘铁民:"WTO与中国安全生产(下)",《劳动保护》2000年第7期。

发挥人力资源的作用具有重要意义。在我国西部大开发的过程中，西部地区经济文化相对落后，安全生产基础薄弱；而另一方面，西部大开发的实施必然会使其劳动密集型企业得到较大发展，其安全生产问题会随之越来越突出，对于西部安全生产问题应尽早解决，以避免给西部开发和我国长期的整体经济发展和社会进步带来不利影响。[①] 不过，前述 $P=\delta_1\delta_2\delta_3P_i$ 模型忽略了将企业规模作为一个重要变量。因为处于同一行业的企业往往由于规模的不同而致使其风险状况不同。规模大的企业往往资金较为雄厚、管理规范，其职业风险较低；而规模较小的企业，由于资金紧缺、安全投入不足，又加之管理欠规范从而导致较高的风险。另外，从业者的技术水平和技术状态也是导致不同风险水平的原因，大企业的从业者的技术水平、操作规范往往优于小企业。因此，即使同一行业的企业也会有很大差别，这一点正是该模型不能体现出来的。

孙树菡作为长期研究职业安全与工伤保险的专家，对我国职业安全形势有更宏观和整体的认识。她认为，从1999年下半年开始，我国进入了第五次事故高发期。[②] 保护人的安全和健康是政府义不容辞的责任，也是社会文明进步的表现。当前我国立法滞后、多头管理与交叉管理导致的监察不力、大企业向小企业和企业向雇员进行的职业风险转嫁、严重的地方保护主义、安全意识淡化与安全投入不足是我国安全事故严重的原因。强化安全保障体系建设必须强化政府在安全管理中的责任和劳动安全监察工作，发

---

① 参见刘铁民等："我国实施国际核心劳工标准面临的形势与应对措施（下）"，《劳动保护》2002年第5期。

② 参见孙树菡："必须强化矿工安全保障体系建设"，《经济管理与研究》2004年第1期。

挥社会团体在安全生产监督中的作用。对于工伤保险尚未覆盖的企业,可以借鉴国外的风险抵押金制度,对企业的生产行为进行规范和制约。①

罗云的研究则是建立在更为广泛意义上的安全方面。他认为,安全管理作为预防事故的对策,将对人类的安全生产、安全生活和安全生存发挥重大作用。21世纪,安全哲学原理、安全系统论原理、安全经济学原理、安全管理学原理、安全工程技术与卫生工程技术原理将成为人类社会探求的安全基础理论。随着安全理论研究的深入,安全立法将得到进一步加强,突出事故预防的作用,立法的目标和层次会更为清晰、体系更为合理。应将诸如《职业安全法》、《重大工业事故控制法》等相关法律列入立法日程。在安全管理方面,企业健康、安全和环境相结合的管理体系将被广泛采用,建立国家—企业—职工三方协作的安全管理体制。当前,解决我国安全生产问题应采取的措施包括:完善国家安全生产立法体系,推行强制的安全监察,同时有效地实施工伤保险制度是政府在保障安全生产中应发挥的职能。②

另外还有许多专家从各自独特的视角和专业背景出发,对我国的职业安全和职业风险进行了分析。如樊光晶对我国安全生产与职业安全有较深入的研究,他曾与王银生、孙庆云、刑娟娟、廖海江、陈志刚、刘铁民等多位专家对22家建立职业健康安全管理体系的企业在体系建立前后的经营活动、安全生产投入、安全生产事故损失等方面进行了对比分析,发现企业在建立职业健康安全管

---

① 参见孙树菡:"安全生产管理是人命关天的大事——浅析我国近期安全事故的原因及对策",《北京市计划劳动管理干部学院学报》2002年第1期。
② 参见罗云:"21世纪安全管理科学展望",《中国安全科学学报》2000年第1期。

理体系之后，无论经济效益还是社会效益都具有明显的改善。由此得出，职业安全健康管理体系的建立不但有利于改善职工职业安全健康状况，对于企业来说更是一项促进生产效益提高的长期投资。对于当前我国安全生产培训，他认为思想上的不重视、专业师资力量薄弱、培训内容缺乏针对性、考核把关不严等是当前职业安全培训存在的问题，应当实施全面的安全培训规划，建立起完善的培训考核机制，以提高企业的安全管理水平。① 郑希文从我国当前现实出发，认为研究我国的安全生产、制定安全生产决策应当与国情相适应。劳动安全卫生政策也应从国家社会经济技术现状出发，职业伤害控制目标和实施也必须考虑到国家、企业和劳动者的承受能力。他同时预测，在相当长的一段时期内，我国的劳动安全卫生状况很难得到根本的改善，工伤事故和职业危害仍将维持在一定水平，但应当保证事故危害不能超出国家和社会的承受能力。社会发展的核心是人的发展，应把维护劳动者的安全和健康放在与经济发展同等重要的地位。在我国安全生产管理方面，除了加强立法和监督之外，还应当建立国家、企业和个人三方协调的机制，明确三者在劳动安全卫生方面的权利和义务。此外，搞好中小企业劳动安全工作也是我国职业安全卫生的重要组成部分。② 而郝家林、丘成、徐德蜀认为，当前我国对职业安全的理解普遍缺乏科学和本质的认识，职业安全的许多现实问题需要界定。人的安全是职业安全的实质，职业安全的目的是让劳动者能体面地劳动并健康地享受劳动成果，安全是生产经营活动的前提条件。有

---

① 参见樊晶光等："22家企业建立职业健康安全管理体系前后社会和经济效益对比分析"，《中国安全生产科学技术》2005年第2期。
② 参见郑希文："'十五'期间中国的职业安全卫生"，《现代职业安全》2002年第3期。

关职业安全健康的法律应一视同仁,公平地对待职业危害的受难者。但在当前,我国职业安全保障水平在不同行业、不同地区和不同单位之间的差别非常大,这是一种非正常的现象。对于农民工的职业安全状况,他认为,当前我国农民工的安全现状是他们在占有社会资源少、经济地位低下的情况下对自己所处安全状况的一种无奈和认可,是他们自己切合实际的选择。当前改善职业安全状况的任务之一是应当设专门机构将一些被忽视和遗忘但仍存在效力的职业安全规章整理、修改完善并重新发布实施,并应将《工伤保险条例》上升为法律,突出其工伤预防的功能。① 崔元顺认为我国市场经济体制下的安全生产监管体制应当是"企业负责、国家监察和社会监督"相结合的模式,其中包括安全生产立法、行业互助、中介服务、保险机制和科学研究。为此,应加强职业安全标准和术语的规范化研究与安全生产管理体制对经济体制适应性的研究。②

还有一些学者从劳动保护的角度对当前我国的职业安全状况进行了研究,其中对女工劳动保护和农民工劳动保护的研究居多。如潘锦棠认为,我国从计划经济向市场经济的转变中,女工劳动保护制度受到了第二次冲击,国有企业女工劳动保护制度落实难度增加,不同所有制、不同经济效益状况的企业和不同用工形式的女工,其劳动保护状况不同。因此,当前应当加强对女工劳动保护政策的贯彻和执行,并建立健全非国有企业的女工劳动保护制度。③

---

① 参见郝家林等:"中国职业安全的现实问题",《中国安全科学学报》2005年第12期。
② 参见崔元顺:"中国职业安全卫生管理体制发展构想",《地质科技情报》2000年第12期。
③ 参见潘锦棠:"中国女工劳动保护制度",《劳动保障通讯》2002年第3期。

韩历丽、齐庆青、丁辉、肖珣对北京市1100家用人单位进行了抽样调查,并采用统计分析的方式对不同形式用工单位的女性劳动者劳动保护情况进行了分析,发现不同经济类型的单位对女性劳动者劳动保护情况存在着较大的差异。港澳台经济、外资经济和私营经济形式中,明确在劳动合同中载明女职工劳动保护权益的企业所占比重极低,而国有经济单位的形势则大大好于前述几种经济形式。调查还发现,国有单位、机关事业单位的女工劳动保护形势并非都优于其他类型的单位,这与通常所认识的有所差异,因此应当加强对一些国有经济单位的监督和监察。① 关于对农民工劳动保护的研究,国务院课题组的《农民工调研报告》中包含了农民工劳动保护和职业安全较全面的研究结论。② 另外还有一些学者对特定行业的从业者劳动保护进行研究,如煤矿职工劳动保护、纺织女工劳动保护的研究等,在此不再一一赘述。

2.2 国内工伤保险基本理论文献回顾

尽管中国工伤保险作为20世纪50年代初建立的劳动保障制度的主要内容之一,已有半个多世纪的历史,但由于计划经济体制下经济结构单一、国有经济一统天下,加之劳保医疗、残疾人保障等制度较健全,工伤保险制度虽已建立,但却缺乏必要和充分的理论准备。改革开放后,公有经济一统天下的局面被打破,个体、私营等非公有制经济迅速成长为国民经济的重要组成部分,计划经

---

① 参见韩历丽等:"北京市女职工劳动保护状况研究",《中国公共卫生》2003年第12期。

② 参见国务院研究室课题组:《中国农民工调研报告》,中国言实出版社2006年版。

济下较完善的劳动保障制度遭到破坏,职业风险和职业伤害迅速扩张,虽然社会化的工伤保险制度开始建立和试点,但对迅速变化的职业安全形势却感到措手不及,制度的、理论的准备与现实对工伤保障制度的迫切需要相比明显不足。

中国工伤保险制度从改革试点到确立经历的时间不长。由于工伤保险是一项操作性和实践性较强的制度,当前国内对工伤保险政策和操作的研究较多,而对其理论的研究则多集中在与侵权法、劳动法、民法等法律制度联系较多的归责原则等方面。如黎建飞认为工伤事故治疗和伤残赔偿是对工人因职业伤害造成的经济损失和劳动能力损失的补偿,是机械化大生产的成本因素之一;它是大工业生产成本的必然组成部分,与工人操作过失无关,这是工伤保险无过错责任原则的理论基础。① 王文海认为,从功能上看,工伤保险与民事侵权赔偿的根本目的是一致的,都是要求对造成的人身损害进行赔偿,工伤保险和民事损害赔偿具有渊源关系,同时工伤保险和民事损害赔偿在法律性质、构成要件、功能、赔偿原则和争议处理方面又有较大的不同。工伤保险属于社会法范畴,工伤保险法律关系的构成并不强调违法行为的存在,工伤保险的功能在于转移、分散风险,当雇主投保工伤保险后,其全部或大部分的赔偿责任就转移给了工伤保险机构,形成了损害赔偿的社会化。② 张国党认为,传统的雇主责任理论存在着自身的缺陷,不足以说明雇主责任存在的合理性,应当对雇主责任的理论基础进行

---

① 参见黎建飞:"对无过错赔偿原则在工伤认定中歧见的探讨",《河南省政法管理干部学院学报》2004年第2期。

② 参见王文海:"工伤保险立法应区分工伤保险与民事侵权赔偿的作用范围",《中国劳动》2003年第3期。

再探讨:首先,由于民事责任具有财产性,从而也具有可让渡性,这是雇主责任存在的前提;其次,雇主在选任符合自己需要的雇员时,对社会的安全负有注意义务,在雇佣活动范围内,雇主有义务监督雇员的行为,雇主对雇员的监督和控制使雇主责任的存在具有合理性;再次,在雇佣劳动关系中,雇主享有雇佣活动带来的利益,也应当承担雇员因雇佣行为对第三人损害而产生的赔偿义务,即权利和义务相一致原则是雇主责任存在与发展的法理基础,由于雇主责任一开始就带有保护受害人利益的使命,这成为雇主责任存在和发展的价值基础。① 肖慧鹏认为,工伤保险应遵循劳动法保护劳动者的"劳动权本位",结合社会法的精神实质和价值取向,向劳动者倾斜。在民事赔偿和工伤赔偿中应遵循补偿原则,受害者因工伤保险和民事赔偿的实际所得应能补偿劳动者的实际损失,既不得大于其实际所受损失,也不能小于实际所受的损失,从而危害劳动者的权益。② 史寒冰认为,雇主责任原则是工伤保险的立法基石,雇主不仅应承担工伤保险责任,而且应对由于其过失或劳动条件恶劣而受到职业伤害的雇员承担民事赔偿责任。③ 李林从经济和文化方面分析了我国工伤保险的产生与发展,认为封建时代的抑商思想与传统的儒家文化抑制和阻碍了工伤保险在我国的发展;计划经济体制下工伤保险制度的长期稳定运行是传统儒家文化和共产主义先进文化相互作用的结果,而当前以个人、企

---

① 参见张国党:"雇主责任理论基础之再思考",《河南公安高等专科学校学报》2006年第2期。

② 参见肖慧鹏:"浅析我国工伤保险立法中的几个问题",《企业技术开发》2003年第12期。

③ 参见史寒冰:"雇主责任原则——工伤保险的立法基石",《中国社会保障》2003年第6期。

业和国家为主体的多层次的工伤保险体系则是我国传统儒家文化、共产主义文化和西方文化共同影响下的合理选择。①

2.3 中国工伤保险制度建设文献回顾

对我国工伤保险制度建设的研究,不仅包括对工伤保险制度层次和体系的设想,也包括对工伤预防职能的发挥、工伤康复等的研究,同时还有对覆盖范围、制度有效性以及特殊群体工伤保障的展望。

郑功成堪称是最早提出我国工伤保险制度建设蓝图的学者,他于20世纪90年代就提出我国工伤保险体系应该在建立普遍、统一的工伤保险制度的前提下,选择工伤社会保险与雇主责任保险双轨并行的模式:城镇国有单位职工的工伤保险应走工伤社会保险的道路,而对于农村中产生的大量非农劳动力,他们的工伤保障可以采取强制性的雇主责任险的方式,发挥商业保险公司的作用;工伤社会保险制度应当实现工伤预防、赔偿、康复的有机结合。② 这对于正处在社会保障体系改革之初的中国,无疑是符合我国国情的制度选择,也是具有全面性和前瞻性的制度设想。孙树菡、张思圆则从当前我国工伤保险和社会经济现状出发,认为当前我国应当建立多元化的工伤保障制度,对国有单位可以全面推行工伤社会保险,对于非国有单位则可以先推行雇主责任保险,特别是对于一些规模小、人员流动频繁的私营企业和乡镇企业,可强

---

① 参见李林:"论决定我国工伤保险制度形成与发展的经济和文化",《行政与法》2005年第9期。
② 参见郑功成:《论中国特色的社会保障道路》,武汉大学出版社1997年版,第196—205页。

制投保团体人身意外伤害保险或雇主责任保险。待工伤社会保险制度健全之后，再将其推行至所有单位，最终实现一元的工伤保险制度。① 这体现了多层保障、稳步推进的思想。许飞琼认为，我国《工伤保险条例》实施后，雇主责任保险和工伤保险都不可能独立承担职业伤害风险责任，职业伤害保障制度实施的效率及其对劳动者权益保护和经济增长作用的大小，取决于雇主责任保险和工伤保险的协调性。雇主责任保险和工伤保险在保障水平与保障的风险、技术、管理等方面存在明显的互补性，两者在政府有效干预下的协调发展是职业伤害保障中的一个重要问题，是保证劳动者职业安全保障程度提高的有效途径。工伤保险和雇主责任保险的协调发展表现在二者立法上的协调发展与经营上的协调发展，二者的相互补充是保障劳动者获得充分补偿的条件，二者的协调发展需要政府的适当干预。在定价方面，许飞琼利用西方经济学的收入效应和替代效应分析了雇主在雇主责任保险与工伤社会保险之间的选择和替代。② 虽然，一方面由于雇主责任保险和工伤社会保险中的替代效应与收入效应的大小还受到双方供求弹性的影响，且工伤社会保险作为法定保险，雇主只能按照法律规定进行投保而几乎没有参加与否和购买多少的选择，供给弹性和需求弹性低(由此导致的雇主责任保险对工伤社会保险的实际替代效应是很小甚至是不存在的)；另一方面由于工伤保险的强制性，其对雇主责任保险的替代效应还在于法律有没有赋予工伤职工获得工伤

---

① 参见孙树菡等："建立统一的职业伤害保险制度"，《中国社会保障》2003年第8期。

② 参见许飞琼："雇主责任保险与工伤保险的协调发展"，《江西财经大学学报》2005年第1期。

保险待遇后再要求雇主赔偿的权利(如果没有,那么工伤保险对雇主责任保险是完全替代的),但是,这种从西方经济学出发的分析方法却提供了研究工伤保险和雇主责任保险协调发展的新视角。李俊认为,我国多层次的工伤保险体系应当由政府保障、雇主保障和个人保障共同组成,与多数学者强调政府责任、雇主责任不同,该观点将个人的自我保障纳入到整个工伤保险体系中来。他还指出,工伤保险和雇主责任保险都是基于对职业伤害的补偿,两者在保障范围、保障对象、保障责任、保障待遇方面存在互补性,工伤保险的发展将会促进雇主责任保险的发展,工伤保险和雇主责任保险的补充与融合对构建多层次的职业伤害保障体系起着重要的作用。①

从工伤保险制度较完善国家的发展历程来看,工伤保险的覆盖范围呈现逐渐扩大的趋势,逐渐从企业劳动者扩大到农业劳动者、自雇者等。就中国工伤保险覆盖面问题,林泽炎、刘铁民通过研究发现,工伤保险覆盖面较大的地区,工伤事故就会相对较少,劳动者的安全感就会增强,这有利于促进安全生产和劳动力的合理流动,因此,我国新的工伤保险法律制度应当覆盖所有的企业劳动者。② 但对于目前我国工伤保险制度迫切面临的覆盖面扩大问题,夏波光指出了目前存在着的三个制约"瓶颈":地方政府招商引资、发展经济的"政绩观",在一定程度上"纵容"了企业或雇主在社会保险方面的违规行为,导致企业主忽略甚至轻视劳动者的劳

---

① 参见李俊:"工伤保险和雇主责任保险的融合发展",《劳动保护》2006年第1期。

② 参见林泽炎等:"关于建立工伤保险基金的原则及方式",葛曼主编:《工伤保险改革与实践》,中国人事出版社2000年版,第66—80页。

动保护与社会保险权益,此为工伤保险覆盖面扩大的"瓶颈"之一;企业守法意识弱,企业社会责任感不强,企业主不为职工缴纳工伤保险费,是工伤保险覆盖面扩大的"瓶颈"之二;各地社会保险机构五险的"捆绑式"推行,增加了企业的社会保险成本,成为阻碍工伤保险覆盖面扩大的第三个"瓶颈"。① 刘中荣、吴伯威、吴中宇等学者对广东、上海、湖北三省的乡镇企业实施工伤保险的情况进行了调查,发现由于乡镇企业自身固有的特点和弱点,如起点低、人员素质差、安全制度不健全、管理水平低等,在乡镇企业中普遍实施工伤保险的阻力和难度要比在国有企业和县以上大集体企业大,为便于这类企业参保,应当加强地方工伤保险机构网络的建设,简化工伤保险手续,灵活管理。②

在我国工伤保险制度建设中有两个特殊的群体——农民工和公务员,其工伤保险问题引起了学者们的普遍关注。关于农民工工伤保险,郑功成认为,工伤保险制度应当是劳动者普遍参加的制度,工伤保险是农民工最迫切的需求,应在完善劳动关系的条件下,按照普遍性的原则建立全面的农民工工伤保险制度,化解农民工职业风险,宜根据不同的职业特点和流动性对农民工分类分层进行保障,设计多元化的制度安排。③ 由于农民工的情况复杂多样,不同行业、不同职业的农民工由于其职业稳定性不同,参加社会保险的需求有所不同,因此,这是我国对农民工工伤保障制度最

---

① 参见夏波光:"工伤保险覆盖面再扩大的三个'瓶颈'",《劳动保护》2005年第1期。
② 参见刘中荣等:"乡镇企业职工工伤保险的调查与思考",《社会学研究》1995年第3期。
③ 参见郑功成:"农民工的权益与社会保障",《中国党政干部论坛》2002年第8期。

为理性和切合当前农民工实际的认识。对于当前我国农民工工伤保险现状,梁玮从宪政、人权和法治等角度进行了分析,认为由于现实中很多农民工没有劳动合同,难以确定与雇主的劳动关系,一旦受伤也会因劳动关系不确定而使工伤难以认定,产生了工伤保险对农民工的立法歧视,这一方面源于我国长期以来的立法歧视,另一方面也源于我国长期城乡二元分割的社会结构。①

对于机关事业单位劳动者的工伤保险,于兵认为,我国机关事业单位已成为现行工伤保险制度的盲区,机关事业单位的劳动者也已成为工伤保险领域的弱势群体。而随着事业单位改革的深入、单位和职工关系的契约化,原有的规定已经不适应当前的形势,机关事业单位工伤人员在遭遇到与企业劳动者相同或者类似的职业伤害时,无法得到相同的工伤认定和费用补偿。各部门规定不统一,增加了事业单位工伤保险的操作困难,也难以体现劳动者在享受工伤保险待遇上的公平性。因此,实行事业单位工伤保险制度应当统一"工伤"的概念,以"工伤"替代传统的"公伤",在修订现行《工伤保险条例》的基础上配以相关有针对性的法规作为配套。② 曾维彪认为,机关事业单位、社会团体和自由职业者的工伤保险之所以没有被纳入到现行工伤保险制度中来,是因为我国《工伤保险条例》存在的局限性,工伤保险应当扩大到所有受雇劳动者,形成劳动者的职业安全保障网。③ 而杨文忠曾对机关事业单

---

① 参见梁玮:"农民工'工伤保险歧视'法律问题初探",《安徽农业科学》2005年第10期。
② 参见于兵:"论建立机关事业单位工伤保险制度",《保险研究》2005年第5期。
③ 参见曾维彪:"我国工伤保险制度的新成就与局限——浅析《工伤保险条例》",《湖南广播电视大学学报》2005年第3期。

位劳动者的工伤保险提出了另外一种设想,认为应当建立与机关事业单位职业特点相符合的工伤保险制度,工伤保险基金按照"以支定收,专项储备,略有积累"的原则进行筹集,各单位实行统一费率;为保证制度良好运行,应当在各级政府部门建立分工明确、协调良好的工伤保险机构。①

工伤预防历来被认为是工伤保险制度中最首要的一环。郑功成认为"工伤保险制度的最高理想是不发生工伤事故或尽可能少地发生工伤事故"②,这突出地体现了工伤预防的思想,也说明了工伤保险制度有效性的衡量标准。对于当前我国工伤保险的工伤预防功能,刘功智、刘铁民等学者认为,我国工伤保险存在重待遇、轻预防的弊端,工伤保险和事故预防工作几乎完全分离,工伤保险基金支出结构不合理。他们提出我国工伤保险的发展应包括近期、中期和远期目标。近期目标包括在建筑、矿山和化工等高风险行业建立以事故预防为主要任务的行业统筹的工伤保险制度,实行全国统筹、垂直管理,并提取一定比例的资金专门作为工伤预防费用;中期目标包括在高风险行业建立起完善的事故预防机制,提高事故预防费用的比例,建立全国范围的其他行业的事故预防基金,形成工伤保险和安全生产相协调的事故预防机制;远期目标包括基本实现工伤保险的全面覆盖,进一步提高用于事故预防的基金比例,理顺体制,实现工伤保险和安全生产的单一部门管理,建

---

① 参见杨文忠:"路在何方:机关事业单位工伤保险制度的思考",《人事管理》1995年第2期。

② 参见郑功成:《论中国特色的社会保障道路》,武汉大学出版社1997年版,第196—205页。

立起全面的工伤预防机制。① 罗云、李英芝、董江勇等学者认为，工伤保险和工伤预防相结合是工伤保险制度的功能之一。通过事故预防，控制并逐渐减少工伤和职业病的发生，促进安全生产形势的好转。他们同时指出，在事故预防机制的建立中，我国还存在着若干制约因素：劳动保障行政部门和安全生产监督管理部门职能交叉；企业投保面不够广泛；工伤保险与事故预防相结合的经济杠杆作用没有形成；工伤保险管理部门和安全生产管理部门工作脱节；工伤保险在安全监察、技能培训、社会宣传、危险控制方面的工作不够全面。他们认为，当前我国工伤保险基金支出不合理，不能为事故预防提供充分的经济保障。要形成工伤保险和事故预防相结合，必须充分利用差别费率机制，并提取直接用于工伤预防的资金。② 周华中也认为工伤预防是工伤保险与安全生产的重要契合点，工伤保险预付功能的体现和实施是工伤保险走向成熟的标志。但我国工伤保险制度工伤预防操作性差、基金支出规定模糊不清，使工伤预防的资金难以落实，应当明确工伤保险基金在工伤预防中的用途与比例。③ 梁文七、樊晶光、陈光三位学者认为，工伤保险基金的一部分可返还给企业作为其对安全生产投入的补偿和对劳动安全卫生检测以及教育宣传、安全生产科研的费用，国家应当通过法律法规明确工伤保险基金用于工伤预防的作用。④ 与上述

---

① 参见刘功智等："工伤保险事故预防机制发展战略目标设想"，《中国职业安全健康协会首届年会暨职业安全健康论坛论文集》(2004)，第 339—341 页。
② 参见罗云等："工伤保险与事故预防相结合的探讨"，《劳动保护》2006 年第 4 期。
③ 参见周华中："建立预防机制是工伤保险走向成熟的重要标志"，《现代职业安全》2004 年第 6 期。
④ 参见梁文七等："谈工伤保险基金的合理使用"，《劳动保护》2005 年第 5 期。

观点不同,劳动和社会保障部社会保障研究所的研究则指出,我国在现阶段以安全管理代替工伤预防是不现实的,安全管理和工伤预防虽有一定的交叉,但管理内容和侧重点不同,安全管理注重通过技术设备安全性能的监督,提高企业安全生产水平,而工伤预防更多是从劳动者的角度出发,以保护劳动者的劳动权益为目的,安全管理不能代替工伤预防,而工伤预防对安全管理有一定的促进作用。① 然而从长期来讲,企业安全技术提高了、安全条件改善了,当然可以减少工伤事故的发生。所谓安全,即是指无事故,包括对劳动者无事故,也包括对社会、环境等无事故,这当然可以起到工伤预防的作用。并且,一时工伤事故的减少不代表安全,但真正的安全却可以从根本上减少事故发生。孙树菡认为所有的职业伤害都是可以预防的,工伤保险应当以工伤预防为主,主张工伤保险机构配备专职的安全监督人员督促企业实施安全生产并向企业提供安全建议;对于工伤预防基金的提取,孙树菡则具有与前述观点不同的见解,认为安全监察机构和工伤保险机构的性质与资金来源各不相同,工伤保险基金不应当被直接划拨由安全监察部门掌握和使用,否则会混淆工伤保险和工伤预防(安全监察)的职能及运行机制,安全监察机构应当通过财政拨款支持安全监督任务的展开,而不应当以工伤保险基金弥补经费的不足。②

　　对实现工伤保险的工伤预防功能,大多数学者都认为应当完

---

① 参见劳动和社会保障部社会保障研究所:"工伤预防现状及问题分析",《社会保障研究》2006年第4期。
② 参见孙树菡:"中国劳动安全卫生及工伤保险制度的反思与选择",郑功成等主编:《全球化下的劳工与社会保障》,中国劳动社会保障出版社2002年版,第700—710页。

善差别费率和浮动费率,发挥费率机制的作用,建立与工伤风险相对应的费率机制,提高安全事故成本。如潘晶、胡远华、张燕峰还提出了劳动条件符合安全卫生标准、劳动过程对劳动者身体健康和生命安全没有危害的"绿色劳动"的概念。[①] 而吕先昌则从动态和静态两个方面对决定企业安全状况的因素进行了分析,认为企业的安全程度是由固有危险状况和危险控制状况决定的,这两个因素应当成为决定工伤保险差别费率的因素。通过差别费率实现对企业的约束,包括企业的自我约束和国家安全监察机制的约束两个方面,前者是指企业通过工伤保险费率的调整及安全评估的要求自主实现本企业的安全生产状况的改善;后者是指国家安全监察部门对企业进行安全程度评估,从而调整工伤保险费率推动企业搞好安全生产,应从企业自身和部门监管两个方面实现对企业安全生产的激励与约束。差别费率对企业安全生产的激励、制约作用的实现关键在于制度与费率调整办法的实用性和可操作性。[②]

也有学者对薄弱的工伤保险理论研究表达了担忧,如周慧文认为,在经济体制转轨时期,中国工伤保险预防研究十分薄弱、工伤保险制度不稳固,工伤保险制度的实施是否会造成企业对工伤保险的依赖、放松安全生产管理从而诱发工伤事故是应当研究的问题。[③]

[①] 参见潘晶等:"对完善和落实工伤保险制度的探讨",《工业安全与环保》2006年第3期。

[②] 参见吕先昌:"工伤保险与安全管理",《工业安全与防尘》2000年第1期。

[③] 参见周慧文:"关于在工伤保险制度中建立工伤预防机制的探讨",《工业安全与防尘》1997年第2期。

由于中国工伤保险是一个相对年轻的制度,就目前来讲,其功能主要集中于工伤赔偿,当前对工伤康复的研究同它的实践一样薄弱。为此,孙树菡主张应当建立与我国经济发展水平和经济承受能力相适应的工伤康复体系。① 劳动和社会保障部社会保障研究所的研究指出,中国工伤职工对于医疗康复、心理康复和职业康复都具有非常迫切的需求,其中医疗康复需求最为迫切,应借鉴国际经验,建立和完善工伤康复的相关标准与技术规范,重点进行医疗康复,帮助职业伤害受害者恢复身体功能。鉴于目前在全国广泛建立康复机构的时机还不成熟,利用现有医疗资源、委托社会医疗机构开展工伤康复是一种较快的方式。②

2.4 工伤保险技术研究文献回顾

目前国内学者对工伤保险技术环节的研究主要集中在费率制度、工伤赔偿与民事赔偿的竞合等比较有争议性的问题上,也有的学者对工伤认定、管理效率进行了研究,现将其归纳如下:

对费率的研究主要集中于费率档次的设定以及如何设定才能发挥安全生产的促进作用等方面。如周慧文对欧洲主要国家的工伤保险费率从其平均基准费率、工伤保险基金支出结构和工伤保险事故预防激励机制的形成进行分析,认为德国、法国和波兰等国的工伤保险费率机制对工伤事故的预防发挥了重要作用,由此得出我国工伤保险风险分类应采取量化指标,进一步细化风险分类,

---

① 参见孙树菡:"探索适合中国国情的工伤康复模式",郑功成、〔德〕贝克尔主编:《社会保障研究》2005年第1期,中国劳动社会保障出版社,第175—183页。
② 参见劳动和社会保障部社会保障研究所:"我国工伤康复制度选择分析",《社会保障研究》2006年第5期。

费率调整办法应更加具体。对于工伤风险分类表，周慧文认为，我国现行工伤保险风险分类表还比较粗糙，不能体现风险分类的损失预防和控制原则，应当根据排他性、统计数据的稳定性、风险的同质性等原则进行分类，工伤风险分类应制定相应的分类规则并对其进行不断的调整，在工伤保险发展成熟之后，再考虑使用混合风险分类表。① 陈文瑛、汪莉两位学者对行业差别费率的聚类分析法、风险系数测评法、模糊评价法和工伤费用支出确定法进行了评述，指出在当前没有完整的工伤事故统计资料的情况下，可根据实际情况采用聚类分析、风险系数测评和模糊风险评估等方法来确定行业差别费率。在工伤保险制度运行一段时间、数据相对准确稳定后，应采用工伤费用支出确定法确定行业差别费率。② 与主张行业差别费率的观点不同，吴甲春认为，工伤保险的行业差别费率不符合社会互济的原则，当前费率分类是对行业风险认识不足的结果，不能真正代表行业风险。工伤保险费率应当按照统一的基础费率确定，在基础费率之上，再根据每个企业实际的事故发生率加征不同档次的附加费率，这样不但体现工伤社会保险的互济性，而且可以加强对企业安全生产和事故防范的激励。③ 王文则从实践的角度对工伤保险差别费率和浮动费率的确定方法进行了探讨，认为应当坚持风险与缴费相统一的原则，采用风险系数综合测评或评审的方法核定差别费率，在精确完整的数据缺

---

① 参见周慧文："欧洲国家工伤保险费率管理实践及其对我国的启示——用经济手段促进企业改善劳动安全条件的尝试"，《中国安全科学学报》2004年第4期。

② 参见陈文瑛等："工伤保险行业差别费率确定方法探讨"，《安全与环境学报》2005年第6期。

③ 参见吴甲春："对工伤保险费率合理性的探讨"，《现代职业安全》2004年第6期。

失时,也可以用专家评审法确定行业差别费率。① 陈胜、刘功智、耿凤、刘铁民认为,我国工伤保险费率至少应分为 15 个档次,对工伤保险基金支缴率不同的企业应实行幅度和档次不同的浮动费率,并对发生重大、特大、特别重大事故以及存在安全生产隐患的企业加征不同额度和等级的保险费。② 而李全伦将马斯洛的需求层次理论、赫兹伯格的双因素理论、弗鲁姆的期望理论以及亚当斯的公平理论与工伤保险费率的厘定结合起来,认为以上理论可作为制定工伤保险浮动费率的依据,激励企业参保的积极性。③

还有一些对工伤保险费率个案的研究,如:据劳动和社会保障部社会保障研究所的研究,如果按照工伤事故的费用支出占全国职工工资总额的比例测算,我国煤炭行业的工伤保险缴费率应为 10.7%;王忠旭、于冬雪以鞍山钢铁集团公司为个案,采用流行病学现况调查的方法,对鞍山钢铁集团公司所属的 116 家企业进行了实证研究,分析了其 1997 年 1 月至 1999 年 6 月间的工伤、职业病及费用收支情况,得出这些企业可以分成 12 个风险等级,费率应该在 0.32% 至 2.24% 之间浮动;④ 曹树刚、熊延伟、李鹏等学者通过调查重庆市的 39 个行业的 102 家企业的工伤情况,得出可以

---

① 参见王文:"工伤保险实行差别费率和浮动费率的设想",《中国劳动》2003 年第 3 期。

② 参见陈胜等:"我国工伤保险费率机制的探讨",《中国安全科学学报》2002 年第 6 期。

③ 参见李全伦:"工伤保险费率机制设计的探析",《中国安全生产科学技术》2005 年第 4 期。

④ 参见王忠旭等:"鞍钢工伤保险基金收缴费率的探讨与研究",《工业卫生与职业病》2005 年第 3 期。

将其分成12个风险等级,工伤保险差别费率最高为7.0%,最低为0.2%。①还有人认为工伤保险费率的浮动费率应遵循责任原则,即谁造成工伤谁是浮动费率的责任主体,浮动费率作用的指向应当是造成工伤事故的单位,而不应当是与事故受害人相关的单位,因此在有关公共利益、非用人单位造成的伤害等用人单位无伤害责任的情况下造成的工伤,可以不列入浮动费率的考核范围。

对工伤保险管理的研究包括对制度有效性的研究和对基金安全性的研究等方面,且更多的研究集中于体制现存的弊端以及如何提高管理效率方面。如连坎根认为,当前工伤保险制度并不能完全化解企业的工伤风险,尤其是中小企业,如果不及时为新职工参加工伤保险,或如果按政策规定必须由参保单位支付的待遇偏高,参保单位仍面临较高的工伤风险。在这些情况下,可利用工伤保险基金对企业支付的一次性医疗补助金和伤残就业补助金给予补助,并通过工伤保险的改革和完善将企业承担的工伤保险待遇部分纳入到工伤保险基金支付范围,或利用商业保险对企业自负的工伤赔偿风险进行承保,以化解企业的工伤风险。②由于目前存在着工伤保险组织方式与实施效果和制度目标之间的脱节、工伤保险与安全生产的脱节,因此,曾维彪认为现行工伤保险体制下,各地之间的分割造成了资金的沉淀和浪费,多头管理的体制使

---

① 参见曹树刚等:"重庆市工伤保险费率机制的探讨",《矿业安全与环保》2005年第4期。

② 参见连坎根:"关注参保单位的工伤风险",《中国中小企业》2005年第12期。

工伤保险行政运作缺乏竞争机制，难以形成科学的费率体系。[1]刘兰对北京市的工伤保险基金收支状况进行了研究，发现北京市工伤保险基金在统筹范围、支出结构等方面存在着不合理性，如医疗费用增长过快、工伤预防费用不够等。刘兰在分析了历年基金收支的基础上，对未来几年北京市工伤保险基金收支状况进行了预测，认为到2010年工伤保险基金将支大于收，工伤保险基金结余将逐渐下降。[2]而郝锦秀则认为工伤医疗费用缺乏控制、上升过快是工伤保险基金流失的重要原因，应通过完善管理制度、建立奖惩制度、改革结算方式等加强对工伤医疗的管理，合理运用工伤基金和医疗卫生资源。[3]

工伤赔偿与民事赔偿的竞合问题历来是工伤保险领域讨论的热点之一。我国《工伤保险条例》对工伤赔偿和民事赔偿的关系并没有给予规定，也没有明确工伤职工对由第三者过失而导致的伤害是否具有损失赔偿的请求权。而《安全生产法》第四十八条指出，因生产安全事故受到损害的从业人员，除依法享有工伤社会保险外，依照有关民事法律尚有获得赔偿的权利，有权向本单位提出赔偿要求。因此，关于工伤事故中第三者责任的处理以及工伤赔偿和民事赔偿的关系问题一直成为自《工伤保险条例》实施以来的讨论热点。如石少华认为，工伤保险与民事赔偿是互补关系，生产经营单位违法导致安全生产事故并造成从业人员伤亡的，受害者

---

[1] 参见曾维彪："我国工伤保险制度的新成就与局限——浅析《工伤保险条例》"，《湖南广播电视大学学报》2005年第3期。

[2] 参见刘兰："北京市工伤保险基金现状及对策研究"，《北京市计划劳动管理干部学院学报》2005年第3期。

[3] 参见郝锦秀："当前工伤保险工作中存在的问题及对策"，《新疆农垦经济》2005年第8期。

有权同时得到工伤保险和民事赔偿。由于目前中国工伤保险待遇的补偿标准较低,结合工伤劳动者的处境,工伤保险待遇和侵权赔偿的救济具有不同的目的,应当选用工伤保险和第三者侵权赔偿兼得的方式,这样可以促进企业积极进行安全生产管理,减少工伤事故和职业病,对于保障人权、充分弥补劳动者的损失、实现社会公平是比较理想的选择。① 这是主张工伤赔偿和民事赔偿兼得的典型代表。与前述"兼得"的观点不同,有学者主张应当视不同情况区别对待。如喜佳认为应对雇主过失采用"工伤保险取代侵权损害赔偿模式",对雇主之外的第三人采用"补充模式"。② 彭建新、李良才认为,工伤保险与民事赔偿的适用中应采取工伤赔偿优先适用、民事赔偿补充的原则;如果伤害由雇主之外的第三人造成,那么应选择工伤赔偿和民事赔偿兼得的方式。③

关于工伤保险技术的讨论,除上述几个主要方面外,还有学者认为工伤认定存在着不足。如姜颖认为,《工伤保险条例》在立法技术上的列举式容易导致对工伤本质含义的忽略。④ 陈碧贤认为,我国现行工伤认定标准遵循的相当因果关系原则应必须同时符合业务起因性与业务随行性,遵循职业利益理论,即劳动者和企业都是风险的承担者,凡由符合或服务于职业利益的行为引发的

---

① 参见石少华:"从业人员事故伤亡的经济权利——论人身伤害的工伤保险和民事赔偿",《现代职业安全》2004年第1期。

② 参见喜佳:"工伤保险赔付与民事侵权损害赔偿的关系",《劳动保障通讯》2004年第12期。

③ 参见彭建新等:"工伤保险与民事损害赔偿的协调机制探析",《黑河学刊》2005年第3期。

④ 参见姜颖:"我国工伤保险制度的突破与未来发展——《工伤保险条例》评析",《工会理论与实践》2004年第3期。

事故都应当认定为工伤。①

2.5 国内学者对外国工伤保险研究文献回顾

国内学者对工伤保险的研究中不能忽略的一点是对外国工伤保险制度的学习和借鉴。如刘铁民、耿凤两位学者对76个市场经济国家的安全生产监督管理体系进行了分析,发现其中有75%的国家主管职业安全卫生监察的权力机关都设在劳动部或劳工部,基本上都是安全与卫生相结合,统一管理,管理体系可分为三种:一是中央—地方—企业的垂直管理模式;二是政府的垂直监察和政府指定社会组织的行业监察并行的双轨制;三是国家指定相关机构代表政府行使监察之责。我国实践中可以根据现状改变安全监察体制,实行安全监察的分级垂直管理,以保证执法工作的权威性。② 德国作为世界上最早建立工伤保险制度的国家,其工伤保险制度经历了一百多年的考验,至今运行仍基本顺畅、保障效果良好,自然成为学者们关注的典范。如陈胜、刘铁民将工伤保险与事故预防的探索归为两类:一类是将工伤预防置于工伤保险之中并作为首要任务;另一类是建立专门的事故预防基金。他们认为德国采取的便是第一种类型,即工伤保险以预防为主,采取的措施包括制定劳动保护规定、劳动保护监察和咨询服务、劳动者健康检查、安全培训以及劳动安全科学研究等。③ 葛曼认为,预防优先、

---

① 参见陈碧贤:"工伤认定之实质性标准初探",《中国劳动》2006年第8期。
② 参见刘铁民等:"市场经济国家安全生产监察管理体制研析",《劳动保护》2000年第10期。
③ 参见陈胜等:"说说德国的工伤保险与事故预防",《中国安全生产报》2005年3月1日。

民主管理和低积累是德国工伤保险的成功之处。[1] 周慧文通过对德国工伤保险工伤预防机制的探讨，指出德国的工伤预防机制包括技术的、心理的、法律的、管理的和灵活的经济调控手段，它们共同构成了德国完备的工伤预防措施，促进了工伤保险制度的良好运行。德国的工伤保险事故预防机制对我国的工伤保险事故预防机制的建立与完善的启示主要有：在管理体制上应健全上层管理、研究、培训和监督等机构；利用经济手段对企业安全生产形成刺激和激励；利用法律手段在立法、监督、执行等方面合理分工；利用技术优势进行企业安全评价，注重技术咨询服务，进行工伤和职业病预防；开展安全宣传、教育和培训工作是工伤预防在心理教育方面必须进行的工作。[2] 万成略对德国同业公会在职业安全管理中的作用进行了考察，作为非政府组织的德国同业公会在工伤保险管理中，对政府而言是社团组织，要受到政府的监督；对企业而言又是管理者，对企业的职业安全负有监督之责，对企业不同的职业安全状况，可以利用费率的调整刺激企业搞好职业安全卫生预防和控制，是一个有效的组织机构。中国可以借鉴德国的模式，充分发挥中介组织和社会团体的作用。[3] 董溯战对德国和法国的工伤保险制度进行了比较，认为在制度结构方面，两国的制度都分为一般制度和特别制度。与德国相比，法国的特别制度覆盖了更多的人群，管理难度较大，制度运转成本较高，制度缺憾更突出；而德国工

---

[1] 参见葛曼："德国工伤保险制度的特点及成功之处"，《中国劳动》1998年第3期。

[2] 参见周慧文："德国工伤保险事故预防机制评介"，《中国安全科学学报》2005年第5期。

[3] 参见万成略："德国行业管理中工伤保险的作用及启示"，《工业安全与环保》2002年第10期。

伤保险的受益人范围较法国广,更能体现工伤保险制度的发展趋势。他介绍了德、法两国都采用"差别费率"和"浮动费率",法国在大型企业中运用企业浮动费率,在中小企业中运用行业浮动费率,使"风险与责任统一"的原则只在大企业中较好地得到体现;而德国在各类企业都实行了统一的制度,较彻底地实现了以责任控制风险。德、法两国尽管都采取自治管理模式,但法国兼顾了自主管理和国家参与,受国家干预较多;而德国经办模式利用雇主、受保人同工伤保险制度的利害关系和参与的积极性,经办机构具有较大的自主权。[①] 孙树菡、余飞跃则认为,民主管理和公权保障是德国工伤预防的两大基石。[②] 除此之外,周慧文、陈真还以美国的工伤保险体系为考察对象,对工伤保险制度中的政府管制行为进行研究,并对其各级政府进行管制和放松管制的原因与效果进行分析。[③] 李莉通过对奥地利一体化的工伤保障体系的考察,认为其集科研、急救、医疗、康复、培训于一体的运营机制对于中国工伤保险体系的完善应有所启示。[④] 然而,从当前中国工伤保险基金承受能力看,建立从属于工伤保险体系的医疗保险机构是否是中国工伤医疗和康复发展的明智之举,是否会加重工伤保险制度的负担,从而导致工伤医疗机构与普通医疗机构的重复建设和卫生资源的浪费,尚有待于印证和商榷。

---

① 参见董溯战:"德国、法国工伤保险法律制度的比较研究",《宁夏社会科学》2004年第9期。
② 参见孙树菡等:"民主管理与公权保障———德国工伤预防的两大基石",《德国研究》2009年第2期。
③ 参见周慧文等:"美国工伤保险政府管制的初步分析",《财经论丛》2004年第1期。
④ 参见李莉:"奥地利社会保险体系对完善我国工伤保险体系的启示",《中国卫生经济》2005年第2期。

综上，国内学者对职业安全和工伤保险的研究更多地集中于政策、制度层面，而对工伤保险制度方向性的理论研究较少。这一方面与我国长期以来工伤保险制度缺乏足够的理论准备有关，另一方面也源于制度年轻、功能不强与职业安全严峻形势所形成的急迫需要解决的矛盾。

3. 国外职业风险和工伤保险文献回顾

国外对职业风险的研究主要集中在特定职业危害因素对劳动者造成的职业性伤害上。国外对工伤保险的研究主要集中在两个方面：一是制度成熟国家的学者对工伤保险制度改革和发展的研究，如对德国、美国、日本等国家工伤保险制度的研究；二是对制度比较年轻的国家制度完善的研究，如对阿根廷、中国、俄罗斯等处于转型期的国家工伤保险制度的研究。

3.1 国外职业风险研究回顾

国外对职业风险的研究颇多，尤其在美国、德国等工伤保险发展比较成熟的国家已达到相当高的水平，对规避职业风险、实现职业安全和职业病防护等方面的研究已经非常细化和深入，如 D. A. 隆巴尔迪(D. A. Lombardi)等对手部的职业性伤害因素进行的分析，格雷·S. 索洛克(Gary S. Sorock)、西奥多·考特尼(Theodore Courtney)等学者对职业性腰背痛的研究，都说明了这一点；再如，美国利宝互助安全研究院(Liberty Mutual Research Institute for Safety)作为世界著名的职业安全研究机构，他们的研究目光已经转向如何使劳动者的劳动环境更适合人体工效学的要求，保证劳动者最大程度的舒适度，以降低职业伤害风险的发生；德国作为职业安全卫生制度较好的国家，其职业安全专家的研究方向是努力搭建起安全研究与生产实践的桥梁，能更好地与企业的安全生产形成互动。这种深入的研究已经摆脱了保障雇员生存和健康的最低要求，而是要使职业政策、职业安全标准更具有人性化。由于条件所限，笔者不可能穷尽国外所有关于职业风险管理和职业风险的研究，但不可否认的一点是，改善雇员的工作环境和条件、对雇员的健康充满人文关怀，是发达国家降低职业风险和职业伤害研究的突出特色。

3.2 国外工伤保险文献回顾

在发达国家的工伤保险制度上升时期，工伤保险的研究汗牛充栋，工伤保险制度成熟国家对工伤保险的研究更多地集中在效率的提高与公平性等方面，他们更注重于制度的完善。且在文献搜集中我们发现，越是工伤保险制度完善的国家，这方面新的研究反而不多，因为在制度功能较完善、体制运行较畅通的情况下，关注的人必然较少，德国便是典型的例子——德国工伤保险制度运行良好，而德国研究工伤保险的专家和文献却少之又少。这里仅选取几位学者的研究作一列举。

美国学者乔治·E.雷吉达认为，导致经济无保障的情形包括失去收入、增加花费、收入不充足、收入的不确定性等，而职业伤害是引起经济无保障的重要原因，这也是工伤保险制度赖以存在的社会基础。他将劳工赔偿的基本理论总结为以下三种：第一，职业风险理论。职业风险理论基于这样一个前提，即每一行业都应该以生产成本的形式承担各自的职业伤残所带来的损失，并在产品价格上反映出工伤和职业病所造成的损失。第二,最小社会成本理论,即应通过劳工赔偿法使行业事故的经济损失降到最低。由于工伤保险采用经验费率,安全记录好的企业费率较低,雇主为争取优惠保险费率会更有动力减少事故发生,从而可以将生产事故的社会成本降到最低。第三,社会折中理论。劳工赔偿的规定表示了雇员和雇主牺牲利益与得到利益之间的平衡。劳工赔偿法规定受伤的雇员得到来自工伤保险的赔偿而放弃对雇主的起诉,愿意用对伤害后提出法律诉讼的权利以及可能获得的更多赔偿来换取数额较少但是确定的伤残给付,这表明了雇主和雇员之间利益的折中与平衡。他认为美国工伤事故死亡率下降的原因是雇主在"通过减少事故而增加利润边际方面作出的努力",包括对雇员的教育、加强安全规范、法律对不具备安全工作条件的雇主进行惩罚、对损失控制程度的增加和由保险人提供的安全计划以及在商业风险管理计划中对安全的强调。[①] 丹麦学者奥利·E.康加斯通过对18个经济合作与发展组织(OECD)成员国家工伤保险制度的研究发现,OECD国家的工伤保险制度经历了一个从雇主赔偿责任到工伤保险制度、覆盖面由高危险工业行业到农业、从较低收入损失赔偿替代率到全额的收入损失补偿、从附属原则到收入原则的发展过程,"工伤保险的发展历史涵盖了其他所有社会保险单项计划形成时所存在的政治和制度压力",其发展趋势是:由雇主完全承担责任的风险原则逐步向全社会共同承担风险转变;工伤保险制度模式日渐分化为以德国为代表的社会保险模式和以雇

---

① 参见〔美〕乔治·E.雷吉达:《社会保险和经济保障》,陈秉正译,经济科学出版社2005年版,第223—254页。

主责任为基础的盎格鲁-撒克逊模式。他还发现,与其他社会保险项目相比,工伤保险发展更快的原因是生产方式的结构性转变增加了保护工人免遭职业风险的压力。由于工伤保险受到自由主义的影响较小,为工伤职工提供的法定保险金被视为生产成本中不可分割的一部分,从而使工伤保险成为一个经济问题而非社会问题,更容易被各个意识形态的群体接受。另外,劳动者和雇主、地方官员与中央政府之间的分化也是促使雇主责任向工伤保险转化的原因,这是生产成本和工伤风险成本社会化的要求,有利于生产外部性问题的解决,符合各方利益。① 正如英国学者史蒂芬·琼斯认为的,在过去的一百多年中,雇员的工伤保险一直占有优先地位,这种优先权不仅表现在行政管理上,还表现在财政方面,而且这种优先地位将一直保持下去。

工伤保险制度完善的国家其制度成熟且成功的标志之一是制度在工伤预防中的突出作用,这种作用得益于其完善的费率机制,不但体现在制度本身的效率上,而且对雇主的安全生产具有突出的激励作用。美国学者格雷格里·克劳姆将工伤保险体制归纳为三类:纯粹的社会保障体制、有限风险定价的公共体制、公共和私有体制。纯粹的社会保障体制是指工伤保险和其他社会保险一样,对所有行业企业的雇主征收相同水平的保险费率,即各个行业承担本行业中所有的工伤赔偿费用;有限风险定价的公共体制则根据职业风险的高低,对不同行业的雇主征收不同的费率,即实行差别费率,这种行业定价方式对雇主采取积极的安全措施没有激

---

① 参见〔丹麦〕奥利·E. 康加斯:"从男性劳动者的工伤赔偿到女性劳动者的工伤保险:OECD 国家工伤保险制度的发展",鲁全、彭宅文译,郑功成、〔德〕贝克尔主编:《社会保障研究》2006 年第 1 期,中国劳动社会保障出版社,第 84—101 页。

励作用,因为单个企业安全状况的改善并不能降低其缴费率;公共和私有体制是一种完全的风险定价体制,也实行差别费率和浮动费率,在有限风险定价的公共体制中,完全风险定价使企业的伤亡经验对费率影响显著。①

关于转型国家的职业安全和工伤保险制度,笔者曾尝试尽可能地搜集相关的文献,但遗憾的是,当前对诸如印度、俄罗斯这些国家的关注尚少,加之语言的障碍,在外文资料的获得方面也存在困难,只好作罢。但是笔者一直认为,如印度、俄罗斯这样的国家,一方面处于制度初建或重建的转型之中,一方面与我国的国情较工伤保险制度发达国家有更多的相似性,对这些国家的改革经验多一点儿关注和借鉴,对我国的制度建设和发展或许不无裨益。

4. 综合评述

综观我国国内学者关于职业安全和工伤保险的研究,其成果还是较为显著的。不但包括对我国国内职业安全和工伤保险方面的研究,而且对国外制度和经验进行了借鉴,对我国安全生产形势和工伤保险的发展与完善提出了各自的见解和建议。如郑功成对我国职业安全形势的概括和工伤保险制度体系的设想,孙树菡对工伤保险制度从预防到康复等全方位的研究,刘铁民对国内外安全生产及其监督管理的全面研究和借鉴等,形成了我国职业安全

---

① 参见〔美〕格雷格里·克劳姆:"可供选择的工伤保险赔偿定价方法",刘佳炜译,郑功成、〔德〕贝克尔主编:《社会保障研究》2006年第1期,中国劳动社会保障出版社,第79—83页。

和工伤保险制度较为全面的总结和认识。对国外工伤保险制度的研究，如葛曼对德国工伤保险制度经验的借鉴、吕学静对各国工伤保险费率机制的探讨、蔡和平在其博士学位论文中对中德工伤保险法律制度的比较研究等，可以为我国工伤保险制度的发展提供一定的经验借鉴。另外，还有对工伤保险某一特定方面的研究，如中国人民大学余飞跃博士对工伤预防的研究等。上述方方面面的研究共同构成了中国职业安全和工伤保险研究领域多视角、多维度的研究格局。这些研究都为工伤保险制度的后续研究提供了丰富的、可供借鉴的成果和素材。

但是，相对于经济社会发展形势，我国工伤保险制度的改革与经济社会的转型并未保持一致，改革起步晚、进展慢，职业安全卫生制度亦滞后于经济社会的发展。因此，工伤保险制度研究也不可避免地滞后于实践的需要。

第一，基本的理论研究被忽略，大多数研究集中于现状的介绍和对策研究。对于一项制度和政策，首先要明确它赖以存在的基础及其政策定位，要有明确的效果目标。自《工伤保险条例》实施以来，制度实施中存在的问题成为大多数学者关注的焦点，但是这种缺乏理论支撑的对策和建议研究往往是一些治标不治本之策。比如对工伤保险，绝大多数人都认为是为了实现对工伤人员的收入补偿、保障其生活，但是补偿要达到何种水平、达到何种保障效果是我们尚未明确的目标。虽然《工伤保险条例》规定了各个不同伤残等级的待遇标准，但这种标准是否合理、科学，能否为工伤者提供真正的保障，这需要进行替代率的研究，而并不是简单的讨论。在笔者所见到的文献中甚少有讨论基本理论的文章和书籍。因此，理论研究是当前中国职业安全和工伤保险领域亟须加强的。

而反观工伤保险制度比较完善、职业安全状况较好的国家,首先对工伤保险有较全面准确的定位,如前述文献中提到的对工伤保险在社会保障制度中优先权的认可,对工伤保险制度的发展无疑具有非常重要的促进作用。

第二,先进的建制理念尚未受到重视,现行建制理念滞后于现实需要。对职业安全与工伤保险的研究是随着近几年安全生产问题的突出、工伤保险的改革而兴起的,但当前的研究现状并不能满足解决实际问题的需要。许多研究都是在问题出现或突出时行"亡羊补牢"之功效,从而缺乏前瞻性的、远见性的研究和预测。另外,全局性和前瞻性的规划也是当前对工伤保险制度的研究需要加强的。一项制度只有在全局性的合理目标的指引下,具备了基本的政策目标定位之后才能够沿着明确的方向发展。仅限于某几方面技术和环节的研究,只能是头痛医头、脚痛医脚的修修补补。

第三,能为政策制定提供理论支撑的创新观点较为欠缺,全局性的系统研究需要加强。研究职业安全和工伤保险的文献不少,但大家往往会抱着一个问题不放,观点一致性较高,新的学术成果少。工伤保险制度作为一个复杂的系统,具有内在的运行规律和机制,不但依赖于一定的经济社会环境,同时也与一定的劳工政策、劳动法规等密切相关。因此,对工伤保险制度的研究不能就工伤保险而研究工伤保险,应当与一定的宏观环境、政策措施、法律法规相联系,对工伤保险制度的研究也不应仅仅局限于当前特定的技术和政策层面的讨论,而应有更深层面的理论挖掘。

第四,对外国先进经验借鉴不够,研究有待于进一步深入。对先进国家的职业安全政策和工伤保险制度,许多学者都进行了研究,但这些研究往往集中于对对方现象的描述和介绍上,缺乏深层次的必然性的剖析。比如，德国的工伤保险制度一直是我国学者感兴趣的，很多人也对德国的工伤保险进行介绍，如自治管理模式，但鲜有人对其制度背后的深层背景、条件进行分析，忽略了一种制度的存在和运行不仅在于制度本身，而且在于其背后的社会、经济、文化传统等这一规律，从而也使这样的研究单纯地为了介绍而介绍，对中国制度的借鉴作用难以发掘出来。

总之，现有研究的成果和不足为笔者提供了参考与借鉴，也为笔者提供了填缺补漏的契机，这使本书的研究内容具有一定的开创性，但也给笔者的研究增加了很大的难度。

第二章 中国工伤保险的演进与转型

1. 引 言

每一个时代都有其独有的特征,每一项制度都会受制于当时的经济和社会状况并被打上深深的时代烙印。从建国初期的社会保险到"文化大革命"时的企业保障,再到当前的社会保险,中国的工伤保险制度经历了迂回曲折的变化,这与其他社会保险政策相似。建国初期,中国的工伤保险政策是在中华全国总工会管理下的社会保险,这与当时特定的政治经济背景相关。即一方面突出工人阶级的领导地位,给工会以管理者的权力;另一方面,当时的中国政府尚无力对社会保障事务承担过多的责任,相关文件也并没有明确政府在社会保障包括工伤保险中的责任。"文化大革命"的十年浩劫使中国的政治经济生活陷入混乱时期,工伤保险政策也随之进入失范状态,由社会性的保障回复到各自为政的企业保险时代。改革开放后,与经济、政治改革过程相一致,中国的工伤保险改革也遵循着渐进式的路线进行,由点及面,逐步扩展开来。这种渐进式的改革,虽然可以避免由于短期内的剧变带来的阵痛,但也不可避免地留下了当前制度转型中的诸多后遗症。

中国的转型是全面的转型,既包含了历史传统和当代现实的转型，又是涵盖政治、经济、文化各个领域的转型，它不仅仅是国家行为，更是公民普遍参与的行为。转型期并非完美无缺，如同中国工伤保险制度本身的转型，它并不是对高职业风险和职业伤亡状况的积极回应，而是一种被动的补救。

2. 转型期的背景

中国的转型是一场深刻的社会变革，是从计划经济转向市场经济、从传统社会转向现代社会、从农业社会转向工业社会、从农村社会转向城市社会、从一元价值观向多元价值观的转变过程，其中有新旧体制的冲突、有新旧观念的碰撞、有社会的进步，也有发展的迂回。

2.1 经济体制的转型

转型，首先是制度的转型。简单来讲，中国转型期的经济体制是一个从计划经济体制到市场经济体制过渡的中间状态。从1978年"以经济建设为中心"的提出，到20世纪80年代国有企业的"政企分离"，从20世纪90年代初姓"资"还是姓"社"的争论和邓小平南方讲话，到十四届三中全会《中共中央关于建立社会主义市场经济体制的决定》，从单纯的公有制，到以公有制为主导的多种经济成分并存，从单一的按劳分配，到按劳分配和按生产要素分配相结合，都体现了中国经济体制从计划经济到市场经济的转型和演变。

计划经济最大的弊端在于不能解决效率问题，经济的转型带来了效率的提升，释放了生产力，使中国进入了一个经济飞速发展的时代。据统计，中国的 GDP 由 1978 年的 3645.2 亿元增长到 1993 年的 35333.9 亿元，年均增长率为 9.73%；自建立社会主义市场经济目标确定以来，中国的 GDP 又从 1994 年的 48197.9 亿元增长到 2005 年的 182320.6 亿元，再到 2009 年初步测算的 335353 亿元，年均增长率达 9% 以上；我国城乡居民可支配收入分别从 1978 年的 343.4 元和 133.6 元增长到 1993 年的 2577.4 元和 921.6 元，又从 1994 年的 3496.2 元和 1221.0 元增长到 2005 年的 10493.0 和 3254.9 元，[1]再到 2009 年的 17175 元和 5153 元。[2] 由此可见，经济体制的转轨较好地解决了效率问题，形成了生产力的极大解放，我国经济进入了飞速发展的时期，这是转型期的基本背景之一。

另一方面，中国的市场经济也存在不完全、不彻底的问题。中国经济体制的转型也经历了一个"目标明确、路径模糊"的探索时期，对于如何实现经济转型并没有圆满的答案，其间也产生了不断的试错和纠错的过程。在这个时期，传统的高度集中的计划经济体制被打破，完善健全的市场经济还没有建立，市场和计划在不同的方面和领域同时发挥作用，两者有矛盾和冲突，也会有合作和协调，但更多的则表现在冲突的一面，从而引发了经济领域的混乱和失范。从计划经济向市场经济转变的过程是市场和计划此进彼退的过程，即市场的前进和政府干预的退出，市场机制取代政府干预，在资源配置中起基础性作用，土地、资本、劳动力、技术以及信息在市场规律的作用下自发地进行优化配置。但由于市场本身的

---

[1] 数据来源：《中国统计摘要》(2006)，中国统计出版社 2006 年版。
[2] 参见中华人民共和国国家统计局：《中华人民共和国 2009 年国民经济和社会发展统计公报》，2010 年 2 月 25 日。

固有缺陷与当前中国市场机制不完全性的双重作用，旧有的制度被打破，新的制度没有形成，中国转型时期的市场失灵远比成熟市场经济更具严重性、系统性和不可避免性。环境恶化、贫富差距、不公平竞争、市场诚信的缺失似乎已成为中国向市场经济转轨过程中的必然现象。这些现象作为中国经济市场化的负面产物，一方面削弱了市场经济的发展成就，另一方面对新时期社会核心价值观的形成也具有不可忽视的影响，从而对中国的长期全局性发展战略提出了挑战。

另外，中国转型期的一个突出特点还在于职业危害形势随着全国经济社会转型的推进和经济发展速度的加快而发生变化。据已有研究，人均GDP在1000美元至3000美元时是安全生产事故的易发期。但易发不一定高发。然而，从转型期的安全生产和职业风险状况来看，中国不仅处于安全生产事故的易发期，而且处于高发期，这与强烈追求经济增长的欲望不无关系。[1]

2.2 政府角色的转换

经济体制的转轨是从计划转向市场的过程，其中政府角色的转变成为转轨的重要内容。计划经济条件下，政府在社会经济活动中既是游戏规则的制定者，又是游戏的参与者，行政管理是实现政府职能的主要方式，政府对社会的管理是全方位的，也是强制性的，政府的公共服务职能则居于次要的地位。在市场经济条件下，政府不再直接参与市场的活动，而是通过经济的、法律的手段进行经济调节、市场监管、社会管理和公共服务。因此，由管理向服务

---

[1] 本书第一章中提及的"安全生产的橙色GDP"也印证了这一点。

的转变是政府职能在计划转向市场过程中的重要特征。转型期的政府正是处于从管理型政府向服务型政府的过渡时期。转型期中国政府一方面摆脱了管理型政府的模式,具有了市场经济条件下服务型政府的某些特征,如服务意识增强、法治逐渐代替人治;另一方面又没有完全摆脱计划经济条件下的行政模式和思维,对经济和社会存在有意无意的过多干预和管理。面对发展经济的目标,许多政府行为又会或多或少地带有准市场主体的角色,发挥着完全市场经济条件下本来应该由市场机制发挥的作用。因此,可以说,转型期的特定条件和复杂环境对政府的行政能力、行政水平有着更高的要求,它既要求从计划经济条件下对社会的强制性管理转向市场经济条件下对社会的契约性管理,又要求从相对单一的社会管理转向较为复杂的、价值多元化社会的协调和融合。转轨过程中新旧制度的断裂一方面要求政府做二者的衔接者和协调者,来调和不完全的计划与不完全的市场,推动市场化进程;另一方面,新制度的进一步发展又要求政府能够审时度势,从不适当的干预中及时抽身。

在亦市场亦计划、非市场非计划的转型期,政府既要弥补市场缺陷、校正市场不足,又要促进市场体系的发育、完善,充当市场的保护伞和推动器。在如此复杂的行政中,不可避免地存在着越位、错位和缺位现象,对于市场、政府、企业在经济社会发展中的职责定位不清,宏观规划、调控和监督功能不足,微观的行政行为过多,难以理清中央和地方、企业和政府、政府和市场等诸多错综复杂的关系,对社会经济发展的规划缺乏科学的指导也不足为奇,从而使政府管理成本过高、工作效率低,政府的内部性得不到纠正,职能的发挥面临许多障碍。因此,转型期的政府在深化政治管理体制改革中,首要的问题是对政府的职能如何正确定位。

2.3 发展理念的转变

中国转型期发展理念的变迁经历了一个由单纯追求经济增长速度、追求效率到追求经济社会协调发展的过程,这一转变一方面是经济社会发展的必然规律使然,另一方面也反映了转型期的中国发展由盲目向理性的转变。

1978年开始的经济体制改革确立了以经济建设为中心的方针,从此中国进入了经济社会的深刻变革时期,这是转型期发展理念转变的总体体现,也成为指导中国转型期发展的总原则。1985年10月,邓小平在会见美国时代公司组织的美国高级企业家代表团时,提出了"让一部分人、一部分地区先富起来,以带动和帮助落后的地区,最终实现共同富裕"的思想;面对姓"资"还是姓"社"的讨论,1992年邓小平的南方讲话提出了"三个有利于"的思想。这在经济体制改革方向尚不明确的初期,为市场经济体制目标的确立提供了理论依据,对促进生产力的解放和发展起到了难以估量的作用。继1993年十四届三中全会明确提出建立社会主义市场经济体制之后,在经济发展中国家又提出了"效率优先、兼顾公平"的原则,将追求经济增长和效率放在发展的第一位。这些思想和原则的提出对处于徘徊期的中国无疑起到了方向性的作用,符合当时的社会经济发展状况,但也不可避免地产生了对这些思想的误解和歪曲,从而将发展方向引向了背离其初衷的一端。随着经济和社会发展,"让一部分人先富起来"逐渐成为贫富差距扩大的保护伞,"效率优先、兼顾公平"原则也被盲目理解为"效率至上",从而忽视了公平和发展的社会效益,产生了盲目追求发展速度、轻视经济社会的协调发展，重视经济增长速度、轻视人的生命安全和健康的现象，这可以说是当前中国一部分企业和雇主轻视安全生产与职工职业安全健康的一个重要原因。

经济发展和社会进步的最终目标是要保证人的发展。改革破冰时期的发展理念和发展思维并不能作为颠扑不破的永恒真理，公平的价值观念在经历了"效率优先"的特定时期之后，逐渐成为人们考量中国经济社会发展的尺度，并将成为大多数人追求的主流价值观。正如著名社会保障专家郑功成教授多次强调的那样，当前中国面临的主要问题已经不是如何将蛋糕做大，而是如何将已经做大了的蛋糕分好。如果说在改革伊始出现的"有人一夜暴富，有人一夜失去饭碗"的现象是社会转型不可避免的阵痛，那么对于经济已经高速发展了三十年的中国，面临的任务就是要从当初的阵痛中解脱出来，"和谐社会"正体现了这样的发展方向和发展理念。和谐社会不仅体现在收入分配等经济方面，更体现在人与环境的和谐、社会人文和道德的融洽。人是生产力中最活跃的因素，任何发展归根结底要靠人的发展。和谐的社会首先是尊重人的生命和健康的社会，这对中国的安全生产和职业安全卫生战略提出了更高的要求，从而也使它们面临着更严峻的挑战，这既是中国工伤保险制度转型的重要促成原因，也是工伤保险制度转型中不可逾越的、必须克服的困难。

综上所述，在转型期，中国的发展理念和指导思想经历了由追求单一经济增长指标到追求经济社会全面协调发展的过程。任何一个作为指导思想的发展理念都既有成功的经验，又有因曲解和误解而产生的弊端，这与转型期的社会价值观复杂化、新旧价值观念的更替有关，也与我们对其负面影响考虑不足相联系。旧理念的摒弃和新理念的发挥作用是一个自然的前进过程，和谐社会理念由提出到完善、再到其内在精髓并切实作为指导思想发挥作用也要经历漫长的过渡时期。因此，任何一个思想观念的形成直至其真正发生作用都不会是一朝一夕的事情，新的理念将会在与旧观念的此消彼长中获得发展。旧的观念将在相当长的时期内对人们的思想和价值判断发挥影响作用，这是多元化的社会意识形态的形成过程，也体现了思想意识在人的社会行为中不可忽视的作用。

2.4 社会意识和价值观念的转变

社会学家孙立平指出，中国社会正在发生"断裂"，经济增长在很大程度上已不能导致社会状况的自然改善，"在经济增长的成果和社会成员的生活、经济增长和社会状况的改善之间，出现了断裂"[1]。然而，依笔者之见，转型期出现在中国的断裂不但表现在经济和社会层面，而且表现在社会意识和价值观念的变化中。

曾经有一句非常流行的话描述改革开放："窗户打开了，新鲜空气就进来了，但是苍蝇蚊子也跟着进来了。"在此，笔者并非指改革开放给中国社会意识和价值观念带来的全部是"苍蝇蚊子"，而是指在中国深刻的经济和社会变革之中，社会意识和价值观念不可避免地受到了正面或负面的影响，从而形成传统价值观念和新的价值观念之间的断裂。社会意识和价值观念不是一成不变的，它随着经济和社会的发展而不断发生变化。计划经济条件下，中

---

[1] 孙立平：《断裂——20世纪90年代以来的中国社会》，社会科学文献出版社2003年版，第21页。

国传统社会意识和价值观念是以群体取向为主体的,在这种取向下,群体的利益即是个人利益,个人意志亦必须服从集体意志。进入转型期之后,这种大一统的价值观念受到挑战,自由主义和个性解放成为许多人追求的一种"时尚",群体主义逐渐向个体主义转移,价值判断逐渐由激情澎湃的理想主义转变为现实主义和实用主义,价值取向呈多元化的发展趋势。因此,转型期中国的社会意识和价值观念的变革经历了一个从改革初始传统的一元化价值观念受到挑战到随着经济政治体制和社会转型的深入而逐渐多元化的过程。在这一过程中,新旧观念表现出了冲突和融合,中西文化亦有碰撞和交织。当前,中国社会正处于传统的核心价值观念被打破而新的核心价值观念尚未完全定型的状态之中,不可避免地具有不稳定、不和谐性,对整个社会经济、政治的影响也是不定型的。

转型期价值取向的复杂化和多元化趋势以及其当前的不确定性,对中国的职业安全形势和工伤保险制度改革发展的影响是巨大的。在计划经济时期的群体主义价值取向下,劳动者的利益与企业甚至社会集体利益是一致的,企业生产决策会充分考虑劳动者的利益,在尊重劳动者安全权益的条件下,职业伤害的发生更多的是由于技术因素而非思想意识因素。在这种情况下,工伤保险制度的设定以保障劳动者的利益为出发点和目标。进入转型期后,社会利益群体发生分化,价值理念多元化,劳动者和企业利益的冲突常常成为劳资关系紧张的根源,在两者利益不一致的情况下,无论劳动者的主观心理因素还是企业的生产经营决策都会对职业风险产生重大影响。同时,由于新的核心价值观念尚未定型,劳动者本位的观念没有形成,劳动者的职业安全和工伤保障权益并不能成为工伤保险制度改革追求的唯一目标,目标取向的多元化导致工伤保险政策目标的不明确性。一方面要保护企业和资本的利益以求经济的快速增长,使政府从对社会经济的过多干预中抽身而不至于承担过多的责任;另一方面还要使劳动者的权益得到一定程度的保障以稳定社会。这些多元目标共同促成了中国转型期工伤保险制度转型的不彻底性,也增大了遗留历史问题的解决难度,同时还使工伤保险制度的改革进程充满了曲折性和不确定性。

3. 工伤保险的转型

3.1 转型之前的工伤保险

任何一项制度或政策都具有延续性,这种延续包括对它之前制度的继承和沿袭,也包括对其后政策的影响和借鉴。因此,在讨论转型期的工伤保险制度之前,有必要对中国转型期之前的工伤保险制度作一个简单的回顾。

一般认为,新中国的工伤保险制度始于1951年的《中华人民共和国劳动保险条例》(下简称《劳动保险条例》)。而实际上1950年的《革命工作人员伤亡褒恤暂行条例》已经对在对敌斗争中负伤或因公负伤的革命工作者的抚恤问题进行了规定。本书中采用公认的说法,即新中国的工伤保险制度始于1951年的《劳动保险条例》。由《劳动保险条例》规范的工伤保险制度在覆盖群体上存在着选择性,即它仅覆盖了一部分城镇劳动者——工人、职员一百人以上的国营、公私合营、私营及合作社经营的工厂与矿场及其附属单位的职工,铁路、航运、邮电的各企业单位与附属单位的职工以及工厂、矿场、交通事业的基本建设单位和国营建筑公司的职工。《劳动保险条例》全面规定了工伤保险的基金收支办法、待遇给付水平和标准以及工伤保险的管理等,是新中国首个全面的工伤保险规范性法规。1953年3月,劳动部又颁布了《劳动保险条例实施细则草案》,同年又对《劳动保险条例》和《劳动保险条例实施细则草案》进行了修订,调整了工伤保险的伤残评定和待遇标准。1957年,卫生部制定并颁布了《职业病范围和职业病患者处理办法的规定》,将严重危害工人与职员健康的职业性中毒、尘肺病等14种与职业有关的疾病列入工伤保险保障范围之内。但是,中国工伤保险制度的发展并不是一帆风顺的,它随共和国的兴衰走过了曲折的艰难岁月。1966年,"文化大革命"开始,十年浩劫给中国的发展带来巨大的损失,经济、政治和社会生活陷入严重的混乱,工伤保险制度也随着1969年财政部颁布的《关于国营企业财务工作中几项制度的改革意见(草案)》而发生了改变。该草案规定,国营企业一律停止提取劳动保险金,企业退休职工、长期病号工资和其他劳保开支均改在营业外列支。这样,包括工伤保险在内的所有社会保障项目都成为企业自身的事情,由社会和企业相结合的保障模式回归到完全的企业保险,这种状况一直持续到1988年。

对于转型期之前的工伤保险制度,许多学者将其划分为两个阶段,即将1969年《关于国营企业财务工作中几项制度的改革意见(草案)》作为工伤保险制度的分水岭,认为之前的工伤保险与其他各险种一样,是一种社会保险,而从1969年至1986年《国营企业实行劳动合同暂行规定》的颁布为止,工伤保险制度是一种企业保险。但事实上,即便是"文化大革命"前的工伤保险制度也并不是完全的社会保险形式,而是一种社会保障与企业保障相结合的共同保障,从其规定就不难得出上述结论。如《劳动保险条例》第十二条规定,因工负伤人员应在该企业医疗所、医院或特约医院医治。如该企业医疗所、医院或特约医院无法治疗时,应由该企业行政方面或资方转送其他医院医治。其全部诊疗费、药费、住院费、住院时的膳费与就医路费均由企业行政方面或资方负担。工人与职员因工负伤确定为残废时,由劳动保险基金项下按月付给因工残废抚恤费或因工残废补助费。而《中华人民共和国劳动保险条例实施细则》第十四条规定,工人职员因工负伤在该企业医疗所、医院、特约医院、特约中西医师或转送之医院医疗终结后必须安装假腿、假手、镶牙、补眼者,其所需费用完全由企业行政方面或资方负担。由此可见,当时的工伤保险并没有负责职工的工伤医疗、辅助器具的配置费用,而只承担的是工伤职工的残疾津贴,因此,这是一种社会和企业共同保障的形式。

3.2 工伤保险转型的第一阶段(1986—1996)

工伤保险转型第一阶段是它的探索时期,各地先后开展的工伤保险试点成为这一阶段的主要内容。1986年国务院颁布的《国营企业实行劳动合同制度暂行规定》打破了传统计划经济体制下的用工制度,规定退休养老基金由企业和劳动合同制工人缴纳,确立了企业和职工共同缴费的养老保险制度,中国的社会保险制度开始了真正的转型。但对于工伤保险制度,该规定除提出对已经遭受工伤和患职业病的职工企业不得与其解除劳动合同之外,并没有明确工伤保险如何实施、缴费如何分担等问题。从1988年开始,劳动部着手研究工伤保险改革问题,并选择深圳、海口等地作为工伤保险制度的试点,从此才真正拉开了我国工伤保险制度改革的序幕。在实行制度试点的同时,工伤保险立法工作逐步展开。如1990年《中共中央关于制定国民经济和社会发展十年规划和"八五"计划的建议》指出,要在建立健全养老保险和待业保险制度的同时,改革工伤保险制度;1991年《中华人民共和国国民经济和社会发展十年规划和第八个五年计划纲要》提出努力改革工伤保险制度,并指出应贯彻"安全第一,预防为主"的方针,强化劳动安全卫生监察,努力改善劳动条件,加强劳动保护,大力降低企业职工伤亡事故率和职业病发病率。1993年党的十四届三中全会通过的《中共中央关于建立社会主义市场经济体制若干问题的决定》提出了"普遍建立企业工伤保险制度"的设想。1994年《中华人民共和国劳动法》的颁布以法律的形式将工伤保险制度确定了下来。在工伤保险试点的基础上,各地方性的法规纷纷出台,如广东、海南、福建等省份先后出台了工伤保险地方性法规。上述试点工作一方面促进了工伤保险事业的发展,另一方面各自为政的试点也为以后制度改革的深化和统一设下了障碍。除工伤保险立法之外,与工伤保险有关的技术工作逐渐得以加强。如1988年1月1日施行的《职业病范围和职业病患者处理办法的规定》取代了1957年2月28日卫生部颁发的《职业病范围和职业病患者处理办法的规定》;1989年7月劳动部发出了《关于加强企业职工伤亡事故统计管理工作的通知》;同年,实施了新的《职业病报告办法》;1990年国家技术监督局颁布《有毒作业分级标准》(GB12331-90),规定了从事有毒作业危害条件分级的技术规则;1992年劳动部、卫生部和中华全国总工会联合颁布了由劳动部和卫生部共同委托中国预防医学科学院、劳动卫生与职业病研究所负责起草的《职工工伤与职业病致残程度鉴定标准（试行）》，将职工伤残丧失劳动能力的程度分为十级；1993年5月2日实施了《中华人民共和国矿山安全法》等。在这一时期，与职业安全相关的各劳动保护工作也日益引起重视，《中华人民共和国尘肺病防治条例》（1987年12月3日施行）、《女职工劳动保护规定》（1988年9月1日施行）、《未成年工特殊保护规定》（1995年1月1日施行）的颁布或施行，加强了对特殊劳动群体的保护。

1988年的试点工作促进了工伤保险的迅速发展，实行由政府组织的社会化工伤保险制度成为试点工作的主要内容，扩大了覆盖面，建立了工伤保险基金并实行差别费率制，调整了工伤保险待遇等。据统计，1994年我国工伤保险参保人数为1822.1万人，而到1995年年底，工伤保险制度覆盖人数达2614.8万人，比上年增长43.5%，到1996年年底，工伤保险制度覆盖人数为3102.6万人，同比增长了18.7%；享受工伤保险待遇的人数1995年年底为7.1万人，比1994年增长了21%，1996年年底为10.1万人，比1995年增长了43.6%；工伤保险基金收入由1994年的45547万元迅速增长到1995年的80861万元，到1996年已增长至108917万元，同比分别增长了77.5%和34.7%。[1] 由此可见，从20世纪80年代开始的试点工作到90年代中期终于掀起了全国工伤保险发展的小高潮，这是一个长期积累的过程。量变的积累必将促进质的飞跃，也为质的变化打下了基础，工伤保险由量变到质变的飞

---

[1] 数据来源：《中国劳动和社会保障年鉴》（2002），中国劳动社会保障出版社2003年版，第645页。

跃使出台更加规范的法规、将改革向更高的层次推进成为必然。

3.3 工伤保险转型的第二阶段(1996—2003)

中国的经济体制改革遵循的是"摸着石头过河"的原则,由点及面逐渐推广,工伤保险制度的改革与经济体制的改革亦有异曲同工之妙,一方面与指导思想和改革思路有关,另一方面也与工伤保险的改革所赖以依存的经济、社会发展的宏观环境密切联系。如果说20世纪80年代开始的试点工作是工伤保险改革"摸石头"的过程,那么1996年《企业职工工伤保险保险试行办法》(下简称《试行办法》)则意味着这项改革在全国范围内"过河"的开始,它标志着各地工伤保险改革试点由自发探索到有组织、有计划改革的开始。1996年《试行办法》与同年10月1日实施的《职工工伤与职业病致残程度鉴定》堪称我国最早的全国性的工伤保险专门性法规,甚至有的学者认为,《试行办法》的颁布在中国工伤保险发展历史上是具有革命性意义的事件。[①]《试行办法》明确规定工伤保险实行社会统筹和社会化管理,实行差别费率基础上的浮动费率以及根据上年度职工平均工资增长的一定比例每年调整的待遇发放方式。

《试行办法》实施后的几年是我国职业安全和工伤保障法制建设走向完善至关重要的时期。2002年5月1日《中华人民共和国职业病防治法》实施,2002年11月《中华人民共和国安全生产法》实施,这是中国职业安全健康领域最重要、立法层次最高的两部法

[①] 参见刘开明:《身体的价格——中国工伤索赔研究》,人民日报出版社2004年版,第46页。

律;与此同时,一些部门规章也得以颁布和实施,如2002年5月1日卫生部颁布了《国家职业卫生标准管理办法》和《职业危害事故调查处理办法》等。

但是通过分析发现,在《试行办法》实施的前几年,工伤保险制度确实得到了较快的发展,而发展到一定阶段之后却处于相对停滞的时期。据统计,到1998年年底,全国已有1713个县市实行了工伤保险社会统筹,占全国县市总数的79%,工伤保险制度覆盖人数也从1995年的2614.8万人迅速增长到2000年的4350.3万人。但是,在经历了这几年的快速发展之后,从2001年到《工伤保险条例》实施前的2003年,工伤保险制度覆盖人群快速增长的局面戛然而止,并在2001年出现了小幅度的下降(2001年,工伤保险制度覆盖人数为4345.3万人,同比下降0.1%;2002年工伤保险制度覆盖4405.6,同比增长1.4%;2003年工伤保险制度覆盖人数4574.8万人,同比增长3.8%)[1]。究其原因,主要在于:作为部门规章的《试行办法》缺乏足够的法律效力和强制性,在实施后的前几年里,工伤保险的实施范围主要集中在国有和集体大中型公有制企业,而对于正在兴起的吸纳了众多劳动力的非公有制企业,《实施办法》强制性显然不足,加之企业参保积极性不高,参保的企业甚少。因此,当国有和集体企业的扩面资源已接近极限的时候,制度覆盖范围并不能像《试行办法》实施之初的几年那样迅速扩大。在这种情况下,出台更高层次的法规成为制度发展的必然要求。

---

[1] 数据来源:《中国劳动和社会保障年鉴》(1999、2001、2005),中国劳动社会保障出版社2000年、2002年、2006年版。

3.4 工伤保险走向成熟时期(2004—)

工伤保险试点的施行和《试行办法》的实施为制度的确立与定型提供了经验的积累,最终促成了《工伤保险条例》的颁布,这标志着社会统筹的工伤保险制度基本框架在我国确立。如果说从《劳动保险条例》到《试行办法》是我国经济社会进入转型期之后工伤保险制度的第一次转型,那么《工伤保险条例》的实施则可以被看做是工伤保险制度的第二次转型。虽然在笔者看来从某些方面来说,《工伤保险条例》规定的工伤保险制度的社会化程度并没有太明显的提高,但无论怎样也应当算是一个转型,即从一项试行的制度到正式制度的转型、从一定实施范围到覆盖全部企业的转型。

与之前的《试行办法》相比,《工伤保险条例》首先体现在立法层次的提高和工伤保险制度法定性的增强。与其同时期颁布的一系列法规如《关于工伤保险费率问题的通知》(2003年10月29日实施)、《工伤认定办法》(2004年1月1日实施)、《劳动保障监察条例》(2004年12月1日实施)、《关于印发国家基本医疗保险和工伤保险药品目录的通知》(2004年9月13日实施)等,共同构成了较为完整的工伤保险制度框架。但是,制度框架的最终确立并不能说明工伤保险制度在我国转型的完成,而是初步转型的实现,是向制度化、规范化迈进的开始。

由于对新形势具有较强的适应性,任何一项制度建立之初都能够得到较快的发展。《工伤保险条例》作为立法层次较高的专门性工伤保险法规,它明确规定,中华人民共和国境内的各类企业、有雇工的个体工商户都应当参加工伤保险,比《试行办法》规定的参保范围更加明确、更加扩大化。在《工伤保险条例》实施的第一年,2004年年末制度覆盖人数达到了6845.2万人,比2003年增加了2270万人,增幅达49.6%,待遇享受人数比2003年增加22.4万人,增长75.9%;2005年年末,全国参加工伤保险的人数为8478万人,比2004年年末增加1633万人,全年享受工伤保险待遇的人数为65万人,比2004年增加13万人;[①]2005年,全年工伤保险基金收入93亿元,支出48亿元,分别比2004年增长58.7%和42.7%,年末工伤保险基金累计结存164亿元。[②] 到2006年年底,参加工伤保险的人数已达10235万人,成为继养老、医疗和失业之后第四个覆盖人数超过1亿人的险种。伴随着制度覆盖面的扩大,工伤保险管理机构成立并逐渐完善。2004年3月,劳动和社会保障部正式成立了工伤保险司,成为工伤保险管理的专门机构。各地方工伤保险管理机构也相继成立。据统计,仅2004年,全国有21个省(自治区、直辖市)单独设立了工伤保险行政管理机构,普遍建立了劳动能力鉴定机构,管理体制初步建立。

之所以说制度框架搭建的完成并不意味着工伤保险在中国转型的完成,是因为它并不能完全解决目前它应该解决的职业安全和工伤保障问题,更不能解决面临的所有问题。工伤保险制度的完善不但存在技术方面的需要,宏观的制度构架也需要加强,三位一体的制度建设、历史遗留的问题、特殊群体的工伤保险需求的满足等都是急需解决的难题。

[①] 数据来源:《中国劳动和社会保障年鉴》(2005),中国劳动社会保障出版社2005年版。

[②] 数据来源:劳动和社会保障部《2005年度劳动和社会保障事业发展统计公报》。

4. 结 论

全面和历史地分析中国转型期工伤保险制度的改革,不难得到以下几点基本结论。

第一,中国的工伤保险制度已经随着经济社会的转型步入了转型之中,但是它的转型有不彻底性和不完全性。前文曾经提到,由1951年《劳动保险条例》及其《实施细则》规范的工伤保险其实是一种社会和企业共保的形式,这里不再赘述。而改革之后的制度,我们先看1996年的《试行办法》,它作为中国工伤保险发展史上"革命性的事件"的标志,所规定的保障形式仍然不是完全的社会保险。如《试行办法》第三十三条规定:"本办法规定的工伤医疗费、护理费、伤残抚恤金、一次性伤残补助金、残疾辅助器具费、丧葬补助金、供养亲属抚恤金、一次性工亡补助金,由工伤保险基金支付,其他费用暂按原渠道支付。"这里的"按原渠道支付"是指按照工伤保险改革之前的办法支付,即企业承担。再看对中国工伤保险制度发展起着统领作用的《工伤保险条例》,其中规定,对五、六级伤残职工按月支付的津贴以及五至十级伤残职工的一次性工伤医疗补助金和伤残就业补助金均由企业支付,与之前的《试行办法》相比,企业在工伤保障中需承担的责任反而更重了。一边是巨额的工伤保险基金结余(到2008年年底,工伤保险基金累计结余已达335亿元[①]),一边是较低的赔付水平和企业风险的不完全转

[①] 数据来源:人力资源和社会保障部《2008年度人力资源和社会保障事业发展统计公报》。

移,一边是严峻的职业伤害形势,一边却又是总体偏低的工伤保险费率水平,这些都形成了鲜明的对比。因此,有人认为《试行办法》规定的给付水平太低了,工伤保险基金的支付不够慷慨,但从风险分散和转移的效果来看,笔者更愿意将其看做社会化程度不足的表现,是与完全意义上的社会保险尚有差距的保障方式。从建国初期的企业和社会共同保障到"文化大革命"时期的企业保险,再到当前的不完全的工伤社会保险制度,可以说,转型期中国工伤保险实现的并不是彻底的转型。

第二,承接前面的分析,道格拉斯·诺斯的"路径依赖"理论对于分析转型期转型中的工伤保险制度有一定的帮助。同其他制度一样,转型期中国工伤保险制度的转型也难以摆脱路径依赖的宿命。道格拉斯·诺斯的"路径依赖"理论认为,制度变迁和技术演进一样,存在着报酬递增和自我强化机制,这种机制使制度变迁一旦走向某一条路径,其既定的方向就会在以后的发展中得到自我强化,所以,人们过去的选择决定了他们现在可能的选择。按照这一理论,经济制度变迁中人的行为受历史传统的影响,由此而来的制度变迁中不同的路径选择导致不同的变迁结果。沿着既定的路径,制度变迁可能进入良性的发展轨道,也可能沿着原来的错误方向继续前进。纵观中国工伤保险制度的历史演进和转型,从建国初期的企业和社会的共同保障到"文化大革命"期间的企业保险,从20世纪80年代后期开始的改革试点到1996年《试行办法》的实施,再到最后《工伤保险条例》的定型,无论在哪一个阶段,都很难说是一种完全的社会保险。"路径依赖"效应在当前实施的《工伤保险条例》中的存在,不但表现在与《试行办法》相比《工伤保险条例》有了企业保障职责扩大化的倾向,而且表现在2009年《国务院关于修改〈工伤保险条例〉的决定(征求意见稿)》中。虽然这一征求意见稿还没有最终的结论,但其将通勤事故排除在工伤事故之外的建议,不能不说是与新的工伤保险制度社会化方向的背离。

第三,结合整体经济社会的转型和社会保险体系的改革过程,中国工伤保险制度的转型是起步晚、步伐滞后的。随着1986年《国营企业实行劳动合同制暂行规定》的颁布,中国历史上出现了轰轰烈烈的"破三铁"运动,这被视为中国社会保险制度转型的标志。但是,《国营企业实行劳动合同制暂行规定》并未对工伤保险有较多着墨,对养老保险和失业保险(当时被称为"待业保险")的强调远远甚于对工伤保险的关注。1990年《中共中央关于制定国民经济和社会发展十年规划和"八五"计划的建议》指出,要建立健全养老保险和待业保险制度,逐步完善社会保障体系,同时,要改革工伤保险制度;1991年《中华人民共和国国民经济和社会发展十年规划和第八个五年计划纲要》指出,要以改革和建立社会养老保险与待业保险制度为重点,带动其他社会保险事业和社会福利、社会救济与优抚等事业的发展,同时,努力改革医疗保险和工伤保险制度;直到1993年《中共中央关于建立社会主义市场经济体制若干问题的决定》才提出:"重点完善企业养老和失业保险制度,强化社会服务功能以减轻企业负担,促进企业组织结构调整……普遍建立企业工伤保险制度。"由此可见,从经济、社会转型和整个社会保障体系转型的过程看,工伤保险制度的改革曾一度被置于较为次要的地位,并没有引起足够的重视,其改革步伐并未与整个社会保障改革体系保持一致。这一方面与当时国有企业减负脱困、下岗工人问题急需解决而职业风险问题还没有凸现有关,另一方面也与当时的发展思路相联系,在"不管白猫黑猫,抓住老鼠就是好猫"的时代,对经济增长的追求成为改革和发展的第一要务,轻视了对劳动者生命健康的保护和尊重。但是,疏忽就要付出代价,随着严峻的安全生产形势日趋暴露,旧的劳动保护体制被打破、新的劳动保护制度尚未健全,中国年轻的工伤保险制度在维护职业安全和劳动者健康权益方面无疑是力不从心的。从某种意义上说,近年来中国政府和社会对工伤保险与职业安全的重视并非是未雨绸缪式的先知先觉,而是带有浓重的事后补救色彩。因此,无论对于整个社会保障体系的改革,还是对于经济社会的全面转型,中国工伤保险制度的改革和转型都是滞后的。

当然,最后应当指出的是,无论从立法层面还是从制度实施层面,工伤保险改革取得的巨大成就是不容否认的,这是工伤保险制度历史性的进步。

第三章 工伤保险替代和补充保障的发展与转型

1. 引 言

　　除基础性的工伤社会保险以外,转型期,发挥工伤保障作用的还有工伤保险的补充或替代保障方式,它们主要以商业保险(如雇主责任保险、团体意外伤害保险)或雇主直接承担工伤赔偿责任的方式存在。同中国的经济和社会转型一样,这些补充保障方式也经历了自身的发展和转型,也随着中国经济由计划到市场竞争。由于中国转型中的工伤社会保险制度不成熟和不完善性,也由于转型期经济形式多元化、就业方式多样化,为工伤保险替代保障形式的生存和发展提供了空间。这些替代保障方式已经成为中国转型工伤社会保险制度的有利和必要补充,尤其在当前一些劳动力流动性强、风险程度高的行为,较好地弥补了当前工伤保险覆盖面窄的不足。但另一方面,由于这些保障方式本身所具有的弊端,它们的保障水平较低、保障责任相对单一,难以形成对劳动者权益的充分保障和对企业风险的充分转移。尤其在转型期,法规之间的不协调使许多本应发挥补充作用的保障方式形成了对工伤社会保险的完全替代,在一定程度上也成为阻碍工伤社会保险发展的因素,扰乱了工伤社会保险的统一步伐。因此,对于工伤保险替代或补充方式,应当利用政策的导向作用,引导它们发挥其应该发挥的作用,在特定的保障层面或领域真正行使它们补充保障的作用。

2. 工伤保险替代和补充保障形式

所谓工伤保险替代保障,笔者将其定义为有别于工伤社会保险但却承担和发挥工伤保险的作用、为遭受职业伤害的劳动者提供经济和安全保障的保障形式。当前,承担工伤保障职责的工伤保险替代和补充保障方式主要有以下几种。

2.1 雇主责任保险

明确雇主责任保险首先需要明确雇主责任。前文述及,雇主责任包含两方面的内容:一是雇主对本企业的雇员在从事雇佣活动时所受的伤害承担民事赔偿责任;二是雇主对雇员从事雇佣活动时导致第三方受到伤害而承担的民事赔偿责任。雇主责任保险中的"雇主责任"指的是第一种情形,它是以雇佣关系的存在为前提的。因此,在许多国家,雇主责任保险又称为劳工赔偿保险,是指保险人在被保险人(雇主)依法应对其雇员承担赔偿责任且收到赔偿请求后,由保险人代为进行赔偿的保险。概言之,雇主责任保险承担的是雇主对雇员在保险期间从事与被保险人有关的工作时,因意外伤害或患职业病伤残或死亡而应承担的经济赔偿责任。因此,雇主责任保险有以下特点:

第一,雇主责任保险的被保险人是雇主,而非雇员——职业伤害受害者。雇主责任保险作为一种商业保险,是以雇主对雇员的赔偿责任的转移为前提的,其体现的直接目的是对雇主的保护,即将雇主从对雇员的赔偿中解脱出来,客观上达到了对工伤劳动者进行赔偿的效果。

第二,雇主责任保险期限短,一般为一年。作为在工伤保障领域发挥一定作用的保障方式,雇主责任保险一般期限较短。对于那些突发性的职业伤害事故能够有一定的保障作用,但对于潜伏期较长的职业病,由于这类职业伤害的发病并不一定在保险期限内,很难判断该伤害是否由被保险期间所从事的工作引起,从而对于保障劳动者工伤利益具有较大的局限性。

第三,雇主责任保险的主要目标是实现保险人和被保险人的经济效益,这是雇主责任保险与工伤社会保险最主要的区别。雇主责任保险作为商业保险,其经营目标在于实现保险公司的经营利润;对雇主而言,由于从对雇员的赔偿中解脱出来,也客观上实现了自身的经济利益。因此,雇主责任保险作为商业保险的一种,在很多国家的特定行业中是强制性的,但更多地表现为非强制性。当然,也有一些国家或地区的雇主责任保险被作为法定的劳工赔偿保险强制实施,如美国的一些州。

第四,在雇主责任保险项下,并不是所有的雇员受到伤害都能得到赔偿。雇主责任保险只有在被保险人(雇主)受到工伤雇员的赔偿请求时才对其进行赔偿,如果由于保险意识弱,雇员虽然遭受损失但不向雇主提出赔偿请求,雇主责任保险也不会实施赔偿。从这个意义上讲,雇主责任保险与工伤社会保险的精神实质并不具有一致性,并不是出于保护雇员的利益,而是在转嫁雇主风险的同时客观上起到了保障劳动者的作用。

2.2 团体意外伤害保险

在当前的中国工伤保障领域,团体意外伤害保险也发挥了一定的工伤保障作用,尤其在一些高风险行业,它几乎完全替代了工伤社会保险的职能(如建筑行业)。团体意外伤害保险是指投保人向保险人缴纳保险费,在保险期限内,保险人对因保险合同规定的意外事故致使被保险人死亡、伤残、支出医疗费用或暂时丧失劳动能力时,向被保险人给付保险金。团体意外伤害保险,顾名思义,就是以特定的团体中的所有成员为被保险人的意外伤害保险形式。团体意外伤害保险给付包括死亡给付、伤残给付、医疗给付和停工给付。但需要指出的是,并不是所有的团体意外伤害保险合同都规定有这四项给付,而是需要在保险合同签订的过程中由保险双方协商确定。与雇主责任保险相同,团体意外伤害保险作为商业保险也具有期限短、赢利动机等特点。但不同的是,团体意外伤害保险的承保范围仅限于意外伤害事故所致的伤害,而不承担职业病的赔偿责任;同时,团体意外伤害保险的保险责任并不仅限于工作过程中或从事与工作有关的活动遭受的伤害,而且也承担其他原因造成的意外伤害。团体意外伤害保险的被保险人是劳动者本人,因此,从一定意义上说,团体意外伤害保险赔偿并不能完全替代或免除雇主对雇员的赔偿责任。

值得一提的是,无论雇主责任保险还是团体意外伤害保险,虽然能在一定程度上给工伤职工以赔偿,但由于它们通常为一次性给付且有最高赔偿额的限制以及严格的免责条款,对于工伤职工而言,其保障程度远远低于工伤社会保险。

2.3 雇主责任制

此处雇主责任制是指雇主直接承担劳动者职业伤害赔偿责任的保障形式。雇主责任制作为工伤保险早期阶段的主要保障形式,对保障劳动者权益发挥了一定的作用。在中国的计划经济时期,工伤保险制度既是国家保障制,又是雇主责任制。雇主即企业承担了劳动者的所有职业伤害赔偿责任,在这种情况下,雇主责任制是合法的也是唯一的工伤保障方式。进入转型期以后,工伤保险制度逐渐向社会化保障转变,雇主责任制也逐渐被工伤社会保险所取代。尤其在《工伤保险条例》实施以后,按照规定,所有企业必须参加工伤保险,此时的雇主责任制已成为违反《工伤保险条例》规定的行为。但从中国的现实看,雇主责任制仍然存在。在节约成本的驱动下,许多企业主不愿意为劳动者参加工伤保险,一旦发生工伤事故,大多采取私了的方式;或迫于法律惩处的压力,对工伤职工进行有限的赔付。当前许多煤矿对在矿难中死亡的赔偿就是典型的例子。在现代社会中,尤其是工伤社会保险或雇主责任保险被作为法定工伤赔偿制度之后,这种保障方式的存在实质上既是雇主逃避责任的结果,又是迫不得已履行责任的实现。

2.4 雇员自我责任

换言之,雇员自我责任实际上是雇员自我承担工伤风险的方式。在工伤保险制度的推进过程中,许多企业中的劳动者由于各种原因被排斥在制度之外,一旦发生工伤事故,他们又由于求助无门而不得不自己承担所有损害后果,这是一种风险的自我保障方式,其实是一种无保障的状态。在许多技术含量低、劳动技能要求低的行业中,劳动者迫于就业压力或自我保护意识的不足,不得不面临这样的困境,如农民工。由于这部分自己承担职业伤害损失的劳动者多为收入低而风险高的行业从业者,自我保障能力通常很弱,因此,自我保障实际上是他们不得不承担的无奈后果。

3. 工伤保险替代和补充保障的转型与发展

进入转型期之前,企业(单位)保障作为一统天下的劳动者风险保障方式,承担了劳动者包括职业伤害在内的生、老、病、死、残等一切保障责任,企业(单位)保障作为唯一合法的保障途径盛极一时。进入转型期后,随着工伤保险制度本身的改革与转型,企业保障一统天下的局面被打破,雇主保障、劳动者自我保障、工伤社会保险保障、商业保险保障等方式均成为中国转型期职业伤害的风险分担方式,且在工伤社会保险制度正式建立之前,上述所有保障形式都以合理、合法的形式而存在。随着《工伤保险条例》的颁布实施,工伤社会保险成为法律规定的职业伤害保障方式。从理论上讲,企业在参加工伤社会保险的基础上,再辅以雇主责任保险、团体意外伤害保险等商业性保险作为补充,是最理想而充分的工伤保障方式,这也是我国一贯提倡的"商业保险是社会保障有益补充"的精神实质所在。但由于多种原因,几乎没有企业在投保了商业保险或工伤社会保险之后尚能投保其他保险形式,这就使理论上的"基础与补充"的关系成为现实中并列的替代保障。至于那些雇主承担职业伤害赔偿或由劳动者个人承担伤害损失的企业,则既不会为劳动者购买商业保险,也不会参加工伤社会保险。从保障效果来看,雇主责任保险和团体意外伤害保险由于具有规范的保险经营主体、合法的保险合同,其保障程度虽然不如工伤社会保险全面,却可以实现一定水平上的伤害赔偿;而由雇主直接承担赔偿责任的雇主责任制,由于雇主与雇员之间地位悬殊,几乎没有赔偿是雇主主动作出的，不规范性和随意性决定了它不可能被寄予太高的期望。因此，本章对替代保障的分析主要集中于规范的、正规的保障形式，即雇主责任保险和团体意外伤害保险。

3.1 雇主责任保险的发展

虽然20世纪初雇主责任保险在很多国家就已经成为法定的工伤保障方式，但它们在中国的恢复和发展却是20世纪80年代以后的事情。长期以来，在计划经济条件下，中国根本就不存在"雇主"和"雇员"之说，也不存在雇主责任保险。20世纪80年代以后，随着改革开放的兴起，保险业务得到恢复。为了解决经济转轨过程中出现的大量私营企业、合作企业和股份制企业中劳动者劳动保障问题，雇主责任保险出台。因此，雇主责任保险最初在中国的发展并非完全意义上的商业行为，而更多地具有行政主导的色彩。20世纪80年代初，原中国人民保险公司率先开办涉外雇主责任保险业务，1989年国内雇主责任保险业务开始营业。1989年10月，原中国人民保险公司与中国个体劳动者协会联合发出通知，要求从1990年2月开始，在全国范围内实施个体工商户的雇主责任保险制度。到目前为止，全国52家中、外资财产保险公司中，除部分农业保险、海上保险及信用保险等专业保险公司外，大多数公司开展了雇主责任保险业务。

雇主责任保险在我国的发展经历了从无到有、从垄断到竞争的发展历程，这一历程也是随着中国转型期的推进而完成的。与其他保险业务相同，雇主责任保险开办之初是由原中国人民保险公司垄断经营的，随着市场经济的推进、保险市场上保险主体的增多，垄断局面被打破。雇主责任保险作为责任保险中的重要险种，近年来有了一定的发展,但总体仍然较为落后。如据统计,到 2003 年,中国大陆雇主责任保险保费收入约为 17 亿元,占所有责任保险保费收入的 48%,而占全部财产保险保费收入的仅有 1.92%。① 而据笔者在中国保险监督管理委员会的了解,2004 年全国责任保险保费收入 32.88 亿元,赔款支出 17.77 亿元,其中雇主责任险约占责任保险的 40%—50%,保费收入约为 14 亿—15 亿元,赔款支出 8 亿元左右。2005 年,我国责任险保费收入 45.31 亿元,其中雇主责任险业务占 40%左右。在煤矿等高危行业中,雇主责任险的实际平均投保率不足 20%。到 2006 年和 2007 年,全国责任保险保费收入分别约为 56 亿元和 67 亿元,②按照上述同样的比例,雇主责任保险的保费收入全国总体水平仍然较低。

雇主责任保险作为工伤社会保险的替代保障,在我国的高风险行业如采矿、冶金等行业发挥着一定的保障作用。2006 年 6 月 15 日,国务院颁布了《国务院关于保险业改革发展的若干意见》,提出要"大力发展责任保险,健全安全生产保障和突发事件应急保险机制"。2006 年 9 月 27 日,国家安全生产监督管理总局和中国保险监督管理委员会联合颁发了《关于大力推进安全生产领域责任保险 健全安全生产保障体系的意见》,决定在高危行业推行雇主责任保险,运用保险费率的杠杆,促进企业改进安全生产。随后,许多省市纷纷出台相应的政策,在高危行业推行雇主责任保险,较大程度上弥补了工伤社会保险在这些领域的不足,发挥了一定的工伤保障职能。

---

① 参见张洪涛、王和:《责任保险理论、实务与案例》,中国人民大学出版社 2005 年版,第 382 页。

② 数据来源:《中国统计年鉴》(2009),中国统计出版社 2009 年版,第 782 页。

3.2 团体意外伤害保险的发展

作为一个传统险种,意外伤害保险既具有财产保险的某些特征,又与人身保险有相通之处,因此,团体意外伤害保险作为意外保险的一种业务,既是人寿保险公司主要的短期业务来源,又是财产保险公司的业务之一。团体意外伤害保险业务是随着中国保险业的发展而发展起来的。团体意外伤害保险业务在20世纪80年代保险业恢复之初,由原中国人民保险公司经营,由于经济发展水平和保险意识所限,全国范围内的业务量并不大。1988年3月,中国平安保险公司的成立打破了原中国人民保险公司一家独大的局面,随着1991年5月中国太平洋保险公司的成立,逐渐形成了中国团体意外伤害保险市场上寡头垄断的局面。加入WTO之后,中国在五年之内实现了保险市场的完全开放,意外伤害保险作为一个短期险种,由于其赔付率低、管理便利等优点,在中国保险市场的竞争激烈程度可想而知。2004年,全国寿险公司团体意外伤害保险保费收入68.41亿元,有效保单覆盖人群8.66亿人次,有效保额170609亿元,赔款支出24.84亿元,财产保险公司意外伤害保险保费收入31.88亿元,赔款支出9.41亿元;2007年和2008年,中国意外伤害保险费收入额分别为190.2亿元和203.6亿元,赔款和给付支出分别为63.4亿元和62.6亿元。[①] 但这些保费收入并不只来源于企业事业劳动者的意外伤害保险,同时还包括了如航空意外险、团体旅游意外伤害险等类业务,由此可见,相对于7亿多经济活动人口的规模,平摊在每位劳动者身上的人

[①] 数据来源:《中国统计年鉴》(2009),中国统计出版社2009年版,第782页。

身意外伤害保险保险份额并不高,这间接说明,我国团体意外伤害保险市场上能够发挥劳动者职业伤害保障功能的意外伤害保险保障水平仍然非常之低。

团体意外伤害保险作为为遭受职业伤害的劳动者提供经济保障的一种手段,虽然具有一定的保障性,但它的目标不明确性也非常明显。它仅保障保险合同有效期内被保险人遭受一切意外事故而受到的伤害,而并非仅仅局限于工作期间或与工作有关的伤害。这似乎是对劳动者有利的。但是,保险责任范围的扩大必然导致相同费率下保障金额的降低,加之保险人、投保人和被保险人之间专业信息的不对称性,实际上,对劳动者职业风险的保障程度不是提高了,反而是降低了,这不但表现在保险额度较低,而且表现在它既不能为长期潜在的职业危害(如职业病)提供充分的保障,也不能为伤残劳动者提供长期的待遇支付。

4. 替代和补充保障的评价

雇主责任保险和团体意外伤害保险等保障形式之所以能够在一定程度上补充甚至替代工伤社会保险而成为职业伤害保障形式,与转型期中国的宏观经济社会背景有关,与其自身的特点相联系,同时更与转型中的工伤保险制度不完善、不健全以及保障力度不够有关。由于雇主责任保险和团体意外伤害保险的费率调整灵活,可以按照保险合同双方的协商而变动,且商业保险作为一种市场经济行为,经营政策的变动不会像工伤社会保险那样牵一发而动全身;实施方式灵活、参保手续相对简化,保险双方可以就所有保险事项进行协商;同时,激烈的市场竞争促使各家保险公司越来越注重服务的改善,保险公司可以利用其发达的服务网络为雇主和被保险人实施个性化的服务,保持了工伤社会保险不可比拟的独有活力。另一方面,转型期的政策法规不配套,工伤保险的管理体制不理顺,各种矛盾和冲突难以避免,加之实施力度不够,为补充保障的发展提供了发展空间。由于当前工伤社会保险的不完善性,客观上需要一定范围内补充保障的存在。但同时也应当看到,商业保险的本质决定了它们作为补充保障方式、作为能够为劳动者提供一定职业安全服务和职业伤害补偿的经济手段,具有天然的局限性,许多领域中这些补充保障方式的不规范实施,在一定程度上打乱了工伤保险的统一性和前进步伐。

4.1 保障效果评价

从根本上讲,雇主责任保险的被保障对象是对工伤职工负有职业伤害赔偿责任的企业主。雇主责任保险的实施,可以免除雇主因对雇员的赔偿责任而遭受的经济损失。按照《安全生产法》第四十八条规定的"因生产安全事故受到损害的从业人员,除依法享有工伤社会保险外,依照有关民事法律尚有获得赔偿的权利的,有权向本单位提出赔偿要求",这使雇主责任保险成为企业不可或缺的"护身符",对于保护雇主利益有其独到的优势。但从目前中国雇主责任保险的发展来看,它是以工伤保险替代品的身份出现的,在保障劳动者职业安全与健康权益方面的弊端显而易见:首先,雇主责任保险保险期限较短,多为一年,如果保险期限到期后续保不及时而导致保险合同失效,很容易使劳动者处于无保障的境地;且雇主责任保险多采取"期内索赔式",这对劳动者提出赔偿请求的时效性有很高的要求,从而对那些在保险期限内遭受伤害却于保险期限届满提出索赔的劳动者非常不利。其次,由于雇主责任保险的经营主体的经营目的在于追求利润,为了控制经营风险,保险人一般都对保险责任范围有严格的规定,设定严格的免责条款,即使雇主负有对劳动者由于免责事故导致的伤害进行赔偿的责任,保险人也不会实施对他们的赔偿,起不到保障劳动者职业健康和安全的作用。再次,雇主责任保险一般都有免赔额的规定,当劳动者遭受职业伤害时,只有损失超过规定的免赔额时,保险人才负赔偿责任,难以充分保障受害者的利益。最后,由于雇主责任保险为投保企业的劳动者提供的总体保障额度是有限的,对每一位劳动者的保障也有最高额度的限制,且在保险期限内每次赔偿额累计计算,一旦各次赔偿额之和超过了最高保险金额,保险人便不再承担赔偿责任。以部分省份投保雇主责任保险的煤矿企业为例,笔者在调研中发现,煤矿工人意外险死亡或伤残,能够从雇主责任保险获得的最高赔偿限额仅2万元,保障水平之低实难与保障水平本来就较低的工伤社会保险相提并论。因此,雇主责任保险虽在一定程度上弥补了转轨中工伤保险的不足,但其局限性也是显而易见的。在极端的情况下,顾主责任保险不但不能较好地解决劳动者的职业伤害赔偿问题,甚至连雇主的赔偿责任风险也难以充分地转嫁。

与雇主责任保险不同,团体意外伤害保险直接以企业雇员——劳动者为被保险人,与雇主责任险相比,团体意外伤害保险不仅承担劳动者工作中因意外事故造成的伤害,而且承担保险合同有效期内工作以外的意外事故造成的伤害,保障范围较广是其较明显的优点。但弊端也是明显的:意外伤害保险只承担意外事故造成的对劳动者的身体伤害的损失,而对潜伏期较长的职业病却不承担赔偿责任；且保险公司为了控制风险，在签订保险合同时对意外事故的范围也进行严格的规定，如仅对工作中的意外伤害承担赔偿责任等。另外，团体意外伤害保险不但同时具有雇主责任保险之免责条款、免赔额限制、保险期限短等缺陷，保障额度和保障水平低也是其致命的缺陷。据笔者在中国保险监督管理委员会和国家安全生产监督管理总局等部门的调研，2005年，我国建筑工人意外伤害险累计赔付1.7亿元，但人均最高赔付额仅为2万—4万元；在山西省参加煤矿工人团体意外伤害保险的企业中，对煤矿工人意外死亡或伤残的赔付，统配煤矿矿工最高赔付额可获3万—4万元，乡镇煤矿矿工最高赔付额仅为两万元，对于意外伤害医疗费用的支付最高限额为5000元，这种保障程度与实际保障需求相比无异于杯水车薪。

4.2 制度效率评价

前文已多次提及，雇主责任保险和团体意外伤害保险作为工伤保险的补充或替代保障形式，在当前工伤保险发展十分不完善的情况下具有其必然性。雇主责任保险和团体意外伤害保险作为以赢利为基本目标的商业性保险业务，其效率和效益具有多维度的特点。从其经营效果看，保险公司作为具有独立经济利益的市场主体，实现更多的保费收入、尽可能地减少赔款支出即实现了自身的效率和效益，但这一目标对于保障工伤受害者这一社会目标而言却是无效率或低效的。反过来，要实现工伤替代保障的社会效益，保险公司必须在收取尽可能低的保费的同时支付尽可能慷慨的赔款，最大限度地保障职业伤害者的利益，但是，以这样的标准来衡量以获取利润为目标的保险公司也无异于痴人说梦。因此,以雇主责任保险和团体意外伤害保险作为工伤社会保险的替代保障解决工伤保险制度不完善的燃眉之急不失为一种好的选择,但是,我们不应该对企业抱有太多不合理的期望,完全希望通过商业保险解决劳动者职业风险保障的社会问题、通过商业行为实现社会效益是不可能的。

当然,作为为一部分劳动者提供职业伤害风险保障的商业保险,它们的效率和效益与工伤保障的社会效益并非是完全对立的,也具有统一的一面,即职业伤害事故最大程度地减少,从而工伤事故赔付最大程度地降低,这是工伤保险替代保障——雇主责任保险和团体意外伤害保险在效率与社会效益上最高境界上的统一。但遗憾的是,在安全生产形势严峻的条件下,至少在短期内,这样的统一不会很快出现。至于作为非正规保障方式的雇主责任制和劳动者的自我保障,其保障效果和效率则更加难以保证:不主动为雇员参加正规职业保障制度的雇主同样也不会自愿完全地承担雇员的职业伤害赔偿责任,其结果与劳动者的自我保障殊途同归。

4.3 与工伤保险统一性的矛盾

建立统一的制度是中国工伤保险的基本目标,但在很多行业,雇主责任保险和团体意外伤害保险的存在已经成为工伤保险发展的障碍,这些补充保障在弥补工伤保险发展不足的同时,也制约了工伤保险的发展。以建筑行业为例,我国《建筑法》第四十八条规定:"建筑施工企业必须为从事危险作业的职工办理意外伤害保险,支付保险费。"在执法过程中,建筑施工审核部门也常常以为工人参加意外伤害保险作为颁发建筑施工许可证的必要条件。企业为了取得建筑施工许可证,必须参加由商业保险公司提供的意外伤害或雇主责任保险。这样,在成本节约的驱动下,雇主不可能再为劳动者参加工伤社会保险,使工伤保险在这些行业领域的推进举步维艰。《工伤保险条例》规定的"中华人民共和国境内的各类企业、有雇工的个体工商户应当参加工伤保险"的原则受到破坏。再如,在煤炭企业存在的"因矿难死亡一人赔偿20万"的雇主保障形式,使不同劳动者享受的工伤赔偿待遇相去甚远,也破坏了工伤保险的统一性和公平性。从某种意义上讲,包括雇主责任保险、团体意外伤害保险等在内的补充保障是一把双刃剑,它们在弥补工伤保险制度不足的同时,也在一定程度上阻碍了工伤保险制度的发展与统一。加之法制不健全,各部门法律法规之间的冲突之处在所难免,这些都加剧了工伤保险制度推进中的混乱。因此,合理发挥补充保障的作用需要不同制度边界的合理设定、需要不同制度的协调和配合,否则最终只能以牺牲制度的长效发展为代价。

5. 结 论

中国工伤保障体系建设的最终目标是建立以工伤社会保险为基础、以商业雇主责任保险和团体意外伤害保险为补充的多层次的职业风险保障体系。在转型期内,这些替代或补充保障在劳动者职业安全和健康保障中发挥的作用有目共睹。即便在工伤保险制度普及之后,作为工伤社会保险补充保障的雇主责任保险和团体意外伤害保险也不是无可作为,因为工伤保险中有相当一部分责任是由雇主来承担的,如工伤者的住院食宿和交通津贴、五至十级伤残者按月发放的伤残津贴以及一次性工伤医疗补助和一次性伤残就业补助金都是企业应承担的责任,雇主责任保险或团体意外伤害保险大可以在这些方面做文章。届时,它们也真正回归了作为工伤保险补充保障(而非替代保障)的真正含义。

同时,必须清醒地认识到,本应作为社会保险补充保障的商业保险在一定范围内成为其替代保障产品,与中国转型期经济体制改革效应有关(如大批个体私营企业产生、灵活就业者剧增等),也与处于转轨中的工伤保险制度不完善、制度张力不强相联系。虽然这些替代保障方式能为劳动者提供一定程度上的职业伤害赔偿,但职业风险作为社会化大生产条件下全社会共同面临的问题,根本的解决方法尚需要依靠政府立法和谋求社会公共利益的社会政策来完成。商业雇主责任保险和团体意外伤害保险以其自身的优势承担一定的工伤保障责任,是转型期工伤保险制度的需要,但实现社会效益和社会公平的目标决定了我们不可对商业保险抱以过多的期待,更不能以发挥商业保险的保障功能作为政府、社会推卸工伤保险责任的借口。

第四章 转型期职业风险的变化和特征

1. 引 言

转型期的中国庞大而繁杂。中国的转型是涉及经济、政治、社会等全面整体性的社会发展和变迁,是在相对温和的、漫长的过程中实现的。在中国的转型过程中,工业化进程加快,集约化的大规模的机器生产迅速取代了传统的生产和劳作方式,产业结构急剧升级,地区发展不平衡凸显,经济社会转型的同时伴随着社会文化和社会心理的变化。职业风险形势不仅直接取决于生产方式和生产力水平,而且与劳动者心理状态、技术水平、操作经验和熟练程度有直接关系;职业伤害发生与否,更与社会群体以及劳动者个人的价值取向有关;尤其在经济发展水平较低、劳动力成本较低的条件下,社会对职业安全和生命健康的尊重程度、劳动者的个人价值判断甚至会直接决定职业伤害事故的多寡。

职业风险不是一成不变的,它随特定的社会经济条件的变化而变化。在传统的计划经济条件下,生产力水平较低,生产方式落后,职业伤害主要集中在从事机械化生产的行业。由于公有制在社会经济中占有绝对的统治地位,劳动者在经济和社会生活中被置于相当重要的地位,他们拥有企业的所有权,是企业的主人,劳动保护措施相对完善,其生命健康权可以得到足够的重视和尊重。经济体制改革以来,随着工业化进程的加快,原有的安全措施已不能满足变化了的客观环境。产业结构升级、行业发展不平衡、地区差距拉大、社会分工的进一步细化、经济增长的强烈欲望对某些特定行业产生的压迫性需求,都促使职业风险在不同产业、不同行业、不同地域、不同劳动者中间发生变化。社会分工的细化和高科技产业的发展,使中国的职业风险在表现形式上与原来计划经济条件下也大不相同。

尽管近年来严峻的职业伤害已经引起了全社会的广泛关注,安全卫生监管不断加强,但由于安全水平不可能在短期内迅速改善,安全监察力量也不可能在短期内迅速上升到满足形势需要的水平,加之政策效力的时滞性,中国的职业风险将会在相当长的时间内沿着其特定的趋势发展。

2. 转型期职业风险变化的表现

中国转型期职业风险的复杂性就像转型期经济社会环境一样。与计划经济下相比,转型期职业风险的变化是全面的、系统性的,几乎包括了风险结构、风险内容、受害群体等所有要素的变化,不仅表现在数量的增减,而且性质迥异。

2.1 职业危害内容和种类增加

职业危害因素内容和种类的逐渐增加是职业风险随经济和专业化分工发展而发展的必然规律,我们从各国的立法发展趋势中可见一斑。如除事故伤害外,英国1906年的《职业补偿法修正案》

是世界上最早将非直接的职业伤害列入工伤补偿范围的立法,它规定了 6 种可以获得工伤保险赔偿的职业性疾病。国际劳工组织 1925 年规定的职业病仅有铅中毒、汞中毒和炭疽病感染 3 种,而到 1980 年规定的职业病已达 29 种之多。中国的职业病补偿范围亦呈现不断扩大的趋势,1957 年 2 月中华人民共和国卫生部发布的《职业病范围和职业病患者处理办法》,将 14 种明显的职业性疾病列为法定职业病;1987 年,中国法定职业病增加到 9 大类 99 种;目前我国规定的职业病已达 10 大类 115 种。与此相对应,在《职业危害因素分类目录》中也已将职业病危害因素划分为 10 大类,这说明了职业危害因素的客观扩大及对其认识的加深。从近年来严峻的安全生产形势和职业伤害事故多样化的现实也不难得出这样的结论。如 20 世纪 80 年代,除突发性事故外,尘肺、职业中毒、噪声、物理因素等是导致职业病的主要危险因素,但到 90 年代,伴随着经济社会的飞速发展和巨大变迁的如电磁辐射、办公室综合征、过度疲劳等已经成为威胁劳动者健康的重要因素。并且,中国转型期职业危害因素内容和种类的增加似乎已超出人们的认识能力,电子电镀、加工制造、印刷制版等各行业都存在着不同程度的职业危害因素,以前没有出现过的正乙烷中毒、三氯乙烯中毒等也成为常见的职业危害,诸如纳米颗粒之类的由于技术革新带来的职业危害因素也成为劳动者不得不面临的问题。转型期,尤其进入加速转型期之后,高科技技术发展突飞猛进,经济和社会生活节奏加快,在有意无意间增加了劳动者的职业危害因素。当前,职业危害因素已不仅局限于直接造成劳动者伤残的工伤事故以及传统的职业危害因素,生活节奏的加快、竞争压力的增大,使劳动者除了面对这些显性危害因素之外,隐性的职业危害因素在扩大和上升：由于工作压力和竞争给劳动者造成的心理与精神问题都不同程度地危害着劳动者的身心健康，但这些还没有引起足够的重视。因此，如果说计划经济和工业化初期我国职业风险因素主要集中在对劳动者造成的"硬伤"方面，那么在转型期，一些职业风险对劳动者的"软伤害"正逐渐表现出来，且这些"软伤害"更难以预防，更具隐蔽性和不可控性。

翻开《中国安全生产年鉴》、《中国卫生年鉴》、《中国职业安全卫生年鉴》以及《劳动统计年鉴》，不难发现，从1985年至2007年安全生产事故原因和事故类别呈多样化的扩张趋势。[①]既有技术和设备缺陷，又有管理不到位；既有有形的突发性的伤害，又有潜在的长期性的危险因素；既有客观环境的限制，又有主观人为的原因，且人为的主观因素在我国职业伤害因素中已起到不可忽视的作用。

2.2 职业风险结构变化

如果将导致伤害事故的原因分为主观因素和客观因素两大类，将职业伤害事故的诱发因素划分为管理风险因素、心理风险因素和技术风险因素，那么，随着经济社会的转型，职业风险结构正在发生着变化，职业伤害的原因和风险因素也在变化。在计划经济条件下，劳动者在企业管理和参与中具有较高的地位，在制度健全、管理完善等方面对加强劳动保护行使发言权。虽然当时生产

[①] 由于统计原因，我国安全生产和职业伤害的统计在不同时期分布在不同的统计资料中，如1998年及之前，职业伤害的数据被列入《劳动统计年鉴》中，而之后的数据则可以查证《中国安全生产年鉴》和《中国卫生年鉴》。有些统计资料只在某一时间段内出版，如《中国职业安全卫生年鉴》。2008年《中国安全生产年鉴》中则没有对事故致因的统计。

力水平较低，但大多数企业都有相对完善的安全生产管理制度，减少了由于管理疏忽而导致的职业伤害。加之计划经济条件下人们价值观念相对单一，经历了社会主义红色教育的劳动者在投身于社会主义建设的大潮中，积极性较高、责任感强，减少了职业伤害发生的心理诱因。因此，计划经济条件下，虽然有管理不善、劳动者疏忽麻痹等原因造成的职业伤害，但生产力水平低、技术落后造成的伤亡事故仍占重要的地位，技术风险是职业安全的主要威胁。进入社会转型期之后，一方面，生产力迅速发展、技术水平提高，只要按照操作规程规范操作，技术风险就可以大大降低，还可以通过其他技术予以弥补，技术风险对劳动者的威胁已不像传统社会下那么不可抵御；另一方面，随着生产社会化程度提高，不同岗位间的依赖程度更强，某一劳动者有意无意的疏忽都可能会造成"一着不慎，满盘皆输"的后果，专业分工的精密化要求劳动者在工作过程中付出更多的精力和技术水平。在转型期，尤其随着强资本、弱劳工格局的形成和就业形势的严峻化，竞争压力大、工作节奏快，导致劳动者过度疲劳，工作失误的可能性增加。同时，由于劳动者的弱势地位，对企业管理的参与性不强，在维护自己的安全权益中具有很大局限性，加大了管理不善造成职业安全事故的风险；价值判断和思想观念的影响使众多的劳动者在企业管理中存在"搭便车"、"事不关己，高高挂起"的倾向，工作中麻痹大意、有章不循的现象经常发生，加之培训不力、缺乏实效，劳动者难以意识到自身疏忽的危害性，增加了职业伤害发生的管理风险和心理风险等主观因素。即便在技术风险中也仅有一小部分是由纯粹的技术缺陷造成的，更多的是在技术风险的背后隐藏着人的心理风险或管理风险，如企业雇主为节约成本故意不采用新技术、新设备或不采取有效的劳动保护措施,再如劳动者违规操作、有章不循等。

表 4-1 是有统计数据的年份中按原因统计的企业伤亡事故情况,从表格中我们可以分析职业风险因素的变化以及主客观因素在事故中的作用。

表 4-1 部分年份分事故原因的全国企业伤亡人数统计表

(单位:人)

年份	1993			1994			1995		
原因	死亡	重伤	比例(%)	死亡	重伤	比例(%)	死亡	重伤	比例(%)
技术和设计缺陷	500	191	2.3250	596	165	2.5869	343	104	1.5850
设备施工工具附件缺陷	1233	670	6.4035	1160	697	6.3125	1000	548	5.4890
安全设施缺少或有缺陷	1933	796	9.1880	2229	778	10.2216	1966	648	9.2688
生产场所环境不良	2053	650	9.0955	2326	669	10.1808	2040	549	9.1802
个人防护用品缺少或有缺陷	356	196	1.8575	341	161	1.7064	284	107	1.3864
违反操作规程或劳动纪律	8491	4638	44.1786	9208	4492	46.5701	10411	4411	52.5566
无安全操作规程或不健全	861	341	4.0447	726	220	3.2157	745	227	3.4466
劳动组织不合理	180	129	1.0398	204	93	1.0096	209	97	1.0850
对现场缺乏检查或指挥错误	1469	578	6.8881	1598	522	7.2065	1432	402	6.5031
教育培训不够或缺乏安全知识	1244	707	6.5650	1049	519	5.3301	702	441	4.0529
其他	1497	1005	8.4191	878	787	5.6598	873	663	5.4464
合计	19817	9901	100	20315	9103	100	20005	8197	100
	29718			29418			28202		

(续表)

年份	1996			1997			2003		2004	
原因	死亡	重伤	比例(%)	死亡	重伤	比例(%)	死亡	比例(%)	死亡	比例(%)
技术和设计缺陷	283	100	1.4328	294	109	1.6965	440	2.3095	562	3.1316
设备施工工具附件缺陷	898	537	5.3683	847	440	5.4178	1060	5.5637	1193	6.6477
安全设施缺少或有缺陷	1841	531	8.8736	1751	505	9.4969	2104	11.0435	1827	10.1805
生产场所环境不良	1956	491	9.1542	1780	416	9.2444	3465	18.1871	3407	18.9847
个人防护用品缺少或有缺陷	209	94	1.1335	230	95	1.3681	591	3.1020	897	4.9983
违反操作规程或劳动纪律	10131	3799	52.1118	8794	3185	50.4273	7307	38.3529	6540	36.4427
无安全操作规程或不健全	891	213	4.1300	590	165	3.1783	790	4.1465	764	4.2572
劳动组织不合理	184	98	1.0550	145	78	0.9387	255	1.3384	240	1.3373
对现场缺乏检查或指挥错误	1436	352	6.6889	1610	301	8.0446	858	4.5035	769	4.2851
教育培训不够或缺乏安全知识	752	367	4.1862	639	367	4.2349	668	3.5062	758	4.2238
其他	876	692	5.9459	878	536	5.9524	1514	7.9467	989	5.5110
合计	19457 26731	7274	100	17558 23755	6197	100	19052	100	17946	100

数据来源：《中国劳动统计年鉴》(1994—1998)、《中国安全生产年鉴》(2003)、国家安全生产监督管理总局《2004年各地安全生产指标情况》。

说明：① 2003、2004年的"重伤"人数数据在统计资料中未有反映，1998—2002年各分项数据亦在所及的资料中未能获得；表中"比例"是指由各"事故原因"导致的伤亡人数占总伤亡人数的比例。

② 关于2003年和2004年我国企业死亡总人数的统计，由于国家安全生产监督管理总局网站上所刊登的《2003年全国安全生产形势通报》和《2004年各地安全生产指标情况》等统计资料中显示的合计数与各分项统计数之和并不相等(如2004年全国企业死亡人数前两者显示为16497人，而实际各项计算所得结果为17946人)，因此，表中采用的是实际计算数值，而非官方统计显示数据。

③ 关于2003年数据，《中国安全生产年鉴》(2003)中工矿企业死亡人数为7991人，而国家安全生产监督管理总局网站上所刊登的《2003年全国安全生产形势通报》中我国工矿企业死亡人数为17315人，后者显然较真实地反映了实际情况。因此，表中2003年分事故原因的统计并未采用《中国安全生产年鉴》(2003)的数据，而是据2004年增减比计算所得。

根据表4-1，我们可以将表中所列事故原因大致分为三个方面：

第一，可以把技术和设计缺陷、设备施工工具附件缺陷归为技术原因，即技术风险，这是纯粹技术缺陷导致的风险因素，与组织管理、人的心理状态等主观因素无关。

第二，半技术半管理方面的原因，安全设施缺少或有缺陷、生产环境不良、个人防护用品缺少或有缺陷，其中既有纯技术原因，又有雇主安全管理责任缺失而造成的安全设备配置不够的原因，因此，这部分事故可以视为由半技术、半管理风险导致的，但由于配备必要的安全设施、提供劳动保护用品和为职工改善生产环境是企业的法定职责，且生产中可以通过加强劳动防护、改善安全管理等弥补上述不足，因此，这部分风险事故的发生更多具有管理的主观原因。

第三，完全管理风险，即将无安全操作规程或不健全、劳动组织不合理、对现场缺乏检查或指挥失误和教育培训不够、缺乏安全知识等由于企业管理制度不健全、管理不善等原因导致的事故归为完全的管理风险；而违反操作规程和劳动纪律则是由劳动者心理状态导致的，是心理风险，这些都是人的主观因素导致的风险。

从表中分析可以看出，因"违反操作规程或劳动纪律"导致的事故从1993年的44.1786%逐年上升到1995年的52.5566%和1996年的52.1118%，是显著的上升趋势。虽然近年对劳动者的安全教育已经引起重视，表中反映的事故所占比例比前几年亦有下降，到2003年和2004年分别下降为38.3529%和36.4427%，但从绝对比例看，违反操作规程和劳动纪律仍是历年事故最主要的原因。安全设施缺少或有缺陷等半技术半管理因素导致的伤亡从1993年的20.141%和1994年的22.1088%经过随后几年的小幅下降后迅速上升到2003年的32.3326%和34.1635%,成为继违反操作规程和劳动纪律之后的第二大事故致因,并有明显上升的趋势。这说明,随着我国生产力水平的提高和转型的加速推进,对劳动者的保护不是加强了,而是削弱了,他们的工作条件不是改善了,而是恶化了。由无安全生产规程或不健全、劳动组织不合理、对现场缺乏检查或指导错误、教育培训不够及缺乏安全知识四项管理因素引致的事故,1993年占伤亡总量的18.5376%、1994年占16.7619%,到2003年和2004年虽然分别下降到13.4946%和14.1034%,但仍然是较重要的伤亡致因。由技术和设计缺陷、设备施工工具附件缺陷等纯粹技术原因造成的伤亡事故死亡分别从1993年的8.7285%和1994年的8.8994%缓慢下降到了随后几年的7%左右,然而到2004年又上升到9.7793%,但从整体和绝对数上看,由纯粹技术因素造成的伤亡并不是导致伤亡的异常明显的重要原因。

美国学者海因里希认为,伤亡事故的原因主要包括五个方面的因素,即社会环境和管理因素、人为失误、不安全行为和不安全状态、意外事件、伤亡。而从上面的数据分析,管理的、心理的风险等人为的不安全因素已成为我国职业伤害的主要原因。这一方面反映了转型期强资本、弱劳工格局下对劳动者权益保护的缺失,企业作为劳动者的直接管理者,该配备的劳动保护设施没有配备、应改善的生产环境没有改善,在安全管理方面存在严重的职能缺位;另一方面也说明当前恶劣的劳动保护和安全生产状况尚未引起足够的重视,虽然在加强职工培训、增强安全意识减少事故方面略有成效,但安全设备和劳动保护不足导致的事故却迅速上升,全社会对企业忽视职工安全、疏于安全管理的现象仍有很高的容忍度,这也使得我国扑火似的事后补救措施不可能从根本上解决当前严峻的职业伤害。加强安全管理和劳动保护、从源头上遏制事故发生才是治本之策。

2.3 受害对象扩张和危害后果转移

转型期遭受职业伤害的群体的扩张不仅表现在职业伤害由传统产业工人向非产业工人的扩展,而且表现在其后果和危害从城市向农村的蔓延,并且这种蔓延是长期的、严重的。

计划经济条件下,资源、劳动力都处于高度集中的政府调控之中,一旦从事某一工作,劳动者就没有后顾之忧;虽然机械化程度有较大提高,但物质资料的生产和技术领域的研究具有较大的差距,形成了截然不同的"蓝领"和"白领"群体。城乡分割的二元社会使城乡劳动者被束缚在各自固定的工作领域和岗位:农村劳动者囿于自己的土地,从事着日出而作、日落而息的简单农业生产,机械化程度低,也无所谓职业伤害;城镇企业劳动者在获得了被视为"铁饭碗"的工作之后,没有企业和地区间的流动,职业伤害主要集中于从事一线生产的产业劳动者。进入转型期,传统意义上的职业行业界限被打破,不同企业性质、不同工作领域的劳动者可以自由流动,生产的机械化和社会分工的精密化使职业伤害不仅发生在"蓝领"群体中间,"白领"劳动者同样也会遭受职业伤害的侵袭,过劳死、高度精神紧张已经成为许多脑力劳动者不得不面临的危害。随着大批农民工的涌现,职业伤害受害者已不仅仅局限于原来的城市劳动者,而是被大大拓展至农村居民。

据第五次人口普查资料显示,我国农民工占第二产业从业人员的58％,占第三产业从业人员的52％,占加工制造业从业人员的68％,占建筑业从业人员的80％。因此,农民工已成为我国产业工人的主要组成部分。①在全国每年因工伤致残的70多万人中,农民工占大多数;据广东省总工会的调查显示,尤其在非公有制企业,农民工发生的工伤事故占伤亡总数的80％以上。② 由于得不到较好的治疗和康复,许多伤残农民工回乡后成为名副其实的"残废",这使农村社会不得不承担着职业伤害的沉重后果。据国家统计局2004年的抽样调查显示,84.5％以上的农民工为16—40岁的青壮年人口。因此,在转型期,中国职业伤害的群体已经由传统的产业工人扩张至所有劳动者、由城市劳动人口蔓延至农村劳动力。

职业伤害从城市人口向农村人口的蔓延,不单单是工伤事故从一个人向另一个人的转移,也不单单是职业伤害事故从一个群体向另一个群体的转移,更重要的是职业伤害后果的扩展。它不但影响到农村劳动力资源,而且对农村社会结构、生产水平甚至消费水平和消费结构都会产生深远的影响。这样,进入转型期之后,在中国的城乡社会之间又形成了一个新的不平等:计划经济下以城市为中心的发展战略直接剥夺了农村的资源;在以城乡融合的名义下,农村又不得不承担来自城市职业伤害造成的长期危害后果。

---

① 参见国务院课题组:《中国农民工调研报告》,中国言实出版社2006年版,第7页。

② 同上书,第203页。

2.4 职业风险在产业和行业之间聚合与分配

转型期,我国进入了加速工业化和现代化的进程,基础建设投资增加,产业结构变化和升级,产业结构的变化使职业风险在产业间的分布也发生了变化。计划经济条件下,我国遵循优先发展工业尤其是重工业的发展战略,无论突发的工伤事故还是潜在的职业病危害因素,主要对从事工业生产的劳动者造成侵害,能源、机电、冶金、化工等行业成为职业伤害的重灾区。随着产业结构的升级,第三产业成为国民经济中的重要力量,交通运输、邮电通信、餐饮服务等行业飞速发展,使第三产业成为继第二产业之后又一个职业危害的重灾区。另外,在第三产业的科研、公共管理、技术、服务等行业,潜在的职业危害亦呈多样化趋势,这些危害虽然既没有被列为法定职业伤害因素,也没有引起足够的重视,但其危害后果却随着受害群体的扩大而逐渐显露。关于转型期职业伤害产业间的变化,农业是很值得一提的。农业作为最古老、最传统的产业,跟职业伤害似乎没有多大关系。但随着传统农业向现代农业的发展,机械化程度提高、农药等有机溶剂普遍使用,使传统农业劳动者同样面临着职业伤害的威胁,据国家安全生产监督管理总局的统计,2003年和2004年,我国分别有2312人和1431人死于农业机械事故;2007年,全国死于农业机械事故的也达498人。[①] 虽然农业劳动者的职业伤害和工伤保险尚未提到议事日程,但从农业劳动者职业风险的增加和工伤保险发达国家工伤保险的发展历程

---

① 数据来源:《中国安全生产年鉴》(2007),煤炭工业出版社2008年版,第481页。

看,传统农业劳动者的职业伤害保障将成为未来我国工伤保险领域的研究课题之一。

除产业变化外,转型期我国职业风险也在行业间发生变化,具有更强的行业集中性。国民经济的高速发展对能源、原材料供应的需求促成了上述行业连年高产;城市化进程的加快和国民经济的高速运转对城市与基础设施建设提出了更高的要求,这在很大程度上成为这些行业高事故率、高风险的重要原因。评价行业职业风险的大小,除伤亡人数外,死亡率是较前者更全面和科学的指标。据统计,1978年,我国能源生产总量为62770万吨标准煤;建立市场经济之初的1995年,能源生产总量达129034万吨标准煤;到2004年达184600万吨标准煤。而除少数年份外,煤炭在历年的能源供应量中均占70%以上,2004年更是达到了75.6%。超负荷生产为安全事故埋下了隐患。据计算,我国煤炭百万吨死亡率1990年达8.0796人,1995年为7.0984人,2000年为4.679人,2003年为3.8596人,到2005年煤矿百万吨死亡率仍有2.81人,[1]即便到了2008年和2009年,全国煤炭百万吨死亡率也分别达到了1.1182人和0.892人。[2] 我国工矿企业10万从业人员的事故死亡率约为发达国家的2倍,即使在安全生产形势较好的2004年,煤炭业的全国平均百万吨死亡率也达到3.1人,约为美国的100倍,波兰、南非、印度等国家的10倍,[3]而在一些煤炭行

---

[1] 根据《中国统计年鉴》(1986、2005)、《中国安全生产年鉴》(1979—1999、2003)和国家安全生产监督管理总局《2004年安全生产统计月报》计算整理。

[2] 中华人民共和国国家统计局:《中华人民共和国2009年国民经济和社会发展统计公报》,2010年2月25日。

[3] 参见李毅中:"安全生产形势及对策",《时事报告》2005年第8期。

业的重灾区,百万吨死亡率最高竟达20人以上(如在瓦斯事故6个重灾区①之一的重庆,2000年至2005年9月近六年间,煤炭业的平均百万吨死亡率为16.57人,灾害事故最严重的2002年,煤炭百万吨死亡率达21.45人;即便在煤炭业基础相对雄厚的辽宁省,2000年以来煤炭行业的平均百万吨死亡率也有4.92人)。就整个采掘行业看,从1993年到2004年,从业人员10万人死亡率均在110人以上;1993年为129.2人,1995年128.6人;进入加速转型期后,这一指标呈现连年上升的趋势,2004年从业人员10万人死亡率为168.6人,最高的2003年达到了191.1人,即便是10万人死亡率最低的2000年也有112.9人之多。再看建筑业,20世纪90年代,我国国有建筑业企业10万人死亡率每年均在17人以上的高位,最高的1995年,国有建筑企业10万人死亡率达23.36人,远高于同期美国的8.56人;2000年以来,我国建筑业死亡人数逐年上升,2001年死亡1647人,2002年死亡2042人,2003年死亡2788人,2004年死亡2777人,到2007年和2008年,建筑业死亡人数仍保持在2722人和2640人的高位。虽然加工制造业在国内生产总值的比重近年没有发生太大的变化,但死亡人数同样随着转型期的加快而上升,从2000年的1946人分别上升到了2004年的3380人、2007年的3393人。②

行业高风险,一方面由行业自身所具有的特点所致,另一方面我国转型期对能源生产、基础设施建设的要求也成为加剧上述行业职业风险的重要因素。如建筑业职业技能要求和技术含量低,

---

① 其他五个瓦斯事故重灾区为江西、湖南、云南、贵州、四川五省。
② 根据《劳动统计年鉴》(1994—2005)和各年《中国安全生产年鉴》整理。

当前建筑业中80％以上的从业人员来自进城务工人员,成为转移农村剩余劳动力的主要行业之一,而进城务工工伤者占据了建筑业职业伤害者的90％以上。① 由于绝大多数从业者没有接受过必要的安全知识培训,加之缺乏必要的劳动保护和安全设施以及行业本身所具有的高风险性,事故的高发便不可避免。加工制造业由于行业门类众多而情况复杂,机械、化学工业品、轻工业品、建材等成为安全事故易发多发领域。图4-1显示了2000—2007年职业风险在几类主要风险行业的分布,通过该图,行业风险状况可以一目了然。

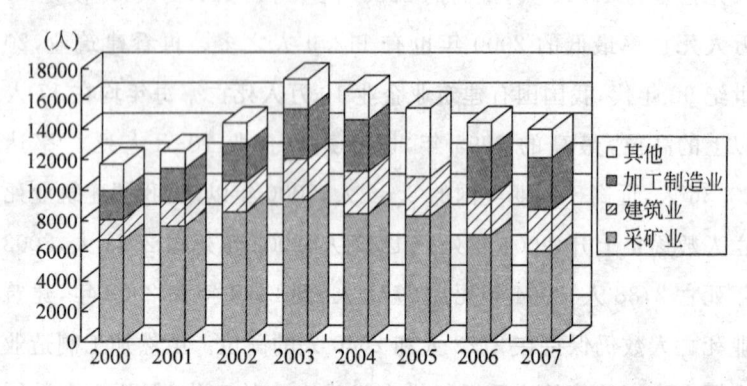

图4-1 2000—2007年全国工矿商贸企业分行业安全生产事故死亡人数对比统计②

另据卫生部统计,新中国建立以来至2008年年底,我国尘肺病累计报告人数已达638234例,在2008年报告的10829例尘肺病

---

① 参见赵铁锤:"关注农民工,促进安全生产状况的稳定好转",李真主编:《工殇者——农民工职业安全与健康权益论集》,社会科学文献出版社2005年版,第3—9页。
② 根据《安全生产年鉴》(2000—2002)和国家安监总局官方网站统计公报搜集整理。由于统计的原因,2005年"其他行业死亡人数"包括加工制造业死亡人数。

人中,89.32%是煤矿工人尘肺病和矽肺病,①这还主要是国有大型煤矿的报告病例数,不包括地方煤矿和乡镇煤矿;另据估计,乡镇煤矿和地方煤矿的尘肺病比国有煤矿可能要严重得多。

职业风险水平不仅与行业本身固有的风险有密切关系,而且和一定时期经济发展水平、社会发展状况相关,虽然采矿业、建筑业、加工制造业均为传统的高风险行业,但一般而言,随着技术进步和生产力水平的提高,职业伤害状况会随之降低。但在转型期的中国却出现了相反的变化,对经济增长的追求、社会价值和观念多元化造成的对生命与安全的忽视以及政企在安全管理中的职责不清和管理的缺位、错位,不可否认地充当了加剧职业风险形势恶化的"催化剂",使我国的职业安全形势没有随经济发展、社会进步而得到改善,反而出现了阶段性的恶化和倒退。

2.5 职业风险重心转移

转型期职业风险重心转移的突出表现是由公有经济向非公有经济的转移。计划经济条件下,公有制经济是国民经济的唯一组成成分。在公有制企业里,由于国家掌握了财产的所有权和企业经营权,对职业安全管理可以通过计划性的指令实现,便于统一利用现有资源和技术,较好地进行工伤预防。进入转型期,公有制经济一统天下的局面被打破,转而成为我国国民经济中的主要组成部分。且随着转型的深入,非公有制经济的发展速度和规模都超过了公有制经济,如据《中国统计年鉴》(2008)的数据显示,到

---

① 数据来源:《中国安全生产年鉴》(2008),煤炭工业出版社 2009 年版,第 475 页。

2007年年底,我国全国城乡就业人员76990万人,其中非公有制经济中的就业者达44931万人,占非农业就业人员的86.3%;在2005年全国75096.5亿元的城镇固定资产投资中,非公有制经济投资46360.7亿元,占61.7%;2008年,全国城镇固定资产投资117464.6亿元,由于经济危机的影响,非公有制经济投资略有下降,占48.7%。非公有制经济的发展提高了经济活力,但其追求利润的动机决定了它不可能自动克服自身的外部性带来的社会负面效应。由于非公有制企业生产水平参差不齐而且数量众多,国家在实施安全管理中不可能再像计划经济下那样,以行政的强制力进行过多的直接干预,这就增加了这些企业安全生产和劳动保障方面的管理难度。因此,非公有制经济在带来国民经济发展活力的同时,也带来了严重的职业病危害因素和频繁的工伤事故。据笔者粗略的统计,在2005年1—8月间发生的34起一次死亡10人以上的特大煤矿事故中,29起发生在乡镇煤矿或改制煤矿,死亡人数占全部死亡人数的63.96%。在2008年报告的309起各类急性职业中毒事件中,发生在私有企业的占129起,占41.74%,职业中毒人数362例,占47.63%,慢性职业中毒的69.85%(818例)分布在中小企业。① 图4-2是2001—2007年不同所有制企业职业伤害事故的伤亡情况。可以看出,自2001年以来,国有经济和集体经济企业中的职业伤害事故死亡人数从2001年死亡5442人到安全生产形势较为严峻的2003年死亡6638人,再到2007年死亡2641人,在经历了2003年的高峰之后,呈现出

---

① 数据来源:《中国安全生产年鉴》(2008),煤炭工业出版社2009年版,第475页。

较为稳定的下降态势;而个体和私营经济中死亡人数经过2002—2004年连续三年的上升,到2006年和2007年,随着整体安全形势的变化绝对数虽有所下降,但死亡人数总数远远高于公有制经济。

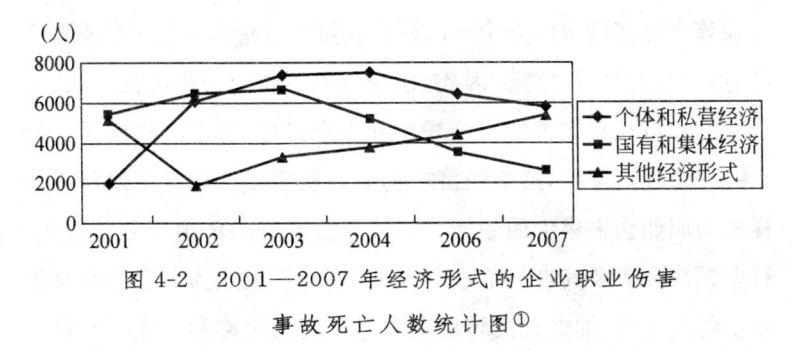

图 4-2 2001—2007年经济形式的企业职业伤害事故死亡人数统计图[①]

国家经济贸易委员会和卫生部在公布历年的统计数据时都指出,乡镇企业、私营企业、"三来一补"企业和个体工商户发生的伤亡事故约占事故总数的80%,已经成为我国职业安全事故的高发领域。这一点在笔者的调研中也得到了证实。一方面,由于经济体制的改革使个体经济和私营经济得到了较大较快的发展,经济实体增多,数量庞大而分散,难以管理;另一方面,大多私营经济和个体经济劳动安全条件差、劳动保护措施薄弱而职业危险性较高,容易发生伤害事故。在许多私营企业和个体经济中,由于企业主和经营者缺乏基本的安全生产意识与社会责任感,在利润追求的驱使下,生产设备陈旧老化、生产工艺落后、没有基本的劳动保护措施、企业管理不完善、缺乏必要的安全知识培训,加之用工形式不规范、职工流动性大难于管理等原因,使各种安全生产事故常年

---

① 资料来源:《安全生产年鉴》(2000—2002)国家安全生产监督管理总局《2004年安全生产统计月报》和《中国安全生产年鉴》(2007)。

不断。在其他经济形式（包括股份经济、联营经济、合作经济、外商和港澳台投资等）的企业中，职业伤害事故的死亡人数在2002年的大幅度下降之后出现了连续两年的上升，2006年和2007年，发生在该类经济体中的安全事故死亡人员的数量大有超过公有制经济、追赶私有经济之势。因此，在今后相当长的一段时间内，由于公有制经济相对完善的安全规章和安全措施，加之其在国民经济中的比重逐渐降低，这类经济中的职业伤害不会像计划经济下那样成为职业伤害集中的领域；相反，非公有制经济由于数量庞大、行业领域分散及其自身追求利润的特点，已经成为职业伤害事故发生的集中地，加之我国转型期吸引外资的策略和对非公有制经济发展的鼓励政策以及这些政策在落实过程中的异化，都不同程度地对违反劳动安全法规的企业起到了纵容的作用，使这些非公有制经济已经成为并且仍将成为我国职业危险和工伤事故的多发区。

2.6 职业风险地域分布转移

在转型期中，我国职业风险的地域变化主要表现在两方面：第一，在形式上，职业危害重心从传统的老工业区向新兴工业区和能源省市的转移；第二，在危害后果上，职业危害后果已从东部地区向西部地区转移。

虽然经济体制改革先从农村开始，但中国真正的改革和转型其实是以城市为重心的，尤其以东部省份和沿海地区为重心。如从1980年起，全国范围内分别建立起了5个沿海经济特区，陆续将14个城市确定为沿海开放城市，并建立起"长三角"、"珠三角"和"闽南三角洲"的沿海经济开放区。从此，大量的资金、技术、人才、资源流向东部开放区,东部经济迅速发展。与此同时,许多传统的老工业区由于企业负担过重、效益低下而渐渐失去了往日的优势,西部地区也由于各种条件的限制,与东部地区的差距越来越大。经济重心从传统工业区向东部地区的转移,在为这些地区带来经济腾飞的同时,也使它们成为职业伤害受害人群集中的地区。如据卫生部的统计数据显示,在我国历年经济发展成就最突出的广东省,有1000万人具备了患职业病的基本条件,每年的发病总数在以69.2%的平均速度递增。[①] 下面以广东、辽宁、贵州、重庆四省市为例,说明职业风险在地域之间的变化状况。

表4-2 1985—2007年四省市工矿商贸企业伤亡人数统计表

(单位:人)

年份	1985			1986			1987		
	死亡	重伤	比例	死亡	重伤	比例	死亡	重伤	比例
辽宁	558	1177	6.18	520	1116	6.42	480	956	6.08
广东	432	439	3.10	351	470	3.22	337	478	3.45
贵州	239	606	3.01	264	473	2.89	224	491	3.03
重庆									
全国	9847	18216	100	8982	16484	100	8658	14954	100
年份	1988			1989			1990		
	死亡	重伤	比例	死亡	重伤	比例	死亡	重伤	比例
辽宁	455	810	5.94	521	744	6.51	182	720	6.73
广东	313	411	3.40	345	293	3.28	264	304	3.18
贵州	273	391	3.12	262	369	3.25	298	380	3.80
重庆									
全国	8908	12404	100	8657	10788	100	7759	10105	100

---

① 参见李真主编:《工殇者——农民工职业安全与健康权益论集》,社会科学文献出版社2005年版,第2页。

(续表)

年份	1991			1993			1994		
	死亡	重伤	比例	死亡	重伤	比例	死亡	重伤	比例
辽宁	497	769	7.46	981	657	5.51	985	520	5.12
广东	350	348	4.11	1355	438	6.03	1286	585	6.36
贵州	190	278	2.76	816	255	3.60	986	296	4.36
重庆									
全国	7855	9117	100	19820	9901	100	20315	9103	100
年份	1995			1996			1997		
	死亡	重伤	比例	死亡	重伤	比例	死亡	重伤	比例
辽宁	936	494	5.07	868	385	4.69	845	298	4.81
广东	1211	534	6.19	956	493	5.42	829	506	5.61
贵州	843	235	3.82	1076	281	5.08	1146	243	5.84
重庆							605	87	2.91
全国	20005	8197	100	19457	7274	100	17558	6197	100
年份	2000			2001			2002		
	死亡	重伤	比例	死亡	重伤	比例	死亡	重伤	比例
辽宁	661	340	6.38	661	211	5.22	690	229	5.07
广东	698	373	6.83	576	369	5.66	726	488	6.69
贵州	881	105	6.28	859	171	6.17	1062	190	6.90
重庆	72	14	0.55	476	21	2.98	743	3	4.11
全国	11681	3999	100	12554	4141	100	14386	3755	100

年份	2003		2004		2005		2006		2007	
	死亡	比例	死亡	比例	死亡	比例	死亡	比例	死亡	比例
辽宁	761	3.99	701	3.91	797	5.02	664	4.61	627	4.52
广东	888	4.66	859	4.79	851	5.36	607	4.21	566	4.08
贵州	1232	6.47	1182	6.59	1192	7.51	1027	7.13	985	7.09
重庆	1070	5.62	825	4.60	867	5.46	704	4.88	701	5.05
全国	19052	100	17946	100	15868	100	14412	100	13886	100

数据来源:《中国劳动统计年鉴》(1995—1998)、《中国安全生产年鉴》(1979—1999、2000—2003、2006—2007),国家安全生产监督管理总局公布的《2005年全国安全生产控制指标落实情况》。其中1992年、1998年、1999年三年的相关数据在相关统计资料中没有反映,故此表中未列入。

说明:① 表中"比例"是指该地区伤亡人数占全国伤亡人数的比例。

② 在1996年及以前,重庆市尚未成为直辖市,没有独立的统计。

③ 2003年及以后,我国安全生产统计中已没有重伤的统计,这也反映了当前我国安全生产统计"重死亡、轻伤残"的特征。

从表 4-2 中可以看出,20 世纪 80 年代后期到 90 年代初期,辽宁省作为传统的工业基地,工矿企业伤亡人数一直处于全国的高位,属于职业伤害较严重的省份。从 1985 年至 2001 年的十七年间,虽然其伤亡绝对数随着全国伤亡人数的减少而下降,但占全国伤亡数的比例是相对较高的,一直在 6% 以上,最低的 1988 年也达 5.94%,1991 年辽宁省的职业伤亡人数更是占到了全国的 7.46%,成为近二十年来伤亡人数最高的年份;从 90 年代中期开始,由于改革的推进,经济转型的加速,辽宁省失去了其老工业基地的地位,职业伤害事故死亡数占全国的比例呈下降的趋势。反观广东省,改革开放初期的 20 世纪 80 年代,工业发展并没有取得立竿见影的效果,与传统工业省份相比,其职业伤害程度当属较轻的。从 1985 年至 1991 年的七年间,广东省的企业伤亡人数和占全国伤亡人数的比例都明显低于辽宁省。随着改革的深入和经济、社会转型的深入,传统工业基地逐渐丧失了它在国家工业经济中的优势,新兴的工业省市成为国民经济增长中最为活跃的地区,职业风险和工伤事故也随着经济重心的转移而向新兴工业区转移。从 1993 年开始,广东省的企业伤亡人数和占全国的比重第一次超过辽宁,并且在随后的十几年中一直高于后者;直到最近几年,由于安全生产形势的好转,广东省死亡人数在全国的比例才稍显下降。贵州作为西部较落后的省份,既非传统的工业基地,办非新兴的工业省市,从 1985 年至 1995 年的十多年间,与其他两个省份相比,工伤事故是相对较轻的;从 1996 年起,伤亡人数和占全国的比重逐年迅速上升并持续高于其他两个地区;到 2005 年,人均地区生产总值全国最低(仅 5222 元)的贵州省,企业伤亡人数更是达到了全国的 7.51%;2007 年,贵州省地区总产值仅占全国国内总产值的 1.09%,但工矿商贸企业死亡人数却达到了全国死亡人数的

7.09%，明显高于辽宁和广东两省，成为伤亡事故的重灾区。职业伤亡近二十年来在不同省区之间的转移，体现了转型期职业风险状况地区分布的变化，即职业伤害重心由传统的工业基地向新兴工业区转移、由东部经济发达地区向西部贫困地区和能源产地转移。

我国职业风险状况地区间分布的转移，究其原因主要在于：其一，在我国转型期，新兴工业省区之所以能够成为国民经济增长中异常活跃的力量，是因为它们在吸引外商投资、鼓励个体和私营等非公有制企业发展方面具有更多的优势，大大刺激了上述各类企业的发展。但正是这些企业，在提升国民经济力量的同时也成为职业风险的主要聚居地。虽然传统工业区的安全生产状况并未得到根本的改善，但新兴工业区的职业伤害蔓延速度却远远高于那些老工业区。其二，我国转型期高速发展的经济对能源的需求，致使一部分虽然贫困但资源富裕的地区承担了过多的国民经济发展的能源供给压力，在安全生产设施原本就不完善的条件下，超负荷生产成为事故连发的重要原因。据统计，贵州省2005年全省工矿企业死亡1192人，其中煤矿死亡人数达837人，占70.22%，2008年，全省工矿商贸企业死亡863人，其中煤矿死亡人数占到了52.49%；2005年重庆市工矿企业死亡的867人中，其中煤矿死亡455人，占52.48%；2005年山西省工矿企业死亡的657人中，492人死于煤矿事故，占74.89%，到2008年，在山西省工矿商贸企业事故死亡的749人中，煤炭行业死亡人数占到了41.12%。因此，经济高速发展对能源的压迫性需求使这些能源地区在承担国民经济发展能源供应任务的同时，也承担了由此带来的生命损失。其三，近年来大量剩余劳动力从贫困地区流向新兴工业区的劳动密集型行业，由于劳动技能差、从事行业的限制等，他们成为工伤事故的主要受害群体。因此，除前述从城市向农村的转移外，我国职业风险还存在着从工业发达地区向欠发达地区的转移。

3. 转型期职业风险变化的效应

概言之,转型期职业风险存在"两高"和"两低"。"两高"指高事故率和高伤亡率;"两低"指工伤保障的"低保障率"、"低赔付率"。高事故率、高伤亡率的直接后果是造成了经济社会巨大的直接和间接损失;低保障率、低赔付率与高事故率、高伤亡率一道,对我国工伤保险制度的发展提出了更迫切的要求。

3.1 职业风险危害深化

我国转型期职业伤害深化带来的效应可以用两句话概括:第一,伤害程度加深,不但造成大量的生命伤亡,而且造成巨额经济损失;第二,职业危害不仅表现在对当前社会经济的影响上,其长期潜在的危害更难以估量。

根据国家安全生产监督管理总局的统计,近几年我国每年发生的各类事故以数十万起计,死亡人数在 10 万人以上。据粗略估算,每年因职业伤害事故造成的直接经济损失达 1000 亿元,间接经济损失约 2000 亿元,另有约两亿劳动者接触各种职业病危害因素。[①] 在 2008 年卫生部实施的全国职业卫生监督中,在被监督的 22.3 万个单位、3202.4 万人职工中,职业病危害因素接触人数占 35.7%。[②] 尤其是进入加速转型期以来,我国工矿商贸企业作为国民财富的主要生产者,更是安全事故的多发领域。图 4-3 和

---

① 参见中国疾病预防控制中心、中国新闻社:《中国新闻》,中国新闻出版社,2007年3月。

② 数据来源:卫生部信息统计中心公布的《2008年我国卫生事业发展统计公报》。

图 4-4 显示了我国自进入转型期以来有数据统计的各年份的工商企业伤亡人数和职业病新发报告病例数。

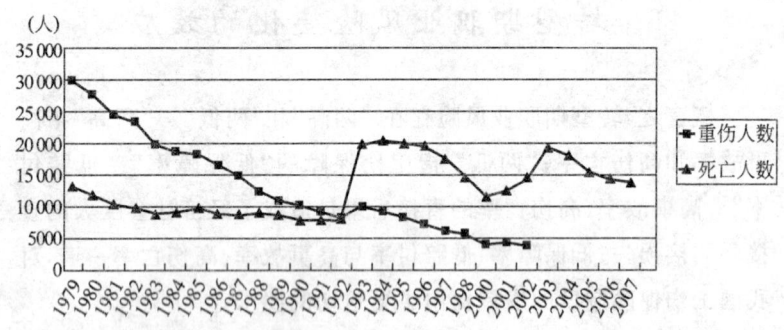

图 4-3 1979—2007 年全国工矿商贸企业职工死亡统计①

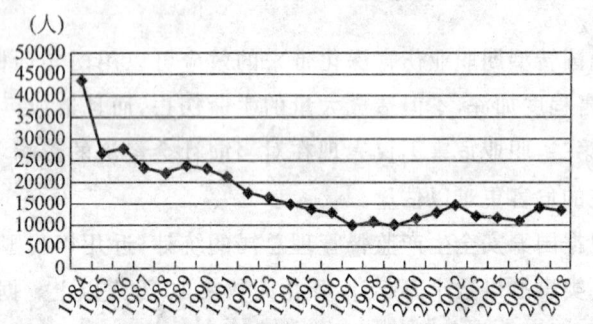

图 4-4 1984—2008 年职业病新发报告病例数统计②③

---

① 根据《中国安全生产年鉴》(1979—1999)、《中国安全生产年鉴》(2000—2001)、《中国安全生产年鉴》(2003—2007)、国家安全生产监督管理总局《2004 年全国伤亡事故统计月报》和《2005 年各类伤亡事故情况表》搜集整理。另外，因 1999 年数据在《安全生产年鉴》中没有反映，故此图中 1999 年不计入其中。

② 说明：(1)由于 2004 年职业病报告数不是全国统计数据(25 个省市)，故未将该年数据列出；(2)之所以将本图标题定为"职业病新发报告病例数"而非"全国职业病新发病例数"，是因为笔者认为，我国每年职业病实际新发病例大大高于报告病例，发病尚未报告的职业病例大大多于报告的病例。

③ 2005 年数据来源于陈刚："中国职业病防治现状与工伤保险制度"，《国际社会保障协会亚洲呼吸系统职业病研讨会论文集》(2006)；其余各年数据来源于各年《中国卫生年鉴》。

由以上两图可以看出，进入转型期以来，我国工矿商贸企业每年死亡人数都维持在相当高的水平，即便在死亡人数最少的1990年，死于职业伤害事故的劳动者也近8000人。市场经济目标的确立，在全国范围掀起了新一轮的经济增长热潮，职业伤害伤亡人数也在20世纪90年代前期达到高峰(1994年死亡20315人，为历史最高值)；进入加速转型期后，2003又达到了另一个伤亡高峰。再看职业病，且不谈数量无法估算的没有报告的职业病患者，单单每年报告的新发职业病病例就一直维持在10000人以上的高位。尤其是近两年来，由于许多潜伏期的职业病已经到了发病期，职业病新发病例呈快速增长的趋势。

虽然职业伤害问题受到了政府和社会的空前关注，安全生产立法、职业卫生监督和立法管理工作逐年加强，总体形势有所好转，但安全生产事故死亡人数仍很多。另外，应当指出的是，2003年以后，无论在安全生产年鉴还是在安全监督部门的官方网站和统计公报中都没有全面、系统与准确的重伤人数统计，虽然图4-3显示出来的重伤人数在逐年减少，但这未必是真实情况的反映，因为当前我国安全生产管理工作中存在着重死亡、轻伤残的统计误区。在死亡人数居高不下的情况下，对伤残人员的统计和公布被忽略。2005年10月至12月，笔者曾到国家安全生产监督管理总局以及重庆、辽宁等地调研，调研结果也印证了这一点。据国家安全生产监督管理总局的不完全统计，每年我国约有70多万人因工致残，这些数字目前都没有进入到精确的伤亡统计范围之列。而根据海因里希对安全事故的分析以及其对重伤(包括死亡)、轻伤和伤害未遂之间关系的研究，三者在所有安全事故中的比重分别为0.3%、8.8%和90.9%，其比例应为1:29:300，因此，如果按照这样的比例关系对我国的伤害状况进行估计,70万人的伤残并没有夸大。

事故危害程度加深不但表现在事故总量上,而且表现在重大事故遏而不止、每一次事故危害加重。据国家安全生产监督管理总局统计,2005年间,仅煤矿行业发生的一次死亡10人以上的特大事故或特别重大事故就有69起,共死亡2700人,平均每月5.75起,死亡225人,平均每起事故死亡40人;三年之后的2008年,仅煤矿行业重特大事故就比前一年增加了10起,死亡人数增加了134人;2009年,更是出现了如山西焦煤集团屯兰煤矿"2·22"特大瓦斯爆炸事故(死亡78人)、黑龙江新兴煤矿"11·21"特大瓦斯爆炸事故(死亡108人)等大规模群死群伤性灾害事故。

发展经济的目标使效率成为全社会的最重要甚至是唯一的标准,随着经济的快速发展,社会文化和思想观念迅速分化,对人的保护和尊重一再被忽略。图4-5和图4-6显示了工矿商贸企业自2000年以来一次死亡10人以上的特大事故与特别重大事故伤亡情况及事故严重程度。

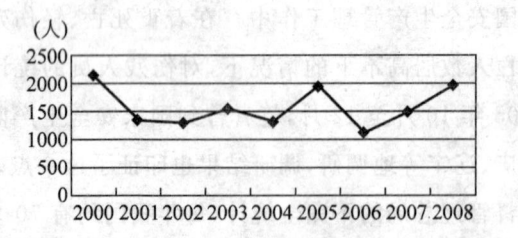

图4-5 2000—2008年工矿商贸企业特大事故和特别重大事故死亡人数统计①

---

① 根据《安全生产年鉴》(2000—2002)国家安全生产监督管理总局官方网站的统计公报整理。

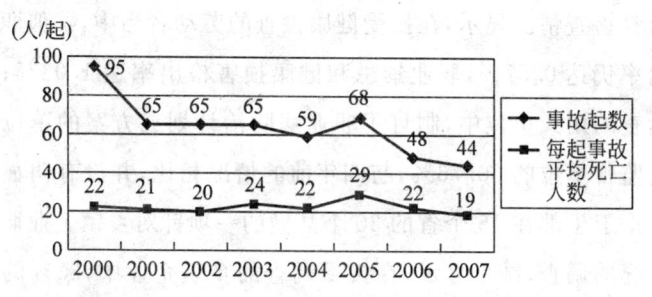

图 4-6 2000—2007 年企业一次死亡 10 人以上事故起数及平均死亡人数统计①

从上面两图可以看出,进入加速转型期以来,我国每次事故的平均死亡人数均保持在 20 人左右,虽然事故起数稍有下降的趋势,但单次事故危害程度无论从伤亡人数还是直接经济损失都没有明显的下降,大规模的群死群伤性事故增多(如 2008 年 9 月 8 日,山西临汾市襄汾县新塔矿业尾矿溃坝事故,造成 276 人死亡,成为新中国成立以来尾矿库发生的最大的一起事故)。

除显性的职业伤害外,隐性的和潜在的职业伤害仍然很严重。先看 2003 年,全国生产环境有害物质厂矿 260905 家,生产环境有害物质检测合格率为 74.53%,有害作业厂矿劳动卫生经常性监督合格率仅为 59.37%,接触有害作业工人职业性体检职业病检出率为 0.62%;2004 年生产环境职业危害因素测定合格率仅为 61.97%,有害作业工人职业性健康检查职业病检出率上升到 0.66%。② 至四年之后的 2008 年,卫生部实施的用人单位职业卫

---

① 根据《安全生产年鉴》(2000—2002)国家安全生产监督管理总局官方网站的统计公报整理。

② 数据来源:根据《中国卫生统计年鉴》(2004)、《中国卫生统计年鉴》(2005)计算所得。

生监督检查情况显示,在接受健康检查的劳动者当中,疑似职业病检出率仍达0.57%,职业禁忌和健康损害检出率达1.03%;在监督检查的用人单位中,制订了职业病防治计划或方案的单位仅占接受监督单位的60.76%,与四年前的情况相比,并没有明显的改善。据卫生部在15个省的30个县做的一项针对乡镇企业职业卫生状况的调查,结果显示,在接受调查的乡镇企业中,83%的企业存在不同程度的职业危害,60%的企业没有配备任何设施,90%的粉尘作业场所超过国家标准,30%的乡镇企业职工接触尘毒危害,47.69%的乡镇企业劳动者没有个人防护用品,84.03%的工人没有接受过职业卫生培训,而职业病和疑似职业病的检出率更是高达15.8%。[1] 在2008年,全国诊断病例数超过100例的群体性报告就达13起之多。由于职业病较长的潜伏期(最长甚至达到20年),虽然某些职业病因素并不会在当前或短时间内全部表现出来,但如果没有切实的劳动保护设施和措施,将来的若干年内,在我国国民经济快速发展的同时也必须承受这些潜在危害的损失和后果。

因此,职业危害深化既包括了直接和间接的经济损失,而且包括了不可逆转的人员伤亡。社会文明进步的重要标志之一在于对生命的尊重,大量人员伤亡造成的损失是无法用任何量的标准来衡量的。

3.2 职业风险受害群体年轻化

进入转型期,我国职业伤害的变化带来的效应之一是职业风险受害者年轻化,从而对我国可持续发展带来了长期危害。从职

---

[1] 参见姚伟明:"全球化下的职业灾害",李真主编:《工殇者——农民工职业安全与健康权益论集》,社会科学文献出版社2005年版,第87页。

业伤害的行业分布可以看出,建筑业、采矿业、加工制造业是职业伤害最为集中的三大行业,而从这三大行业从业者看,多为青壮年劳动者,尤以年轻的农民工为主。在我国建筑业中,农民工占所有从业者的80%以上;在加工制造业中,农民工亦占68%。而据国家统计局2004年的抽样调查结果显示,84.5%以上的农民工为16—40岁的青壮年人口。既然职业风险最集中的行业以青壮年劳动者为主,很显然,职业伤害的受害者当然也多为年轻或壮年劳动者。另据中国人民大学中国社会保障研究中心和香港城市大学于2005年7—11月在深圳、成都、苏州、北京关于农民工的调查显示,受访的2600多名农民工中,其平均年龄为28.6岁,年龄最小的仅15岁,在受访者中,27.8%的人从事过有毒有害或危险的工作,遭遇过工伤或职业病的人达22.9%。另有统计显示,1997年,我国尘肺病患者中40岁以前确诊的占8.1%,至2002年,这一比例提高到11.2%,发病的工龄由10年前的平均15年降低到当前的3—5年,①至2008年,在全年报告的10829例新发尘肺病例中,平均接尘工龄17.04年,比2007年缩短了2.35年,其中接尘工龄不足10年的达3420例,占31.58%,②由此可见,接尘工龄缩短、患病人员年轻化成为我国职业病的重要特征。虽然鉴于统计资料的限制,我们无法获知职业风险在具体年龄段的分布情况,但近年我国职业伤害年轻化却是一个明显的趋势。

  职业伤害受害群体的年轻化不但会影响我国经济发展,而且会造成严重的社会问题。首先,影响劳动力供给,增加社会负担。

---

① 参见李玉环:"关注煤矿尘肺病 保护农民工健康权益",李真主编:《工殇者——农民工职业安全与健康权益论集》,社会科学文献出版社2005年版,第51页。

② 数据来源:《中国安全生产年鉴》(2008),煤炭工业出版社2009年版,第476页。

根据西方经济学厂商理论，产出 Q 为资本 K 和劳动 L 的函数，即 $Q=f(K,L)$。劳动作为经济增长的投入要素之一，对国民经济的贡献必不可少。尤其在我国以劳动密集型产业为国民经济主要产业的条件下，劳动力对国民经济的贡献率会远远高于资本密集型经济。职业伤害受害者的年轻化使大批青壮年人口由于遭受职业伤害侵袭而失去劳动能力，不但无法参与社会财富的创造，而且需要大量的生存维持、医疗卫生乃至社会服务资源作为支撑。这样，除伤害事故造成的直接和间接损失外，对劳动力长期供给的影响所造成的国民经济长期发展的损失是无法估量的。其次，职业伤害受害者的年轻化导致大批青壮年人口丧失了经济来源，从而使许多家庭成为弱势家庭，造成我国经济社会发展中不得不面对的问题。因此，职业伤害受害群体的年轻化带来的影响不但是经济上的，而且是社会的；不但是直接的，而且是长期的。

3.3 造成经济与社会发展的长期潜在危害

从短期的和直接的后果看，严重的职业伤害不但造成直接的经济和财产损失，而且造成人员的巨大伤亡；从间接的后果看，职业伤害的损失是长期的、潜在的。首先，职业伤害最严重的长期性危害体现于它对劳动力供给的制约。由于我国转型期工伤和职业病受害者年轻化的趋势，许多青壮年劳动力因工伤事故致残或患职业病不得不退出生产领域，这对我国劳动力资源显然是一个巨大的损失，并且这种损失是长期的，不是在一朝一夕可以弥补的。其次是职业伤害对经济长期健康发展的潜在损害。职业伤害对经济发展的损害不仅表现在有形的物质财富的损毁，更在于对经济长期发展的阻滞和影响。众所周知，投资、消费和对外出口被誉为是经济发展的"三驾马车",消费拉动型的经济增长是最健康的经济增长方式,扩大内需是经济增长最根本的动力。严重的职业风险事故不但使大量的社会财富投放于伤害的救治和损失的弥补,无法形成有效的消费,而且劳动者受伤退出劳动领域而导致的其经济收入的降低直接抑制了消费需求。从社会发展层面,严重的职业伤害和频发的职业伤害事故使人的伤亡成为司空见惯的现象,造成了社会对人的生命和健康的漠视,这显然不符合健康和谐社会的内在要求。另外,由于长期积累的历史的、现实的、管理的以及人为的各种因素交织在一起,我国职业风险状况不可能在一朝一夕得以根本的改善。因此,当前职业风险和职业危害对全国经济社会发展的危害是潜在的、长期的,更多的危害会随着职业病高发期的到来而逐步显性化。

3.4 增加了工伤保险发展和完善的迫切性

工伤保险制度作为工伤保障的主体,是劳动者主要的保障手段。工伤保险以职业风险的存在为前提。根据风险管理理论,风险管理的手段包括避免、承担、转嫁等多种方式,保险是实现风险转嫁的重要手段。雇主或劳动者通过将职业风险转嫁给工伤保险,实现自身的经济和安全保障。工伤保险是现代社会中解决职业风险问题的最基本、最好的途径,因此,转型期职业风险的严重性决定了中国工伤保险的发展应当具有更高的要求。

有风险才有保险,保险的存在以风险为前提。工伤保险制度作为集预防、康复、赔偿于一体的有机体,目前在我国的功能仅体现在工伤赔偿方面,工伤预防、工伤康复甚至尚处于起步、试点阶段。从工伤保险的发展历程看,工伤预防应当为工伤保险制度发展的最高阶段,工伤赔偿仅是在预防、康复无法达到效果时不得已采取的对劳动者的补偿手段。另一方面,如前文提及,我国职业安全和工伤保险制度中存在着"两高"和"两低"的现象,由于工伤保险制度的转型和发展不但滞后于经济社会的转型,而且滞后于转型期职业风险的扩张速度,这既给工伤保险制度提出了更迫切的发展要求,又为它的发展提供了广阔的空间。工伤保险制度应当跨越仅以伤害赔偿为目标的低级发展阶段,朝着工伤康复和工伤预防的高级阶段发展,这是制度本身发展规律使然,更是解决我国严峻的职业风险形势的必然要求。

4. 转型期职业风险变化的原因

一般来讲,随着生产力水平的提高和科学技术的进步,防灾防损能力应有所进步。"仓廪实而知礼节",经济的发展对于提高社会文明程度起着基础性的推进作用,社会文明程度的提高又会对人的健康、人的权益和人的发展给予更多的关注与保护,更加注重人的安全和健康。但转型期的中国似乎并不符合这样的规律。虽然我国经济实力和科技水平与20世纪80年代之前相比已不可同日而语,但综观我国的职业风险形势和劳动者权益保护状况,不但没有随着经济增长、社会进步而改善,反而比计划经济时期更加恶化,这不能不说是一个值得深思的问题。

4.1 职业风险变化的直接原因

转型期中国职业风险的变化不但包括风险因素和风险内容的增加,而且包括风险在产业行业及地域之间的变化。造成这种变化的原因既有转型期经济结构的调整,又有产业结构的升级;既有职业结构和从业群体的变化,又有社会阶层分化的原因。

第一,经济结构的变化是职业风险状况变化的重要原因。计划经济条件下,国有经济和集体经济占统治地位,企业所有者和经营者具有统一性,公有经济的特征决定了企业在实现经济利润的同时必须兼顾社会效益,即保障劳动者的基本职业安全需要。作为企业所有者和经营者的国家,可以同时利用对企业的所有权和国家行政的强制力实现对职业安全的统一管理。同时,计划经济条件下劳动者与企业利益的统一性使劳资双方在劳动保护和工伤保障中没有根本性的矛盾冲突,有利于实现劳动保护,保障劳动者一定水平的职业安全。进入转型期,私有制经济作为我国改革开放的成就之一,在国民经济中的比重大大增加。私有制经济的最大优势在于提高效率,但其最大的缺陷也在于对效率的追求。私有制经济的本质特征决定了它不可能像计划经济下的公有制经济那样注重社会效益。私有制经济中,劳资利益的冲突常常成为劳资关系紧张的根源,其间当然包括在职业安全和劳动保障中的不一致。对利润的追求决定了私有制经济在职业安全中不可能抛却成本最小、收益最大化的原则;简化安全管理、减少劳动保护投资,为职业风险形势的恶化埋下了伏笔。另外,私有经济在国民经济中远远超出公有经济的比重,决定了私有经济吸纳的劳动力大大高于公有经济,这也成为职业风险整体形势恶化、职业伤害在不同所有制经济间的分布发生变化的原因。

第二,产业结构的调整和升级、职业结构变化,使直接面对职业伤害的劳动者群体增加。计划经济下,虽然我国长期奉行城市优先发展的战略,但由于工业基础薄弱,吸纳劳动力的能力并不强,只有较小的一部分劳动者从事职业风险较高的工业生产,大部分劳动者仍从事传统农业生产。由于当时农业机械化程度低,传统农业劳动者基本不会遭受任何职业风险的侵袭,而在较小部分的工业劳动者中,遭受职业风险的劳动者也仅占很小的比例。进入转型期后,第二产业、第三产业迅速发展,吸纳劳动力的能力大大增强,大量的劳动者由第一产业转向第二产业与第三产业,进城农民工便是这一变化的突出表现。根据国家统计局的统计资料,1978年,我国第一产业吸纳了70.5%的劳动者,第二产业的从业者仅占17.3%,第三产业就业人数占12.2%;至1995年,第一产业从业人员的比例下降到52.2%,而第二产业与第三产业从业人数比例分别上升为23%和24.8%;2005年年底,第一产业、第二产业与第三产业从业人员比例分别变为44.7%、23.9%和31.4%,至2007年年底,我国就业人口中第一产业、第二产业与第三产业的就业人员比例分别为40.8%、26.8%和32.4%,[①]近三十年的发展改变了我国产业结构,也改变了就业人口从业结构,第二产业与第三产业从业群体的扩大,决定了国民经济中直接面临职业风险的劳动者数量增加,从而形成了职业伤害风险的增大。

第三,社会阶层的分化形成职业风险的群体集中性。从某种意义上讲,与计划经济下相比,转型期中国城乡分割的二元社会不是削弱了,而是进一步加强了,这种分割不仅发生在城市和农村之间,而且发生在城市内部。转型期以来,农村不但继续为城市发展提供着物质资源的支持,而且源源不断地为城市建设提供着廉价劳动力。然而,由于先天不足导致的竞争力弱,进城劳动者在城市

[①] 数据来源:根据《中国统计摘要》(2006)、《中国统计年鉴》(2008)中相关统计数据计算得出。

中必须继续承受着长期城乡分割的后果,包括在择业、社会保障以及公共服务等方方面面,受到的歧视不是减轻了,而是加重了。二元分割在城市的延续使他们被牢牢束缚在职业风险高、劳动强度大的行业,如建筑业、加工制造业、采矿业等行业,成为职业风险的主要承担者。除了城乡之间的分割,转型期的城市居民内部也出现了严重的阶层分化。改革促进了经济的发展,改革也损害了一部分劳动者的利益,原本平等享受国有企业福利保障的一部分劳动者在改革中逐渐被抛却在社会主流之外,成为城市弱势群体。尤其是大批下岗失业职工,职业技能的不足使他们在信息社会的竞争中处于明显的劣势,与进城农民工一样,他们无法进入主流劳动力市场从事体面的工作,只能在低端劳动力市场谋求自己的生存空间。作为城市社会的弱者,这两个群体无论在社会参与还是利益诉求的表达中都没有受到足够的重视,作为社会的弱势群体,他们在职业风险中也处于劣势的地位。因此,可以说社会阶层的分化不仅加剧了职业风险的集中性,而且加剧了职业风险的总体严重程度。

4.2 职业风险变化的深层原因

对于我国安全生产形势严峻的原因,郑功成教授指出:"计划经济时代主要是由于国力贫弱、生产力水平低下和防灾措施落后所致,而改革开放以来的生产事故多发则不仅与工业化进程加快有关,更与片面强调经济增长与效率至上而忽视安全生产密切相关,因此,近二十多年来的生产事故更加具有人为所致的人祸色彩。"[①]我国转型期职业风险高的原因,除立法落后、劳资失衡、劳

---

① 郑功成:"生产事故和社会安全",郑杭生主编,《中国人民大学中国社会发展研究报告2004:走向更加安全的社会》,中国人民大学出版社2004年版,第26页。

动者职业素质低、安全培训不够、安全生产欠账严重等外，还有以下深层次的原因。

第一，发展目标单一化，追求经济增长而忽视了人的安全。剖析我国进入转型期以来对发展道路和发展方式的探索历程，无不是围绕经济发展的目标进行的。无论是改革开放伊始的沿海经济区的建设，还是社会主义市场经济的目标的确立；无论是"发展才是硬道理"的提出，还是"效率优先、兼顾公平"指导原则的出台，经济增长是其中永恒不变的目标。虽然任何一个发展理念和指导原则的初衷并非追求单纯片面的经济增长，但现实中经济增长的热情却远远盖过了社会和人的综合发展。在追求经济的主旋律下，安全被忽视，人的发展被忽视，社会的综合协调也被忽视。在追求经济增长的冲动下，企业的不规范行为得到最大限度的容忍，对劳动者的安全保障责任被淡化，对劳动者安全和健康权益的侵害被视为实现经济增长目标的合理要求。而地方政府为了实现自己的政绩，完成经济增长"指标"，千方百计给予企业和资本各种政策优惠，甚至为达到短期的经济增长目标而不惜牺牲地方的长期利益，对于资本侵害劳动的现象不但不予制止和惩处，反而给予百般掩饰和袒护，这就使得本来已经失衡的劳资关系更加恶化，也纵容了侵害劳动者安全权益的行为。

发展目标的单一化也影响了人们思想观念和价值判断。由于过分强调经济增长和效率，经济观念深入人心，"金钱至上"成为许多人奉行的原则，在追求经济效益中丧失了基本的价值判断，社会成员之间的人文关怀很大程度上被功利主义所取代。与其说转型期我国社会思想观念和价值判断呈现了多元化的趋向，倒不如说在这种表面的多元化背后隐藏着更加赤裸裸的一元化——经济观念。前述种种价值观念的变化很大程度上造成了道德的缺失和对人生命的漠视,助长了损害劳动者权益的行为。因此,可以说,转型期对经济增长的盲目追求导致了对安全管理和人的忽视以及由此形成的对劳动者权益侵害的纵容,是近年来职业伤害严重的主要原因。当然,笔者并非意在否定经济增长的目标,而是认为应当将经济增长建立在良性发展的基础上,因为经济增长的最终目标还是为了满足人的全面健康发展。

第二,政府和市场在劳动保护与职业安全中的职责定位不清。从计划经济向市场经济的转轨过程,实际上是政府和市场在资源配置中此退彼进的过程。但由于政府和市场都存在着不同程度的失灵,无论多么完善的计划或市场都不可能单纯依靠政府指令或市场的自我调节实现经济社会的健康发展,合理处理两者的关系以及正确确定两者职能成为健康发展的保证。在计划经济条件下,由于生产资料公有制决定的政府和企业根本利益上的一致性,政府既是劳动保护的监督者,又是职业安全的提供者,劳动保护和职业安全管理通常能够在政府的计划与指令下得到落实。但在转轨时期,多种经济成分并存发展改变了企业和政府根本利益上的一致性,使政府、企业和劳动者之间具有更多的博弈关系。政府在由经济主体和管理者的双重身份向单一的管理者角色的转变中,从职业安全的直接供给中退出,企业成为劳动保护和职业安全的直接实施者。在企业努力追求利润最大化的过程中,外部性决定了它会尽力将生产的负效应推给社会,而不可能自发地完成对职业安全的供给,这就形成了政府与企业在劳动保护和职业安全供给中的断裂与脱节。反过来,市场经济下政府干预的目的是弥补市场的不足,当企业和市场不能有效地完成劳动安全的供给时,政府必须进行合理的干预以克服市场的外部性。但对处于转轨过程中的中国政府和市场的行为能力，显然不能以完善市场经济的标准来衡量，双方的职责不清和协作失调以及彼此的缺位不可避免地造成了转型期中国劳动保护和职业安全管理的混乱局面。

第三，安全管理混乱，部门之间安全责任不清。从公共管理的角度，政府作为社会的公共管理者，代表了全社会的公共利益，但是，政府失灵常常使这种美好的愿望成为空想。政府失灵的突出表现之一是其内部性，即政府总是具有利用其手中掌握的公共资源谋求部门内部利益最大化的倾向。在我国的劳动保护和职业安全管理中，部门之间的不协调甚至冲突很大程度上成为提高职业安全管理效率的杀手，致使管理效果在彼此的推诿或冲突中丧失。按规定，劳动保护和职业安全卫生分属不同的部门管理，如劳动保障部门负责劳动保障监察，卫生部门负责劳动卫生和职业病防护监督，安全生产监督管理部门负责涉及安全生产事项审查和验收以及安全生产的日常监督管理，但具体各自在多大的范围内发挥作用，并没有明确的规定和协调机制。如2009年9月，人力资源和社会保障部发布了《关于开展工伤预防试点工作有关问题的通知》，决定在全国范围内实施工伤预防的试点工作。但作为一项部门通知，很显然在调动其他部门资源和协调部门职能方面存在很大的局限性，各部门之间协调不畅和分工不清造成的制度之间的脱节与低效率并不能得到很好的改观，因此，在没有安全生产管理、卫生监督工作的较好配合下，单纯由劳动保障部门实施的工伤预防试点能收获什么样的效果尚需拭目以待。因此，对于如何利用职业保险实现职业伤害预防、如何改善生产环境等问题，安全生产监督管理部门和劳动保障部门有不同的政策与措施，虽然这些政策措施的初衷都是为了改善职业安全状况，但不同的政策同时作用于同一事故的两个方面可能会使政策效果大打折扣，甚至出现相反的结果，同时还会出现部门之间各自为政的局面。

部门之间的不协调不但降低了工伤预防的直接效果，而且降低了事故责任追究的惩戒作用，从客观上纵容了违规现象。如按照相关法规，安全生产事故发生后，应由安全生产监督管理部门牵头，联合劳动和社会保障、公安、司法、工会等部门调查处理。一次死亡3—9人的重大事故，由区域安全生产监察分局或煤炭安全监察分局牵头，联合上述相关部门调查处理，并报省级安全生产监督管理局或煤炭安全监察局批准；对于一次死亡10—29人的特大事故，由省级安全生产监督管理局或煤炭安全监察局牵头，联合上述部门调查处理，并报经国家安全生产监督管理总局或国家煤炭安全监察局批准；一次死亡30人或以上的特别重大事故，应由国务院或国务院授权的部门组织专门调查处理小组，负责事故的调查处理。由于工作中涉及的部门多、环节多、人员多，责任和权限划分不明确，部门之间难以协调，导致效率低下。另外，由于事故处理意见要报经地方政府批准或依靠地方政府执行，而地方政府的保护主义又常常会为违规者网开一面，因此许多事故调查处理意见或者在征求地方政府意见中要经过漫长的等待，无法对责任人进行有力的惩罚，或者在执行中能轻从轻、能免则免，使安全生产监督管理部门的惩罚和处理建议不能很好地落实而成为一纸空文，安全执法权威性受到损害，从另一方面形成了对违法违规者的纵容。

第四，不得不提的是，之所以出现职业伤害事故连年高发的局面，工伤保险制度没有发挥预防作用是重要原因之一。道理很简单，任何工伤事故和职业伤害之所以会发生是因为没有有效的预防,而工伤保险制度在事故预防中的责任不可推卸。关于工伤保险对工伤事故的预防,无论在1996年《试行办法》还是《工伤保险条例》中都没有明确规定。《试行办法》第一条规定:"为了保障劳动者在工作中遭受事故伤害和患职业病后获得医疗救治、经济补偿和职业康复的权利,分散工伤风险,促进工伤预防,根据《劳动法》,制定本办法。"第五条规定:"工伤保险要与事故预防、职业病防治相结合。"《工伤保险条例》第一条也指出:"为了保障因工作遭受事故伤害或者患职业病的职工获得医疗救治和经济补偿,促进工伤预防和职业康复,分散用人单位的工伤风险,制定本条例。"但如何实现工伤预防,并没有明确的规定。且不说上述规定已经将工伤预防置于从属地位,单从实际情况看,我国工伤保险制度在职业伤害预防中的作用也微乎其微。首先,雇主没有费率机制的经济激励,没有工伤预防的积极性。从根本上讲,无论多好的工伤保险制度设想,如果在企业中得不到落实,制度也只能停留在纸上。中国高职业风险的症结在于企业在劳动保护和事故预防中的不作为,要刺激企业在劳动保护和职业安全中的积极性,必须有经济杠杆的激励和约束。对雇主的经济激励,国外多数国家是通过工伤保险的费率机制来实现的。我国工伤保险费率不但费率档次少,而且不能随着企业实际风险变化情况而灵活浮动,对企业不能形成费率激励,难以实现工伤预防的促进作用。其次,工伤保险和安全生产脱节,使工伤保险并不能解决职业伤害预防中的实际问题,最突出的表现在于:工伤保险管理部门和安全生产管理部门在职业伤害事故预防中各自为政,工伤保险制度不能解决安全生产管理中的实际问题,安全生产管理也不能给工伤保险以有效的反馈信息从而促进制度完善。两者之间缺乏互动,工伤保险在工伤预防中功能的缺失降低了工作效率,是我国处于转型中的工伤保险制度的最大弊病。

5. 转型期职业风险的特征

由于特殊的经济背景、特定的社会环境和日趋多元的文化与思想观念,转型期我国职业风险既与计划经济下显著不同,又有不同于成熟市场经济的特征。

5.1 风险的扩张性与上升性

转型期中国职业风险的突出特征之一即是其扩张性和上升性,不仅表现为风险形式、受害者群体的扩张,更表现为危害后果的扩张。据统计,1979年,我国全国企业职工的死亡人数为13054人,千人死亡率为0.187;经过一段时间的缓慢下降;至1992年,全国企业千人死亡率降到0.1左右;而至1993年,这一数值又迅速上升至0.22左右;在市场经济建立起步期的1994年,全国企业职工死亡人数达20315人,千人死亡率为0.234;至2005年,全国工矿商贸企业死亡15396人,每10万人死亡人数为3.85人。从2001年至2004年,中国各类事故死亡人数,连续四年在13万人以上的高位徘徊,2005年,全国各类安全生产事故死亡人数亦高达126760人;即便在死亡人数较少的2008年,全国各类安全生产事故死亡人数也达91172人。[①] 这种显著的变化虽然与统计口径

---

① 数据来源:《中国安全生产年鉴》(1979—1999、2002)和国家安全生产监督管理总局《2005年全国安全生产各类伤亡事故情况表》、《中国安全生产年鉴》(2008)。

有关(1992年之前主要统计国有和较大的集体所有制企业,1992年之后的统计同时包括了乡镇企业、私营企业),但不可否认的是职业伤害在我国扩大的事实:平均每800个人中就有一个人因工致残或患职业病,进入21世纪以后,被确诊和疑似的尘肺病患会超过80万人。[①]据2005年卫生部公布的统计数据显示,我国职业病中70%是尘肺病,目前尘肺病患者已累计达60万例,其中17万例已经死亡;到2008年,仅尘肺病人已超过了62万人之多;与此同时,每年还有上万人的新增尘肺病例。目前我国接触职业危害的人数和职业病患者累计发病数均居世界首位,每年由于各种安全事故造成的经济损失达4000亿元以上。[②]虽然当前职业危害形势已经引起了广泛关注,但由于政策的滞后性,即便采取最严厉、最有效的措施,也不会达到立竿见影的效果。由于我国进入转型期后职业风险已经在全国范围内累积到了相当高的程度,因此,在今后若干年内,除突发性伤害事故外,中国将进入慢性职业病的高发期。职业风险自身的累积和上升又促使危害后果的转移与扩张,即从城市向农村的扩张、从富裕地区向贫困地区的转移与扩张。

5.2 风险的领域分散性与行业集中性

客观地讲,职业风险是普遍存在的,任何行业、任何工种、任何工作岗位都存在一定的职业危害因素,但职业风险又具有一定的

[①] 参见王显政主编:《工伤保险与事故预防研究及实践》,中国劳动社会保障出版社2004年版,第75页。

[②] 参见梁嘉琨:"我国生产安全应急救援体系研究",丁石孙主编:《城市灾害管理》,群言出版社2004年版,第173页。

行业集中性,转型期我国职业风险的显著特征之一即在于风险领域的分散性和风险因素的行业集中性并存。

在计划经济中,公有制经济占有绝对的统治地位,劳动安全卫生管理工作相对单一,指令性计划对劳动防护用品的配备、安全规章的建立和实施都具有高度的统一性与协调性。劳动安全一部分作为企业法定的义务得到贯彻,另一部分作为劳动者的福利来提供,大多数产业工人都能得到较全面的劳动保护。而脑力劳动者,由于劳动力资源配置的指令性,不存在岗位竞争和失业的风险,工作压力小得多,基本上不存在所谓过度疲劳现象。进入转型期后,我国的职业风险已突破了产业、行业和职业工种的限制,从传统社会中较单一的工业领域扩展到农业、服务业各领域。在计划经济条件下,工伤、职业病对大多数农业劳动者、脑力劳动者而言是非常遥远的事情,但进入转型期,这些领域的劳动者不再具有原来意义上的职业安全,转而成为职业危害的受害者,如农业机械事故、过度疲劳现象,都成为危害劳动者健康的职业伤害因素。尤其是农业劳动者,从传统农民向现代农民和农民工职业角色的转变,使他们由原来离工伤事故最遥远的群体转而成为我国转型期最主要的工伤事故受害者。

行业集中性是我国转型期职业风险的另一特征。如前文所述,建筑业、采矿业、加工制造业已成为我国职业风险最集中的行业,这一方面与行业本身的固有性质有关,同时也与我国转型期安全措施不到位、从业者素质偏低不无联系。行业本身固有的高风险除要求完善的劳动保护设施外,还要求从业者具有较高的劳动安全意识和技术操作水平,从而尽可能降低工伤事故发生的可能性。但从当前实际看,我国高风险行业的劳动者普遍安全意识不高、技术操作水平较低。目前全国建筑行业近 4000 万人的从业者中,通过职业技能鉴定并取得相应资格证书的仅有 353 万人,占 8.8%。在建筑业一线操作人员中,90% 是初中以下文化程度,技师不足 1%,高级技师不到 0.3%。在所有农民工中,接受过短期职业培训的占 20%,接受过初级职业技术培训或教育的占 3.4%,接受过中等职业技术教育的仅有 0.13%,没有接受过任何培训的却高达 76.4%,而恰恰是这些没有接受任何安全知识和技术培训的群体,占加工制造业从业者的 68% 和建筑业的 80% 以及采掘业劳动者的绝大多数,[①] 这就加剧了本已较高的行业风险,使职业伤害在上述行业更为集中。下图 4-7 是我国矿山企业历年伤亡统计,职业伤害在该行业的集中程度可见一斑。

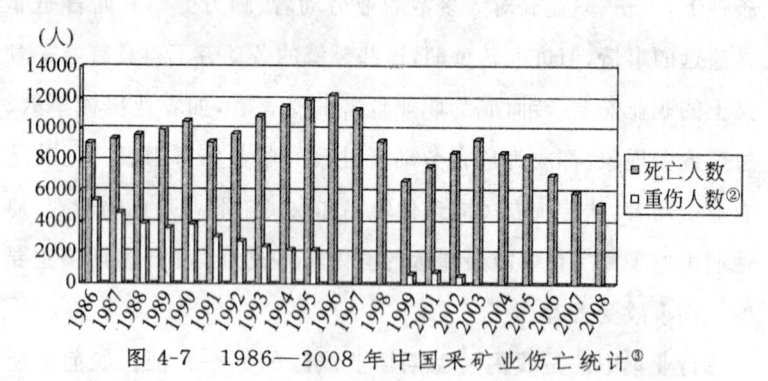

图 4-7　1986—2008 年中国采矿业伤亡统计[③]

---

① 参见国务院课题组:《中国农民工调研报告》,中国言实出版社 2006 年版,第 22 页和第 76 页。

② 重伤人数各年统计资料不完全,且部分年份重伤人数与实际职业风险程度相比明显偏低。

③ 数据来源:各年《安全生产年鉴》、国家安全生产监督管理总局《2004 年全国伤亡事故统计月报》、官方网站公布的《2005 年全国各类安全生产伤亡事故情况》。

5.3 防控的无序性

防控的无序性既是转型期我国职业风险严重的重要原因,也是其典型特征之一。首先表现为职业危害预防的无序性。有效的预防对减少职业伤害往往能起到事半功倍的效果,防患于未然是许多国家减少职业伤害的重要经验和措施。国外学者通过对职业病预防投入效果的分析,得出过 7:4:1 的结论,即职业病或职业性伤害事故的发生造成的经济损失假如为 7,那么,要达到伤害预防的目的所需要的安全投资则为 4,而如果企业能够将职业防护措施纳入到整体生产规划中,所需要的投入仅为 1。我国卫生部门做过的类似研究表明,预防投入与尘肺病损失的比例为 1:6。① 安全问题研究专家罗云曾指出,预防性投入与事后整改投入的产出比为 5:1 ②。由此,良好的事故预防措施可以实现事半功倍的效果。世界工伤保险制度完善的国家无不以事故预防作为工伤保险制度的核心。如堪称工伤保险制度成功典范的德国,预防优先一直是其宗旨,不但在同业公会设有专门的机构进行工伤预防培训,而且对工伤预防的投入逐年提高,甚至高过了工伤救助方面的支出(2004 年全德法定工伤保险的总支出为 125.29 亿欧元,而其中有 8.618 亿欧元用于工伤赔偿和急救,占 6.8%,用于工伤预防费用则达 7.1%),基本实现了"零工伤"。从转型期我国职业风险状况来看,工伤预防是失范的、无序的。虽然近年来我国也颁布了《职业病防治法》、《安全生产法》、《矿山安全法》以及《尘肺病防治条例》、《劳动保障监察条例》、《工伤保险条例》等一系列法律法规,但有些法规

---

① 参见孙树菡:"安全生产管理是人命关天的大事——浅析我国近期安全事故的原因及对策",《北京市计划劳动管理干部学院学报》2002 年第 1 期。

② 转引自黎石秋:"安全生产与经济发展",《上海企业》2004 年第 1 期。

操作性不强,实施效果并不乐观,从基本原则上为职业伤害防范的失控埋下了隐患。从制度落实层面来看,有法不依的现象极为普遍,许多企业并没有按照相关规定为劳动者配备基本的劳动保护用品,或者以不合格的劣等保护用品蒙混过关,达不到劳动保护的目的。如据劳动和社会保障部 2004 年的调查显示,在建筑业,用人单位提供劳动保护用品的只占 39%,时而发一些劳动保护用品的占 28%,从未发过劳动保护用品的占 24%。① 而由中国人民大学中国社会保障研究中心和香港城市大学 2005 年的联合调查发现,只有 60.6% 的被调查者单位为劳动者提供了必要的劳动保护用品。2008 年,在卫生部职业卫生监督检查活动中,仅 60.76% 的企业制定了职业病防治计划或方案,在接受检查的企业中,劳动者接受岗前、在岗期间、离岗时和应急职业健康检查的仅占受监护人数的 56.72%、56.66%、30.57% 和 48.57%。② 由于监管力量的薄弱,多数违规现象都不能得到及时的制止和惩处,某种程度上纵容了违反劳动安全法规的行为,更加剧了职业伤害预防的失范。

从某种意义上讲,当前中国的职业伤害处于一种失控的状态。由于转型期经济形式多样、用工形式多样,劳动领域分散而复杂,灵活就业者逐年增多,许多劳动者与用人单位既无劳动合同,又无固定的用工关系,劳动者在遭受职业伤害之后或者求助无门或者与雇主私了,加之部分雇主对职业伤害的恶意隐瞒,使职业伤害的实际情况更无从查证。因此,无论是劳动社会保障管理部门还是安全生产监督管理部门,抑或职业卫生管理部门,都很难确切地统计出当前我国到底有多少工伤人员、到底有多少职业病患者以及

---

① 参见国务院研究室课题组:《中国农民工调研报告》,中国言实出版社 2006 年版,第 203 页。

② 数据来源:《中国安全生产年鉴》(2008),煤炭工业出版社 2009 年版,第 475 页。

其伤害状况如何。可以说,我国当前转型期的职业伤害处于一种失控的状态,这种失控的存在和延续会使我们对当前形势估计不足,从客观上影响了对职业伤害的积极防范和克服。

6. 职业风险的发展趋势

转型期是指从转型开始到建立起完善全面的市场经济为止的这段时期,中国的转型是一个长期的过程,在这个过程中各种因素要通过分化组合、冲突碰撞与磨合最终达到协调。同时中国转型期职业风险的积累也是一个长期的过程。职业风险的高低不仅表现于伤亡人数的多寡,固定单位的伤亡率更能说明职业伤害程度的高低。下图4-8是1979—1998年和2000—2009年我国企业伤亡程度趋势图,从中可以看出职业风险的发展趋势。

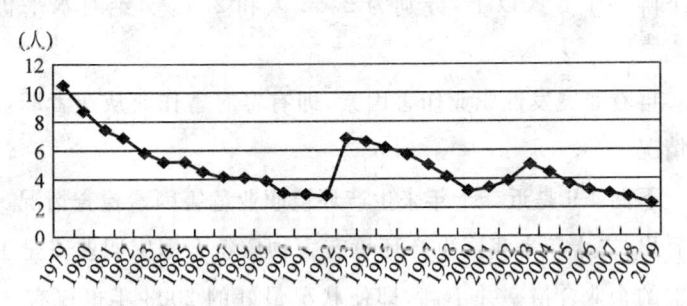

图 4-8 1979—2009 年全国工矿商贸企业职工
10 万人死亡率趋势[1][2]

---

[1] 1992年以前,企业职工伤亡统计范围是国营企业和县以上大集体企业,1993年开始,统计范围扩大至乡镇企业。图中比例的基数是第二产业与第三产业的从业人数,因为从业人员数比职工人数更能确切地反映实际参加劳动的人数。

[2] 数据来源:各年《中国安全生产年鉴》、《中国劳动统计年鉴》(2005)、《中国统计摘要》(2008)、《中华人民共和国2009年国民经济和社会发展统计公报》,1999年数据缺失。

从上图可以看出，我国职业伤害伤亡率从改革开放初期的较高水平至以后呈逐年下降趋势，但自1993年将乡镇企业纳入统计范围后，整体伤亡率大幅提高，这说明乡镇企业的职业伤害程度远远高于公有制大型企业，从而也印证了前面的分析。随着工作重心的转移，全国掀起了经济建设的狂潮，改革开放开始的几年是职业伤害的高峰期；从1993年即市场经济建立之初开始，属第二个职业伤害高峰；进入加速转型期后，虽然生产力和科技水平比20世纪90年代初高很多，但伤亡率并没有降低，反而升高，即使在连续两年下降之后的2005年，10万人死亡率仍然高于20世纪90年代初期。虽然10万人死亡率在经历了2003年的高峰之后呈逐年下降趋势，但每年10万人死亡率仍均保持在3人以上，直到2008年和2009年，全国工矿商贸企业职工10万人死亡率才下降到了3人以下，分别为2.82人和2.4人，绝对水平仍然很高。

再看非突发性职业伤害因素，即有毒有害作业从业者职业风险情况。

下图4-9是近二十年来生产环境职业危害因素检查情况。可以看出，二十年来我国生产环境有害物质符合国家职业安全卫生标准的企业合格率并不高，即便状况最好的2003年也仅有77%的受检企业达到了国家职业卫生标准。虽然比1980年的合格率提高了23个百分点之多，但与我国经济发展水平并不成正比。且由于我国职业安全卫生标准不完善，与国际标准尚有较大差距，当前我国劳动者的劳动环境安全状况并没有得到明显的改善，职业危害因素并没有减少。

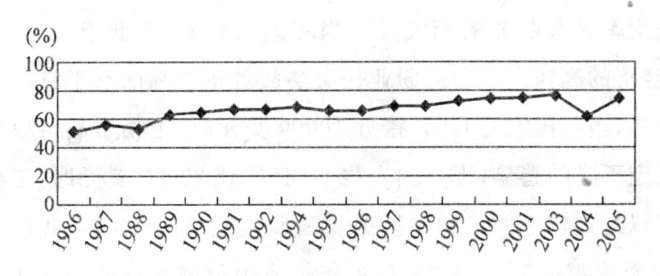

图 4-9 1986—2005 年生产环境有害物质达标情况①

从有毒有害作业从业者劳动防护和职业健康检查情况看,职业病发病或潜在职业病因素的严重程度,1986 年,全国乡镇企业和县以上企业中从事有毒有害作业 15529281 人,有 18.9% 的人进行了健康体检;时隔 10 年之后的 1996 年,全国接触有害作业 19336556 人,受体检率为 19.03%,职业病检出率 0.30%,接受体检的劳动者比例与 10 年前相比并没有明显的提高;到 2004 年,公有制经济中有害作业劳动者职业健康检查受检率为 49.78%,职业病检出率高达 0.66%,比 8 年前增加了一倍,而非公有经济中,有害作业劳动者健康检查受检率仅为 38.55%,职业病检出率却高达 0.77%。这说明,与 18 年前相比,我国有害作业职业防护并没有得到改善,职业病危害并不是减轻了,而是大大加重了。据 2003 年的检查结果显示,在接受检查的企业中,只有 21.4% 实行了职业病危害合同告知。可见,对于大多数从事有害作业的劳动者来说,他们或许并不清楚自己工作中面临的危害如何,也不清楚在付出自己体力的同时还付出了健康。

世界上一些国家的发展经验表明,经济发展程度与安全事故

---

① 数据来源:各年《安全生产年鉴》、《中国卫生年鉴》,其中 1993 年和 2002 年数据缺失。

的发生率具有明显的相关性。当一国人均 GDP 低于 5000 美元时,经济的高速发展会使职业伤害事故处于较高的水平且呈上升的趋势;当一国人均 GDP 接近 10000 美元时,工伤事故可以呈现出稳定下降的趋势;当一国人均 GDP 达到 20000 美元时,工伤事故可以得到较好的控制。根据我国发展现状,2003 年,我国人均 GDP 首次超过 1000 美元,且近年来我国经济一直处于高速发展的时期,按照其他国家的发展经验,高伤亡率还将伴随我国经济发展相当长的一段时期。另据国内安全生产研究专家刘铁民提出的橙色 GDP 理论,安全生产形势与同时期的经济增长速度密切相关:在经济高速增长的时期,伤亡水平相应升高,在经济增长放慢的年份,伤亡形势即出现好转。专家推测,我国经济还将持续高速增长 20 年,那么,根据橙色 GDP 的演变规律,在今后相当长的一段时期,中国仍将处于高职业风险期。虽然技术水平的提高、灾害事故防范能力的增强可以降低职业风险程度,但由于长期积累下来的不安全因素多,如历史安全欠账严重、价值观念不可能在短时间内扭转和提升等,加之任何制度和措施效果的发挥需要一定的时间,即使转型期结束、进入完善的市场经济时期,中国的职业风险也将会保持一定时期内的较高水平。

用"积重难返"来概括中国的职业风险形势或许并不为过。进入转型期,中国经济经过了近三十年的高速发展,职业风险也经过了近三十年的积累,无论从主观还是从客观方面来看,都不可能在短期内得到根本的好转,一些应急措施虽然可以短期内使形势得到一定的缓解,但在当前转型期制度的、观念的、社会的种种因素制约下,许多有效的政策或措施经过层层下达之后往往不能成为治本之策。在当前的中国,职业风险已经陷入了一个恶性循环的怪圈,越是社会地位低下、经济能力弱、只能从事风险性强的低端劳动的社会成员,在争取劳动保护权益时越处于被动的状态,从而面临更严峻的职业危险。同样的道理也适用于不同的地区,越是贫穷地区,在承担职业危害后果时越必须拿出更多的财力、物力和精力;同时,长期竭泽而渔的发展方式使资源受到破坏、环境恶化,发展后劲不足。职业伤害后果在不同群体和地域间的分担具有双重不公平性:越是直接参与了国民财富创造、对经济发展贡献大的劳动者,越成为职业伤害的受害者;越是满足经济发展基础需求(能源、资源、劳动力)的地区,为职业伤害的危害后果付出的也更多。因此,在强烈呼吁抵制境外职业风险转移的同时,也必须正视境内职业风险向弱势劳动者、欠发达地区的转移。

第五章 转型期工伤保险制度分析

1. 引　言

　　1951年《劳动保险条例》的颁布标志着包括工伤保险制度在内的劳动保障制度确立，从此中国进入了以制度化的安排解决职业风险的时期。同任何新事物一样，工伤保险制度在中国的发展也经历了曲折的过程。伴随着1969年财政部《关于国营企业财务工作中几项制度的改革意见（草案）》的颁布，由《劳动保险条例》规范的企业与社会的共同保障转变为企业保障制度，工伤保险作为现代社会应对职业风险、解决社会问题的社会政策，未能继续沿着社会化的方向发展，转而成为企业内部的事情。进入转型期以后，社会保障制度随着改革的深化和社会问题的凸显逐渐开始了其改革历程，1986年《国营企业实行劳动合同制暂行规定》的实施被视为中国社会保障制度改革的开始。但是工伤保险作为劳动者最迫切需要的保障，并未随着社会保障制度的全面改革而推进，直到1988年改革试点的实施，它才开始了真正的改革，进入了为实现制度转型而探索的时期。在国家经济社会转型期的大背景下，我国工伤保险制度也经历着自身的转型。经过了近十年的试点和探索，1996年《试行办法》的颁布，为城镇国有企业职工工伤保险提供了法制的依据，标志着工伤保险制度有计划有组织发展的开始。

2004年,在总结《试行办法》经验的基础上,中国历史上迄今为止立法层次最高的工伤保险专门法规——《工伤保险条例》正式实施,使工伤保险在经历了"文化大革命"的阵痛、制度转型中的失范以及改革中的探索之后,最终朝着成熟化和完善化的方向发展。

确切地说,转型期的中国工伤保险经历了单位保障、单位和社会共同保障阶段,如前文提到过的,即便是当前正在实施的工伤保险制度,也不能称为完全意义上的社会保障,而是一种单位和社会共保的形式。从《劳动保险条例》到《试行办法》、再从《试行办法》到《工伤保险条例》,工伤保险制度完成了其两次转型,但从改革力度和制度完整性上来说,第一次是较第二次更彻底的转型。《工伤保险条例》作为工伤保险历史上立法层次最高的法规,被人们寄予了太高的期望,但它实施的效果如何?制度是否是有效的?本章的重点是对当前制度的评价和分析。然而,任何制度都具有承前启后性,在立法理念、制度实施等各个方面,既不可能完全摆脱以往制度的影响和遗留,也不可能对其后的制度保持完全中立,因此,在对当前制度进行分析和评价时,不可能完全抛弃之前的制度而孤立地进行。

2. 工伤保险制度覆盖范围的有效性分析

2.1 工伤保险覆盖面概述

覆盖面是任何保险的第一要素。无论商业保险还是社会保险,之所以称其为保险,是因为它要利用大数法则的原理,在足够多的被保险对象中实现风险的聚集和分散。对覆盖面的分析可以看出一项保险制度能在多大范围内为社会成员提供保障,覆盖面的大小是检验制度有效性的第一项指标。

从某种意义上,在我国工伤保险制度改革和发展的过程中,制度的覆盖面经历了由大到小、再由小到大的过程。计划经济条件下,公有制经济一统天下,任何劳动者都有其赖以谋生的工作岗位(虽然效率很低),由于不存在失业,只要劳动者与某一单位确立了劳动关系,其生、老、病、死、残都能够从单位获得相应的保障。即使农村劳动者,在劳动过程中受到伤害时也能够从集体获得相应的保障。因此,虽然计划经济下的保障制度由于缺乏效率而曾备受诟病,但当时的工伤保险覆盖面甚至可以用100%来描述。进入转型期以后,随着劳动合同制的实行,劳动者的"铁饭碗"被打破,减员增效不仅在几年之内使大批企业劳动者成为下岗职工,而且机关事业单位的许多劳动者也被分流。劳动者离开了为自己提供全面风险保障的单位,要么成为失业人员,要么进入非公有制企业,要么加入灵活就业者行列。这时,仍以劳动保险形式表现的工伤保险制度的覆盖范围仅限于在岗劳动者或劳动合同制度实施前遭受了工伤或患职业病的工伤者。1988年开始的工伤保险试点并没有使制度的覆盖面扩大化。随着公有制经济统治地位的解体,大量的劳动者受雇于个体、私营、三资等非公有制企业,在旧的工伤保险制度被打破、新制度尚未建立的青黄不接时期,这部分劳动者基本上处于工伤无保障的境地(至今仍遗留的老工伤问题,当时的状况是主要原因之一)。1996年,《试行办法》颁布之后,工伤保险仍然局限在一定范围之内。如据《劳动统计年鉴》和《劳动和社会保障年鉴》的统计数据,1995年,全国参加工伤保险统筹的单位数为78657个,覆盖人数为26147640人,1996年全国参加工伤保险覆盖人数为 31026041 人,到 1997 年,全国参加工伤保险统筹的单位为 106772 个,覆盖人数 35077901 人,而同期全国城镇从业人员数分别为 19093 万人、19815 万人和 20207 万人,覆盖率分别只有 13.7%、15.7%和 17.36%,并且绝大多数被工伤保险制度覆盖的劳动者都是国有企业职工。《工伤保险条例》虽然原则上将所有企业和个体经济的雇工都纳入到工伤保险制度范围之内,基本上覆盖了城镇所有非机关事业单位的劳动者,至 2005 年年底工伤保险制度也已覆盖了 8478 万人,65 万人享受工伤保险待遇,但若与全国 41603 万城镇和乡镇企业从业人员相比,覆盖率显然并不高(约 20.38%);根据 2010 年 1 月 22 日上午人力资源和社会保障部的新闻发布会公布的数据,至 2009 年年底工伤保险参保人数 14861 万人,但与大约 30210 万人的城镇就业人员相比,覆盖面仍不及城镇就业人口总数的一半,更不用说惠及农业劳动者的问题。虽然《工伤保险条例》在立法上和理论上给了所有劳动者享受工伤保障的机会,但由于我国当前经济形式多样、用工关系不规范,实施起来自然有这样那样的困难。

2.2 工伤保险的行业分布

工伤保险,不但是为劳动者生存和健康权益提供基本的保护,而且也是为雇主提供的保护,通过为工伤或患职业病的劳动者提供经济资助,工伤保险不但免除了他们因工伤失去劳动收入陷入窘境的尴尬,而且使雇主从对劳动者的赔偿中解脱出来。因此,职业风险的存在是工伤保险存在的前提和基础,职业风险越高的劳动者对工伤保险的要求越迫切,在没有职业伤害的地方自然无工伤保险需求可言。由此推出,理论上职业风险集中的企业、行业应当对工伤保险需求最迫切,也是工伤保险最能充分发挥其功能的行业。但无论从《试行办法》还是《工伤保险条例》实施以来的效果看,实际情况似乎与这样的理论推定恰恰相反。《工伤保险条例》为将所有用工形式的企业、个体经济纳入工伤保险提供了名正言顺的法定理由,但即便在2005年的8478万工伤保险参保人员中,来自高风险行业(如建筑业、采矿业等)、劳动保护状况较差的私营企业和个体经济的参保人员却少之又少。如据农业部2005年的快速调查,全国范围内的农民工参保率仅为12.9%,而在建筑业中农民工所占行业从业人员的比率已达80%,制造业中占将近70%,既然农民工的参保率如此之低,那么这些行业的参保率自然也非常低。在采矿业中,尤其在数量众多、分布分散、安全设施严重缺乏的乡镇矿山中,上至管理人员,下至井下工人基本上全部来自农民工,甚至这一领域确切的从业人员数都无从知晓,更谈不上参加工伤保险。笔者曾赴重庆和辽宁等省市调研,结果发现,数量庞大的建筑业工人已成为当地工伤保险覆盖面扩大最头痛的问题。如据估计,重庆市建筑业工人近百万,但他们的参保率不足10%;数量庞大的个体工商户和小型私营企业的工伤保险是另一个需要解决的问题,而这些个体工商户和私营企业恰恰又是职业安全条件与职业风险防护措施最差、最薄弱的。再据人力资源社会保障部和国家统计局联合发布的《2008年度人力资源和社会保障事业发展统计公报》,2008年末全国农民工总量为22542万人,其中参加工伤保险的农民工人数为4942万人,不足22%(约21.9%),可见参保比例之低。但恰恰是这些没有被工伤保险覆盖的农民工,他们从事的却是风险最高的行业。

一方面由于用工形式不规范,没有劳动合同,使工伤保险管理部门难以把握；另一方面由于部分企业（如建筑企业为得到开工许可不得不按照《建筑法》的规定投保了商业保障形式）在投保了团体意外伤害保险的情况下不可能再为劳动者参加工伤保险。但调研中我们得知，许多企业即便投保意外伤害保险，也常常是隐瞒实际用工人数，工伤工人得到的赔偿根本不足以解决实际的保障问题。如笔者在辽宁的调研中发现，作为产煤大省，辽宁省除一部分国有煤矿的矿工参加了工伤保险之外，绝大多数乡镇煤矿的矿工没有参加工伤保险，甚至到底有多少劳动者受雇于乡镇煤矿都没有确切的统计，更不用说参加工伤保险了。因此，当前中国工伤保险的覆盖人群呈现出的特点是：越是高风险行业越没有全面的工伤保险覆盖；相反在风险相对较低的行业，参保率反而高于高风险行业。这里面既有企业的原因，也有工伤保险管理部门的选择原因，这一点可以在后文的制度评价中找到答案。

2.3 工伤保险的地区发展

地方统筹是处于转型时期中国工伤保险制度的典型特征，这一方面与整体工伤保险制度改革路径有关，即由点及面、循序渐进的改革方式，另一方面作为一项较年轻的制度，制度张力有限，不可能在短时间内形成全国完善统一的实施标准、实施方法。区域统筹的优点是：各地区可以根据本地实际情况进行灵活掌握和调整，尤其在《工伤保险条例》实施以后，几乎所有省市都在此基础上出台了地方性的规定，能统筹本地区各不同风险行业的资金余缺，较好地实现工伤保险与本地实际相结合。但是，区域统筹的弊端也显而易见，如地区分割、制度调剂性差、地区之间发展不平衡。我们仍以辽宁、广东、贵州三省为例进行分析。

表 5-1　1996—2007 年三省工伤保险覆盖人数统计[①]

(单位:万人)

年份省	1996	1997	1998	1999	2000	2001	2002	2003	2004	2005	2006	2007
辽宁	346.5	366.3	383.5	371.0	409.2	390.6	390.5	345.8	404.2	474.6	510	572.3
广东	735.1	760.4	767.3	798.3	960.7	990.1	1050	1120.0	1215.1	1605	1868.2	2113.9
贵州	1.5	2.6	1.9	1.9	1.7	1.7	1.3	1.3	1.2	65.8	90.5	110.5
全国	3102.6	3507.8	3781.3	3960.3	4350.3	4345.3	4405.6	4574.8	6845.2	8477.8	10268.5	12173.4

由表 5-1 中可以看出,这三省的工伤保险覆盖人数悬殊:广东省作为经济大省,工伤保险的发展一直处于较领先的地位;辽宁省作为老工业基地,工伤保险的发展基本可以用按部就班来形容;而贵州省,从 1996 年至 2004 年,该省的工伤保险基本上处于停滞状态,无论《试行办法》的实施还是《工伤保险条例》的出台,对该省的工伤保险覆盖面的扩大似乎没有任何推进性的影响,到 2004 年年底工伤保险参保人数仅为 12425 人,这与前文论及的贵州省职业风险逐年加重的趋势形成鲜明的对比。如在 2003 年和 2004 年,因工伤残者姑且不论,贵州全省死于工伤事故的企业职工分别为 1232 人和 1182 人,而享受工伤保险待遇的人数仅为 18 人和 29 人,即便在 2005 年,贵州省工伤保险享受待遇人数也仅为 700 人,该省劳动者的工伤风险无保障状况可想而知。随着时间的推移,贵州省工伤保险参保人数分别达到了 2006 年的 904700 和 2007 年的 1104735 人,待遇享受人数分别达到了 5511 和 9478 人,但与贵州省 300 多万城镇就业人口(2007 年,贵州省城镇就业人员 301 万人)和实际伤亡状况相比,无论覆盖面(不及 50%)还是待遇享

---

① 数据来源:《中国劳动和社会保障年鉴》(1998—2008)、《中国劳动统计年鉴》(2004)。

受人数都较低。衡量一项社会保险制度发展程度如何,最简单的也是首要的是看该项制度能为多大范围内的劳动者提供保障。如此窄的覆盖面,既不能为劳动者提供职业风险保障,又不能保证制度的稳定性,可以说贵州省的工伤保险制度根本是无效的。[①] 再看其他两省。2004 年,辽宁省国有、集体、私营、个体等所有城镇单位从业人员为 867.8 万人,工伤保险覆盖人数为 4042359 人,工伤保险覆盖率约为 46.6%;广东省 2004 年城镇单位从业人员 1371.4 万人,工伤保险覆盖率达到了 88.6%;到 2007 年,以城镇单位从业人员作为基数,辽宁省的工伤保险制度覆盖率达到了 62.37%,而广东省的工伤保险覆盖率几乎达到了 100%。[②] 从覆盖率上看,辽宁省作为老工业基地,在工伤保险制度的推广中存在一个重要瓶颈:风险较低的企业在参保中积极性不足,而许多企业效益欠佳、风险高、参保意愿强的老企业,工伤保险管理部门又以经济主体的成本效益分析方法观进行衡量,从而将它们拒之门外(这也是笔者在调研中发现的辽宁省工伤保险管理部门一直强调该省工伤保险覆盖面资源已近极限的原因)。广东省作为新兴的工业省,工伤保险制度对劳动者职业风险的保障是相对比较有效的,这在一定程度上代表了东部工业和经济发达的新兴工业地区的状况。辽宁、广东的工伤保险发展状况说明,一方面,在转型期,我国政府部门,尤其是地方政府在自身职责定位中存在偏差,对公

[①] 由于统计数据的时滞性,2005 年该省工伤保险覆盖人数尚未能在有关年鉴中反映出来。但根据贵州省劳动和社会保障厅官方网站公布的信息得知,2005 年该省工伤保险全面启动,至年底,全省有 65.76 万人参加了工伤保险,基金收入 5718 万元,支出 647 万元。即便如此,该省的工伤保险发展程度仍然远远低于其他省份。

[②] 数据来源:根据各年《中国统计年鉴》和《劳动社会保障年鉴》计算而得。

共管理者的身份缺乏正确的定位,在实施公共管理的职能中患得患失;另一方面,处于转轨中的工伤保险制度及其相关配套政策,在参保激励中缺乏能动性,不能运用自身的费率灵活性、工伤预防优势及违规惩罚等措施促进制度自身的发展,这都成为制约制度效率提高的障碍。当然,代表新兴工业区的广东省,其工伤保险制度的发展也恰恰说明了转轨中工伤保险制度的上升性。

从上面的分析可知,与我国转型期地区间经济、社会发展不平衡一样,各地工伤保险制度发展也极不平衡。越有经济活力的地区,无论雇主、雇员意愿还是政府的治理观念,对工伤保险的认同度越高,对制度的发展也具有较强的促进作用;而经济欠发达地区,工伤保险的发展也处于较落后的状态。从制度发展的完善性来看,在经济发达从而工伤保险制度也较发达的地区,工伤保险的预防和康复功能的发挥正逐渐提到日程(如广东省已在全国率先建立起设备较完善、服务较规范的工伤康复中心);而经济欠发达从而工伤保险制度落后的地区,连基本的覆盖面都难以保证,更不用说工伤预防、赔偿和康复的互动。

2.4 各类经济主体的参保状况

从经济形式看,个体经济、私营经济由于用工形式不规范和雇主追求利润的动机,其劳动保护和职业安全状况成为各种经济形式中最差的领域,且其用工形式的灵活性和用工方式的多样性,加大了劳动监察和安全生产管理部门的管理难度,客观上增加了劳动者的职业风险。工伤保险作为促进工伤预防、实施工伤赔偿、实现工伤康复的重要制度,对于实现用工方式的规范化、劳动保护的正规化尤为重要。但从当前工伤保险实施情况来看,越是劳动合同规范的国有、集体企业,参保率普遍越高;越是用工形式不规范、劳动安全设施差的个体、私营企业,参保率普遍不高。据《劳动和社会保障年鉴》的统计,2000年全国工伤保险参保人数43502744人,其中来自国有和集体企业的劳动者33812118人,占77.7%;来自个体、私营、股份制及外资企业的劳动者6952623人,仅占16%,这与非公有制企业创造了我国74.8%的非农就业岗位的现实形成了强烈的反差。近几年,虽然分经济主体性质的参保状况没有具体的统计数据,但就工伤保险的实施情况看,个体、私营等非公有制企业仍然是工伤保险扩大覆盖面的难点所在。根据中国人民大学中国社会保障研究中心和香港城市大学进行的农民工社会保护调查分析,在公有制企业中就业的农民工,43.8%的人参加了工伤保险,而在股份制企业、私营企业和个体企业中就业的农民工,参加工伤保险的比例分别仅为37%、20.3%和11.6%,后两者的参保比例大大低于公有制企业中的农民工参保比例。另据笔者在重庆、辽宁等地的调研也充分印证了这一点。如重庆市,工伤保险参保情况按在职职工计,300万在职职工中有136万人参加了工伤保险,覆盖率达45%;但若按企业数计,覆盖率只有19.2%,这一方面说明个体工商户和私营企业数量多,也说明来自这些企业的劳动者被排除在工伤保险制度之外。但恰恰这些个体和私营企业就是职业安全条件与职业防护措施最差、最薄弱的环节,也是最需要工伤保障的领域。

3. 工伤保险基金充足性与稳定性分析

基金的充足性和稳定性是任何一项保险制度健康运行的基本保证和首要条件。工伤保险基金的充足性在于满足当前工伤赔偿支付的需要,其稳定性强调的则是基金长期的充足性。只有实现了长期的充足性才能保证其稳定性。按照《工伤保险条例》规定,工伤保险基金由用人单位缴纳的工伤保险费、工伤保险基金利息和依法纳入工伤保险基金的其他资金构成。从当前实际情况看,工伤保险缴费构成了工伤保险基金的最主要部分,由于工伤康复发展的滞后性和工伤预防的脱节,工伤保险基金的支出亦主要集中在赔偿方面。劳动和社会保障部等联合发出的《关于工伤保险费率问题的通知》规定,各省、自治区、直辖市工伤保险费平均缴费率原则上要控制在职工工资总额的1.0%左右。在当前我国职业伤害相当严重的情况下,总体上1.0%的费率能否实现工伤保险基金的长期充足和稳定是一个值得思考的问题。下面从历年工伤保险基金收支状况和工伤保险制度保障范围的有效性来分析我国工伤保险基金的充足性与稳定性。

表 5-2 1994—2008 年工伤保险基金收支、结余对比表① (单位:万元)

项目年份	基金收入		基金支出		累计结余		享受待遇数（万人）	
	绝对数	增长比(%)	绝对数	增长比(%)	绝对数	增长比(%)	人数	增长比(%)
1994	45547	90.4	9424	127.4	67688	118.1	5.8	
1995	80861	77.5	19028	92.4	126792	87.3	7.1	21
1996	108917	34.7	36997	104.1	197492	55.8	10.1	43.6
1997	135472	24.6	60716	64.5	276460	40.1	12.5	23.3
1998	212142	55.9	90448	48.6	398371	42.9	15.3	22.9
1999	208781	−1.3	154164	70.5	449216	13.6	15.1	−1.9
2000	247778	18.7	137973	−10.5	578542	28.8	18.8	25

① 数据来源:《劳动和社会保障年鉴》(1998—2005)、《中国劳动统计年鉴》(1999)以及各年《劳动和社会保障事业发展统计公报》。

(续表)

项目 年份	基金收入		基金支出		累计结余		享受待遇数 (万人)	
	绝对数	增长比 (%)	绝对数	增长比 (%)	绝对数	增长比 (%)	人数	增长比 (%)
2001	282839	14.2	164929	19.5	688926	19.1	18.7	-0.6
2002	320315	13.2	198919	20.6	810812	17.7	26.5	41.7
2003	375889	17.3	271318	36.4	912186	12.5	32.9	11.3
2004	582900	55.1	332853	22.7	1185828	30.0	51.9	75.9
2005	930000	58.7	480000	42.7	1640000	38.3	65	25.2
2006	1220000	31.7	685000	44.2	1930000	17.7	78	20.0
2007	1660000	36.1	880000	28.5	2620000	35.8	96	23.1
2008	2170000	30.9	1270000	44.4	3350000	27.9	118	22.9

由表5-2中可以看出,经过从《试行办法》到《工伤保险条例》的进一步改革和规范,我国工伤保险基金规模迅速扩大,从1994年至2008年的十多年间,工伤保险基金收入从不到4.6亿元增长到2005年的93亿元和2008年的217亿元,工伤保险基金累计结余规模从不到6.8亿元增长到335亿元,年均增长速度分别达31.78%和32.14%,而计算可知,工伤保险基金支出的增长速度年均达41.94%。因此理论上,在现有费率水平、职业伤害水平和赔付水平不变的情况下,以1994年为基数,经计算可知,在21.2年之后,我国工伤保险基金收支将达到年度平衡,即当年的工伤保险基金收入不会再有结余。之后,将出现年度收不抵支的情形,需要结余的基金进行赤字弥补;以1994年为基数,按照当前工伤保险基金收入平均增长速度和基金支出平均增长速度,计算可知,到第24年,即2018年,全国工伤保险基金累计结余将成为负值,届时,我国工伤保险基金将出现整体收不抵支的情形,如下图5-1所示,工伤保险基金在经济收入大于支出、收入等于支出之后,逐渐

出现收不抵支的情形,且基金支出的增长速度将大大高于基金收入的增长速度。

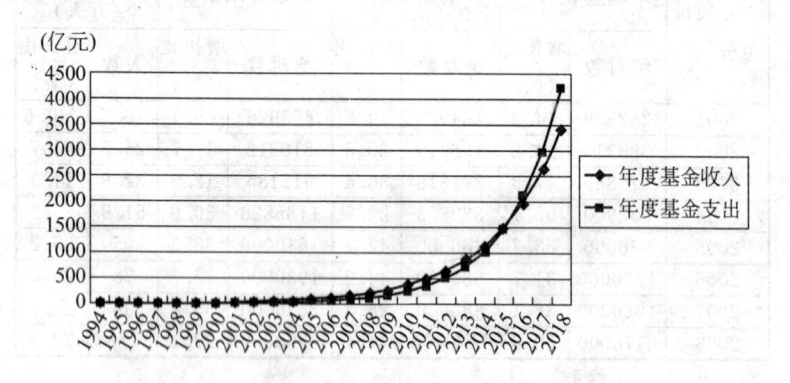

图 5-1 工伤保险基金年度变动模拟曲线

近十几年来,中国工伤保险基金之所以出现高伤亡、低费率条件下的巨额结余,主要原因在于:第一,当前对工伤保险需求最紧迫的高风险行业劳动者仍被排除在制度之外,客观上减少了工伤保险基金的实际支付;第二,相对于经济发展和消费水平而言,工伤保险待遇水平偏低,这一点将在后文的"保障水平分析"中作出论证;第三点,也是最重要的一点,当前的所有职业伤害受害者并没有实现应保尽保,许多突发性工伤事故的受害者并不能从制度中得到赔偿,同时由于职业病本身的特征(如潜伏期长等),数量庞大的职业病患者和潜在职业病患者还没有形成对工伤保险基金的现实威胁,2009年屡屡出现的诸如"开胸验肺事件"、深圳市农民工职业病群发事件等都已验证了这一点,也从某种意义上预示了工伤保险基金支付高峰的到来;第四,由于工伤保险制度的不完善性,目前基金支出仍主要用于工伤赔偿,工伤预防和康复并没有构成工伤保险基金的主要支出项目。虽然人力资源和社会保障部已分别于2007年4月3日和2008年3月11日发出了《关于印发加强工伤康复试点工作指导意见的通知》《关于印发〈工伤康复诊疗规范(试行)〉和〈工伤康复服务项目(试行)〉的通知》,工伤康复试点开始,但并未形成主要的资金支付去向。因此,可以想见,虽然至2008年年底,我国工伤保险基金已有335亿元的累计结余,但如按照前述工伤保险基金收入和支出增长速度,在总体费率1%不变的情况下,随着支付水平随物价指数的调整、高风险职业纳入制度保障范围之内以及工伤康复和预防支出的增加,如果不对工伤保险费率作全面科学的调整,在未来若干年内,我国工伤保险的健康发展将受到严峻的挑战。

虽然遵循"以支定收、收支平衡"原则,但如果工伤保险基金出现较大赤字,要在短时间内实现费率的大幅上调,不可避免地会遭到企业和职工的双重抵制(由于短期内不能明显提高劳动力市场的有效性,雇主对保险费率向雇员的显性或隐性转嫁都有可能导致劳动者对制度的抵制),使制度扩展受阻。当然,随着安全生产状况的好转,职业伤害水平会有所下降,对工伤保险基金的压力会有所减缓。但如前文所述,由于长期积累的结果和当前劳动保护不足导致的潜在职业病群体的存在,即便安全生产状况得到一定程度的好转,也未必能从根本上解决工伤保险基金的支付压力。届时,中国的工伤保险制度支付压力和制度稳定性将出现一个临界点,在这个临界点之前,制度支付压力呈逐年增大的趋势;度过临界点之后,才是制度真正实现良性、健康发展的开始:职业安全和劳动保护制度得到根本的完善,工伤保险费率机制进一步健全,工伤预防、赔偿和康复真正实现三位一体的良性互动,工伤保险基金在收支平衡的原则下实现长期的稳定。

4. 工伤保险制度效率分析

工伤保险制度效率主要包括实现预期保障效果和制度运行成本的节约两个方面。

4.1 保障水平分析

对工伤保险保障水平的分析,这里分别以工伤保险待遇中一级伤残、五级伤残和死亡待遇为例,随机取一中间年份,以 2005 年为例。为了方便分析,我们假设:(1)工伤保险待遇享受者所在地的职工平均收入水平和消费水平与全国平均水平一致;(2)其本人工资与当地职工平均工资一致;(3)工伤保险受保障者所在地的恩格尔系数为全国平均水平。根据《工伤保险条例》,遭受职业伤害后,工伤者可享受到的待遇如下表:

表 5-3 工伤保险待遇水平表(一)

伤残等级 待遇	死亡	一级	五级
丧葬费	6 个月职工平均工资		
护理费		职工月均工资的 50%	
一次性残/死津贴	48—60 个月职工平均工资	24 个月本人工资	16 个月本人工资
月津贴		90% 的本人工资	70% 的本人工资
遗属津贴	配偶:40% 的本人工资 其他:30% 的本人工资		

统计数据表明,2005 年我国城镇职工年均收入为 18405 元,从而职工月平均收入为 1566.75 元,据此,死亡、一级伤残和五级伤残的劳动者获得的工伤保险待遇实际数额经计算分别如下:

表 5-4　工伤保险待遇水平表(二)　　　　（单位:元）

伤残等级 待遇	死亡	一级	五级
丧葬费	9400.5		
护理费		783.4	
一次性残/死津贴	78337.5	37602	25068
月津贴		1410.1	1096.7
遗属津贴	配偶:626.7		
	其他:470		

注:对于工伤死亡者的一次性死亡津贴,以50个月的社会平均工资计。

根据《中国统计摘要》(2006),2005年我国城镇居民家庭年人均消费性支出为7942.9元,月人均消费支出为661.9元,恩格尔系数为36.7%。从表5-4可以看出,工伤保险对工伤死亡劳动者遗属的保障,除去相对较高的一次性死亡津贴外,工伤死亡职工遗属从工伤保险中获得的津贴实际上根本不足以保证其达到平均消费水平,如果按照社会平均消费水平的恩格尔系数(食物消费为242.92元)进行消费,工伤职工遗属的恩格尔系数则实际达到了44.3%,这其中还暗含着将所有津贴全部用于消费的假设;如果按照社会平均消费水平标准,将一次性死亡津贴分摊到工伤死亡职工遗属的消费支出中,在其只有两个扶养人(配偶和一个子女)的情况下,如果消费支出不变,一次性津贴和月津贴总共可以保证其28.75年的社会平均消费水平的支出。但实际上,这种结果是不可能的,因为自2000年以来,我国城镇年人均消费支出的年均增长率达到了8.45%。并且,这28.75年的保障水平即使能够实现,对于年纪较轻的工伤者遗属来说,保障程度也是远远不够的。加之当前工伤保险待遇并不能随着经济发展、物价水平的提高而进行完善科学的指数化调整,使固定标准的待遇水平对被保障者将来生活的保障程度大打折扣。

从一级、五级伤残者的保障水平看,劳动者伤残之后的收入水平似乎是相对较高的。但不可忽视的一点是,由于职业伤害的行业集中性,大多数遭受职业伤害的人都集中在低收入、低技术含量的劳动领域(如矿工、建筑工),他们中绝大多数的实际工资收入都远远低于社会平均水平,与现实情况相比,表中所列伤残者的工伤伤残津贴和工亡遗属津贴被大大地高估了。因此,无论工伤死亡还是工伤致残的工伤保险待遇,他们的实际保障水平都是偏低的。另外,当前工伤保险待遇的设定还存在一个严重的缺憾,即任何类型的一次性补助(如一次性工亡补助金、一次性就业补助金或一次性医疗补助金等)都没有将工伤劳动者的年龄因素考虑在内,这造成了即使同一标准的待遇水平对于不同年龄的工伤者而言,其实际保障水平也有差异。如一位50岁的劳动者和一位30岁的劳动者同时因工死亡,即便在收入水平的地区社会平均工资一样的情况下,他们的遗属获得的赔付数额可能相同,但这些数额相同的待遇对这两种情况的保障水平是大相径庭的。根据两者亲属生存余命的巨大差异,后者所获得的实际保障水平会远远低于前者。对于伤残职工而言,其自身能够获得的一次性伤残津贴也存在同样的问题。

另外,对于五级、六级和七至十级的工伤者来说,虽然《工伤条例》规定企业应当安排适当的工作而不得随意解除劳动合同,但限于中国劳动力市场的供需现实,劳动者遭受职业伤害后,能够重新进入正规工作岗位的可能性微乎其微。表面上看来,他们仍然拥有部分劳动能力,但在严峻的就业形势下,这些能力根本得不到发挥,从而不得不被动地"丧失",工伤保险待遇基本上成为他们遭受职业伤害后唯一的收入来源。因此,当前以工伤劳动者的剩余劳动能力和劳动收入为假设的部分伤残津贴,对于保障他们的实际生活水平来讲显然也是偏低的。

虽然我们随机选取了 2005 年作为分析年份,但由于现行中国工伤保险待遇并没有科学的指数化调节机制,当前的状况并没有多少改观,工伤保险待遇水平仍然不能为伤残者及其家属提供充分的保障。

4.2 保障效果分析

前文已述,转型期中国的工伤保险制度经历了一个从有到无、再从无到有的过程,制度功能的发挥也经历了一个从强到弱、再从弱逐步走向正轨的过程。对工伤保险保障效果好坏的评价,不但包括对保障水平高低的衡量,而且还要看是否对应当接受工伤保障的受害群体实现了应保尽保。动态地和纵向地看,工伤保险受保障范围的逐年扩大是一个不争的事实,下图 5-2 是近几年我国享受工伤保险和职业病待遇人数的增长情况。

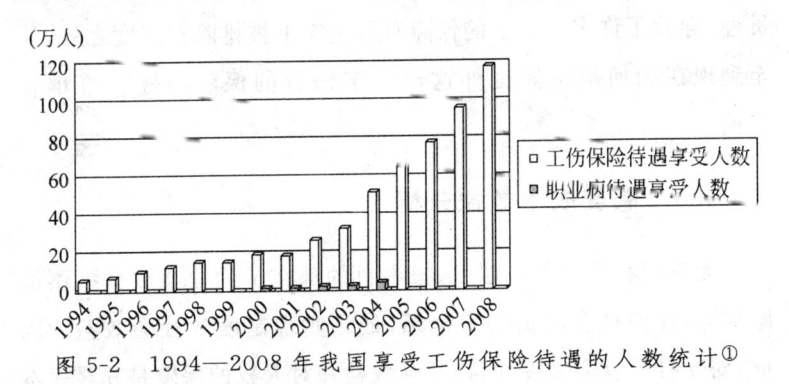

图 5-2 1994—2008 年我国享受工伤保险待遇的人数统计[1]

---

[1] 数据来源:《中国劳动和社会保障年鉴》(1998—2005)、各年《劳动保障事业发展统计公报》。

从静态的和横向的角度看,我国工伤保险所保障的群体与当前需要保障的全部群体、享受保障待遇的群体与遭受伤害和应当享受保障的群体相比相差甚远。根据《工伤保险条例》,所有企业职工都属于工伤保险的保障对象,都应当受到工伤保险的保障,但当前情况远未至此,这一点前文中已有论述,在此不再着墨。单从享受工伤保险待遇的群体与实际遭受职业伤害的人群规模相对比,保障效果值得考量。据安全生产监督管理部门的统计,除去因工伤死亡者,我国每年因工伤致残的劳动者达70万人以上,职业病患者已累计超过60万人。到2004年年底,除全国有51.9万人享受工伤保险待遇之外,享受职业病待遇的人数仅为40613人,到2008年年底,享受工伤保险待遇的人数与整个职业病患者规模相比有天壤之别。

制度覆盖面的大小,反映了工伤保险制度能为多少人提供风险保障;待遇享受人数的多寡,反映了制度实际为多少人提供了保障。转型期中工伤保险制度一定程度上的前后脱节和政策的不连贯性,导致了许多理论上的保障对象现实中被排除在制度之外,甚至到现在如何解决制度外这部分工伤者的保障问题一直难有定论。

4.3 制度成本效益分析

无论何种社会保险制度,根本目的都在于为社会成员提供风险保障,保障社会成员的安全感,最终实现制度的社会效益。因此,对于社会保险制度而言,社会效益和对人权的保障是其最根本的出发点与落脚点。对工伤保险制度的效益分析,目的是利用经济学的方法对制度效果进行评价。

利用经济学的方法对工伤保险制度进行成本效益分析,可以以汉德公式为借鉴。汉德公式最初起源于对民事侵权赔偿的案例分析,由美国法官利尔德·汉德提出。汉德公式为 $B<P\times L$,其中 L 是事故发生的成本,P 是事故发生的可能性,即概率,$P\times L$ 即表示事故的预期经济成本,如果事故被避免的话,$P\times L$ 就是避免事故的预期收益。B 表示预防事故的成本。汉德公式有两层含义:如果预防成本 $B<P\times L$ 预防收益,则预防是有效的,如果行为人不采取预防措施造成他人损失,则应被判定为侵权行为,承担过错责任和损害赔偿;如果侵权事件双方中任何一方采取措施都可以避免损失,并且预防成本都小于预防收益,那么由预防成本相对较少、受益较大(或等同)的一方付出预防成本,否则应承担侵权责任。汉德公式说明,事故的预防和发生对社会而言都需要成本的付出,如果能以较低的成本付出避免较高的成本付出,则这种付出是有效率的,否则是无效率的,简言之,即两害相权应取其轻。

汉德公式主要从事故预防与事故损失成本的角度对民事侵权案例的成本效益进行了分析,从而归结出了民事赔偿的归责原则。根据汉德公式,行为人会在预防损失和承担损害后果之间进行选择,理性的经济人为实现自身效益的最大化会选择较小的行为成本。汉德公式对工伤保险制度提供的借鉴在于:可以通过提高雇主对雇员的工伤赔偿标准,激励其进行有效的工伤预防。这是对工伤保险(确切说是工伤赔偿)制度微观层面的成本效益分析。当然,汉德公式也有其局限性,最大的局限性在于:它发挥作用的前提是过错主义归责原则,当工伤保险制度过渡到当代社会的无过错原则后,它对雇主工伤预防的激励已经很难发挥作用。另外由于汉德公式源于一般的民事赔偿案件,其基于经济学的分析也只是存在于个体的微观层面。而现代工伤保险制度作为一项社会性的制度安排,不但包含了工伤预防、赔偿、康复在内的庞大系统,牵一发而动全身,而且其制度目标已经远远超越了微观经济个体效率的提高,着眼于全体社会效益、效率和效用的改善。

利用经济学的方法对工伤保险制度的成本效益进行分析,首先应当遵循经济学稀缺性的基本假设,从而要求人们在各种资源和组合中进行选择,实现经济资源效益和效用的最大化。同时,以经济学方法对工伤保险制度进行成本效益分析还有一个前提,即理性经济人假设。在工伤保险制度中,由于涉及政府、企业和劳动者个人三方当事人,分析此中暗含了政府的经济人假设。但现实社会中,由于政府管理社会的天然职能和社会公共利益代表的角色,决定了它不可能总是以理性经济人的身份出现,也即政府参与工伤保险制度的目标并不完全为了经济利益,而是为了实现劳动者权益保障、社会稳定的社会效益。因此笔者认为,从宏观上对工伤保险制度进行成本效益的分析会更符合对制度整体效率的评价。

假设工伤保险制度的总成本用 C 表示,则 $C=f(a,p,c_1,r)$,即工伤保险制度成本 C 为制度管理和运行成本支出 a、预防成本支出 p、赔偿成本支出 c_1 和康复成本支出 r 的函数;假设工伤保险制度收益为 P,则 $P=f(e,c_2,l,s)$,①e 表示直接的经济收益,指由于工伤预防工作而减少的事故损失,即损失的减少实际上形成了社

---

① 函数变量表示字母取自英文单词 administration(管理)、prevention(预防)、compensation(赔偿)和 rehabilitation(康复)、effects(效益)、consumme(消费)、labour(劳动)、society(社会)。

会的收益，l 表示由于工伤预防、康复的实施，维持了劳动力再生产从而对经济发展的推动，c_2 代表工伤职工在获得工伤赔偿的条件下因能保持一定的消费水平而对经济作出的贡献，s 表示工伤保险制度对稳定社会、保障社会公平、维护劳动者权益等取得的社会效益。另外，我们还可以发现，实际上，e 是 p 的函数，即 $e=f(p)$，意指工伤预防支出及其效果决定了减少事故损失而获得收益大小；同时 c_2 又是 c_1 的函数，即 $c_2=f(c_1)$，意指赔偿水平的高低决定了工伤者的消费水平及其对推动经济发展的贡献。那么根据成本收益的关系，当 P＞C 时，则工伤保险制度是有效率的；当 P＜C 时，工伤保险制度收益小于成本，是无效率的。

但是，在工伤保险制度收益 $P=f(e, c_2, l, s)$ 中，e、c_2、l 是有形的，可以通过经济技术的测量进行量化，而 s 作为工伤保险制度的社会效益，是工伤保险制度对社会稳定、社会公平的作用和为劳动者带来的安全感，一般是无法通过经济计量技术来精确量化的。根据理性经济人假设，在工伤保险制度推行过程中，公共选择的力量以及政府的理性行为会使他们对制度成本效益进行比较和分析，以确定制度的存续及其发展方向。然而，现代工伤保险制度经历了上百年的发展之后，已经成为大多数国家最重要的社会保险项目之一，这足以说明社会效益和社会意义已经成为该制度最基本的着眼点，对这两者的追求已经远远超过了对可以量化的经济效益的追求。这也应当成为中国工伤保险制度发展的方向和衡量标准，即抛却传统的单纯以经济指标或简单的量化标准来衡量制度的成败，将目光投向更广义的社会安全、劳动者权益方面。

5. 转型期工伤保险制度评价

中国转型期的工伤保险依托经济、社会的宏观环境的转型,实现了其自身从企业保障到企业和社会共同保障的转型。历史地看,我国工伤保险制度无论是立法层次还是制度建设的规范性和完善性都实现了历史性的突破,走到了它前所未有的高度,无论从制度构建还是理念的更新都取得了空前的进步。但从目前情况看,转型的完成程度仅意味着旧有保障方式的终结和新制度正规化与正常化的开始,在与原有的思维模式和路径选择惯性作斗争的同时,它还需要克服诸多的弊端。

5.1 企业和工伤保险管理部门的双重逆选择

与养老、医疗等社会保险项目不同,工伤保险与商业保险具有较多的相似性,即工伤保险的赔偿是以事故的发生为前提条件的,工伤事故作为意外事故(自残或人为故意等特殊情况除外),具有更强的偶然性,更符合概率统计规律和大数法则;与养老、医疗保险相比,工伤保险有更强的射幸性,为逆选择提供了更大的空间。从企业方面来看,由于企业主的侥幸心理,安全生产状况好、职业风险低的企业为了节约劳动力成本,往往不参加或抵制参加工伤保险。企业主和雇员之间的信息不对称以及就业压力使雇员在监督雇主投保方面力不从心,加之当前我国对工伤事故和逃避参保的处罚力度偏低,缺乏对雇主的威慑力,使这类企业参保意愿低,甚至干脆不参保。与此相对照,许多风险高、安全生产状况差的企业,由于保险费率机制缺乏足够的弹性,对这些高风险企业并没有明显的费率附加,为了从对劳动者的赔偿中解脱出来,它们往往成为工伤保险参保最踊跃的主体,这就从两个方面形成了企业参保中的逆选择,即高风险企业参保率较高,低风险企业参保率较低。从管理部门来看,部门利益使它们对参保企业存在着逆选择,即工伤保险管理者总是希望安全状况好的企业参加到制度当中来,而将风险高的企业排除在外,这是与企业行为正好相反的逆选择。产生工伤保险管理部门逆选择的原因主要在于政府部门利益的驱使,使其没有正确认识公共管理者的角色,而更多地从所谓"政绩"、"管理便利"的角度对参保企业进行选择。在笔者做过的调研中,就曾遇到高风险的煤矿企业要求参加工伤保险却被拒绝的情况,也曾经遇到过工伤保险主管领导为笔者算工伤保险的"经济账"——要实现数额多大的资金结余、要将风险发生率降到较低规定的指标,等等。虽然高风险企业存在参保意愿强的逆选择倾向,但在各种逆选择力量的较量中,作为行政主体的政府部门的力量优势是不言而喻的。政府和企业的双重逆选择使工伤保险的发展受到阻碍,也使当前制度发展中的弊端成为必然:越是高风险企业越被排除在制度之外,越是职业风险高的劳动者越得不到稳定的保障。但现实中,越是高风险行业的企业,实施工伤赔偿的概率越大,他们更愿意将自己的赔偿责任转嫁出去分担自己的风险,因此,当前工伤保险扩展过程中许多高风险企业的劳动者被排除在外,并不是仅仅由于企业参保意愿不高,而是管理部门和企业之间的双重逆选择将这些高风险企业挡在了工伤保险制度大门之外。

工伤保险中的逆选择造成的直接后果是增加了制度推进难度,致使在许多省市连最基本的扩大覆盖面工作都举步维艰。而工伤保险推进的不畅和制度功能发挥欠佳还导致了另外一个间接后果,即加剧了安全生产、职业安全和工伤保险的脱节。面对严峻的安全生产形势,高风险企业缺乏必要的工伤保险保障,安全生产监督管理部门不得不采取其他的措施实施这些高风险企业的工伤保障和事故预防,如与商业保险公司合作,推进雇主责任险、意外伤害保险等。这虽然在一定程度上缓解了高风险行业无保障的燃眉之急,但却进一步加剧了工伤保险与安全管理的脱节和工伤保险制度统一的步伐。另外,雇主责任保险和意外伤害保险作为商业保险形式,是完全的市场行为,政府部门的直接参与不仅不利于它们的健康发展,而且会不可避免地导致权力寻租的产生。

5.2 制度刚性不足

从转型期以来的工伤保险制度看,无论是转型初期的企业保障,还是《试行办法》酝酿过程中的各地试点以及《工伤保险条例》的颁布实施,"强制不足、弹性有余、各地在政策实施中任意性大",成为制度整合成本增高的重要因素。

由于我国工伤保险制度的转型滞后于经济社会的转型,进入社会转型期之初,工伤保险企业负责的做法并没有改变;计划经济条件下形成的完整的工伤保障制度随着改革进程的深入而逐渐走向解体,在此过程中又缺乏统一的纲领性法规,各地工伤保险制度千差万别,甚至在同一地区不同企业中工伤保险的做法也不一致。劳动合同制实行之后,经过近十年的试点,《试行办法》的实施标志着工伤社会保险制度在我国初具雏形。但由于《试行办法》作为部门行政规章缺乏配套的法规,在制度强制性方面明显先天不足。《工伤保险条例》的颁布作为中国工伤保险发展史上具有里程碑意义的事件,与《试行办法》相比,从表面上看立法层次提高了、规范性更强了,但就制度刚性来看,并不能够满足现实对工伤保险制度刚性的需要。

进入转型期以来,工伤保险制度刚性不足的最突出表现在于缺乏强有力的强制性措施,这也是产生刚性不足的最深刻根源。在计划经济条件下的企业保障时期,由于对企业经营者缺乏足够的经济激励,企业经营状况的好坏与他们自身经济利益没有直接的联系,实施工伤保障而增加的企业成本不会直接损害经营者的利益,经营成本的节约也不会导致经营者收入的提高,因而在工伤保险与经营者利益没有直接联系的情况下,对制度强制性的要求不高。进入转型期后,经济利益的分化使工伤保障成本成为影响经营者经济成本的直接因素,在企业社会责任缺失的情况下,制度的实施则需要完全的强制性。

一项制度首先体现在它的规范性和强制性上,它要求受事对象必须遵循游戏规则。制度的强制性首先体现于对违反者强有力的惩罚。由于我国法制化建设整体起步晚,立法指导思想落后,工伤保险制度缺乏配套的法规,惩罚力度不够,使制度弹性有余、刚性不足。如《工伤保险条例》第六十条规定:"用人单位依照本条例规定应当参加工伤保险而未参加的,由劳动保障行政部门责令改正;未参加工伤保险期间用人单位职工发生工伤的,由该用人单位按照本条例规定的工伤保险待遇项目和标准支付费用。"这说明,对拒不参加工伤保险的企业来说,基本没有任何惩罚措施,违规成本过低,显然缺乏威慑力。再如第五十四条指出:"单位或者个人违反本条例第十二条规定挪用工伤保险基金,构成犯罪的,依法追究刑事责任;尚不构成犯罪的,依法给予行政处分或者纪律处分。"

而相关的法律中并没有对挪用工伤保险基金给予具体准确的法律定性,只能在现实中参照其他情况执行,这就给实践中的灵活操作以太大的空间。又如,对于劳动安全卫生和工伤保险的执法问题,虽然《安全生产法》《劳动保障监察条例》《工伤保险条例》以及《职业病防治法》等相关法规都规定,国家有关职能部门应当在工伤保障和职业安全中做好协调与配合,但由于法规中并没有指出如何实现部门的配合,没有明确指出在什么情况下由哪些部门牵头、哪些部门配合,致使实践中部门之间协作不畅,甚至为了各自利益保护而相互掣肘,成为破坏制度完整性和规范性的重要因素,制度的权威性大打折扣。虽然,一个国家的立法不可能完全摆脱其传统文化和思想渊源的影响,"中正"、"仁和"作为儒家文化的核心思想也或多或少地体现于中国的法制体系之中,但如果这一思想被贯彻于对违规者的惩处和强制化的制度实施中,则不利于制度的规范化。因此,刚性不足、弹性有余既是我国转型期工伤保险制度的缺陷,更是制度混乱、资源整合难度大的原因。

5.3 地区之间缺乏互济性

在转型期中,我国社会保险制度最突出的特点之一在于地方统筹,工伤保险也不例外。地区统筹的优势是可以充分结合当地实际,采取相对灵活的费率、待遇标准和管理方式,可以实现风险在区域内不同行业的分散和分担,但弊端也显而易见。在计划经济条件下,劳动者保障作为一个企业内部的事情,虽能够为劳动者提供较全面的保障,但却使风险过分地集中于作为风险保障责任主体的企业。因此,在计划经济的企业保障制下,对劳动者个人来说,包括生老病死残在内的所有社会风险都得到了较好的转移和保障；而对于企业则相反，在为职工提供"从摇篮到坟墓"一切保障的过程中，使劳动者的风险过分地集中于企业自身，从而并没有在根本上达到分散风险的目的。而社会保险不同，与企业保险相比，它的基本优势之一是可以实现风险在全社会范围内的分散和聚合。因此，良好的社会保险制度不但是劳动者的安全网，也是企业分散风险、实现安全经营的安全网。但从目前我国转型期的实际情况看，地方统筹和区域分割的保险方式对风险的分散能力十分有限，所以保障能力也有限（四川省汶川大地震导致的大批工伤者的出现以及由此造成的四川省各统筹区工伤保险基金告急就是很好的例证）。

　　地域之间缺乏互济和调节是转型期中国工伤保险制度的弊端之一。转型时期的特殊性和地区发展的不平衡使行业分布体现出一定的地域特征，如在新兴经济地区，多以电子科技等新兴工业行业为主；在传统老工业地区，仍是重工业的主要生产基地；而西部一些欠发展地区又成为主要的能源供应基地。行业分布的地域性使职业伤害的分布也呈现一定的地域性，这使得不同的地区对工伤保险制度的保障能力、发展水平要求不同。在新兴工业区，多数企业较为年轻，虽然职业伤害总体形势比较严峻，但企业整体缴费能力强，制度运行和基金压力都比较小；在另外一些地区，尤其是重工业基地和能源供应基地，工伤事故多且历史包袱沉重，工伤保险1%的缴费率并不能够满足支付的需要。另一方面，在新兴工业区，其经济、社会发展已经达到了较高的水平，逐渐向和谐、理性的发展方式转变，对工伤事故的预防和职业安全的重视程度逐渐提高，基本上度过了大规模群死群伤事故的多发期；而在一些老工业基地和能源生产供应集中的省市，发展尚处于初期阶段，许多老企业由于活力不足而在工伤预防方面力不从心,行业本身具有的风险性又难以杜绝严重伤害事故的发生,加之发展观念陈旧、安全生产力量弱,使当地工伤保险制度的压力明显大于新兴工业区。同时,我国工伤保险地区统筹层次低,使其在职业风险分散方面明显能力不足。如笔者在辽宁省的调研中发现,仅辽宁一省就有14个工伤保险统筹区,在一些统筹区工伤保险基金出现了较多的盈余,而在另外的统筹区则已经出现了工伤保险基金赤字,甚至有的地区部分行业的保险费率已经达到6%,远远超过了工伤保险费率总体1%的原则水平,使社会保障缴费负担本已较重的企业对工伤保险也望而却步。进而互济性低所导致的部分地区缴费率偏高产生了一种效应:在某种意义上,其他社会保险项目的高缴费率使企业主对本已发展滞后的工伤保险更加抵制,形成了工伤保险被挤出企业保障计划之外的结果。

从工伤保险发达国家的发展状况看,许多国家实行行业统筹的制度。行业统筹的最大缺点是不能使高风险行业的职业风险在所有产业部门分散,从而导致职业风险在本行业内的集中,不利于不同行业间的互济和协调。而这一点却正是地区统筹的优势所在,即可以使职业风险在所有行业中分散和平衡。工伤保险转型期和发展初期实行的地区统筹方式,与我国整个社会保障体系的改革发展情况相关,但由于当前统筹层次低,职业风险分散范围有限,这就使这一优势大打折扣。地区之间缺乏互济性,使保障效果和制度稳定性都受到损害。随着人力资源和社会保障部"2010年底前全国范围内基本实现工伤保险市级统筹"部署的展开,我们期望这一弊端能够得到缓解。

5.4 制度内部脱节导致工伤保险制度效率低

计划经济体制下，企业作为工伤保障责任的承担者，集工伤预防、工伤赔偿和工伤康复的功能于一身，能够相对集中地利用现有的资源，有计划地开展预防和康复工作。企业所有者和经营者权利的统一（都是国家或集体），使企业在实施职业安全、工伤赔偿和工伤康复中相对慷慨，不存在尽可能节约成本、提高利润的动机。从工伤保险和职业安全管理的角度看，计划经济条件下，劳动部是劳动保障最主要的管理部门，负责劳动安全和劳动保护的主要管理工作；全国总工会作为劳动者的联合组织，从保护劳动者利益的目标出发，在劳动保障中承担一定的管理职责；卫生部则作为劳动卫生的管理部门，主要负责职业卫生的实施和职业病的防治。在这种相对集中的管理体制下，比较容易实现部门之间的协调和配合，能够较好地集中利用现有资源实现制度管理效率，从而能够较好地实现工伤保险制度内部不同环节，即工伤预防、赔偿和康复的配合，提高了整个制度效率。因此，从某种意义上讲，计划经济体制下的工伤保险（劳动保险）制度在保障劳动者职业健康和劳动安全权益方面是比当前的工伤保险更有效的方式。

进入转型期，由经济体制改革推动的政治体制改革虽然使我国的政治管理体制在公共管理、市场经济适应能力等方面有所提高，但从职业安全和工伤保障管理的角度看，管理权限的过分分散反而不能实现改革的目标。随着改革的推进，从1998年政治体制与机构改革形成的劳动和社会保障部负责工伤保险管理、国家经济贸易委员会负责安全生产管理、卫生部负责职业病防治、国家质量技术监督局负责特种设备的安全管理和监测的管理体制，到

2001年国家安全生产管理局正式成立,并于2004年升格成为国家安全生产监督管理总局,迄今已形成了国家安全生产管理部门负责安全生产管理与事故预防、人力资源和社会保障部负责劳动监察与工伤保险管理、卫生部负责职业卫生监察与职业病防治以及由中华全国总工会监督及其他部门相协调的集安全生产管理、工伤和职业病防治、赔偿及事故处理等环节在内的职业安全和工伤保障管理体系。制度经济学理论认为,推动制度演化的因素不仅有对生产要素配置和流动的被动反应,而且有为了更好地调动生产要素而对制度进行的主动调整。多部门分工和协调的管理体制一方面说明随着社会经济转型的深入,加强职业安全管理的迫切性;另一方面也说明我国政府对安全生产和劳动者职业安全管理重视程度的提高。

工伤保险制度作为集工伤预防、赔偿和康复于一体的有机整体,各环节之间相互制约:工伤预防实施效果的好坏不但直接影响职业安全形势的改善,而且直接影响工伤赔偿支出,从而对整个工伤保险制度的稳定性产生影响;反过来,工伤赔偿支出的减少可以使更多的财力物力用于事故预防,进一步改善安全生产;工伤康复作为工伤劳动者重新融入社会的手段,在整个工伤保险制度中的作用乃至对劳动力资源再生产的作用也不言自明。在当前职业安全和工伤保险管理中,实现多部门管理的高效率有一个前提,即部门之间必须有良好的沟通和协作渠道,其合作必须是有效的。但是,公共管理中政府失灵的存在又常常使这种协作不能实现。尤其在转型期,虽然我国政治体制改革已经取得了一定成效,决策的民主化、科学化进程进一步加快,机构改革也使部门职能向着专业化、职能化迈进,但由于各部门之间的分工不甚明确,相互之间的配合缺乏强有力的约束机制,这就使制度管理效率在制衡和磨合中大大降低。如在工伤和职业病预防中,劳动保障部门、安全生产监督管理部门以及卫生部门合作的脱节不但不能实现工伤预防的预期目标,而且造成大量的重复工作和资源浪费;由于管理的脱节造成的工伤制度内部环节的脱节,使整个制度支离破碎,长期良性发展的难度增大。因此,虽然部门分工和制度制衡可以在一定程度上避免部门权力的过分膨胀,但制度的制衡同时也是导致效率损失的罪魁祸首。在我国转型期的职业安全和工伤保险管理中,工伤预防、工伤赔偿和工伤康复分属不同的部门管理而导致的合作失效以及权力过分分散所导致的效率低下,已经严重影响到工伤保险制度的发展,也成为制度资源有效整合、效率提高的主要障碍。

6. 结 论

经济体制改革使中国进入了由计划经济向市场经济的转型时期,劳动保障制度的解体使工伤保险制度由传统的企业保障转向了企业和社会共同保障时期,风险的社会化使保障的社会化成为一种必然。因此肯定地说,与完全的企业保障制度相比,社会保障形式无疑具有前者不可比拟的优势,中国工伤保险制度改革的成就是巨大的。

计划经济下的企业保障由于完全的企业负责制,不可避免地受到企业经济能力、管理者决策等诸多因素的影响,具有较多的任意性。由于不同企业的经营状况千差万别,不同劳动者工伤待遇差距极大,难以保证公平。与企业保障相比,工伤社会保险制度的风险保障能力、保险的技术水平和技术手段以及制度实施的规范性大大提高。因此，由计划经济条件的企业保障迈向社会化的保障形式是中国工伤保险制度不可逆转的发展趋势，也是制度的巨大进步。但是，如前所述，我国社会保障制度的改革从整体上滞后于经济体制改革，而在社会保障改革初期，特定的历史阶段造成的特定社会问题又使失业、养老等险种成为政府、社会关注的主要目标，工伤保险的制度改革和功能改善并没有受到足够的重视，也使工伤保险制度的改革进程滞后于整个社会保障制度的发展，从而更滞后于经济社会的改革和发展进程。虽然经过了《试行办法》到《工伤保险条例》的探索，相关法律相继颁布，但可操作性差仍是其不可克服的顽疾；覆盖面不足、保障效果欠佳、地区发展不平衡缺乏互济性、多头管理导致的效率损失、风险防控能力差造成的对保障效果的抵消、费率和待遇水平的厘定缺乏科学性、严重的路径依赖导致的社会化程度不高等，仍然是中国转型期工伤保险制度不可忽视的弊端，而制度内部功能的脱节更是其需要长期努力克服的致命缺陷。

第六章 转型期特殊群体的工伤保障

1. 引 言

本部分所称特殊群体,主要包括老工伤者、灵活就业者和农民工。理论上,这部分劳动者应当覆盖在工伤社会保险制度范围之内,但由于转型期社会条件的复杂性以及转型中工伤保险制度的不完整性,这部分劳动者的工伤保障问题或者还没有定论,或者还没有解决。本章主要讨论如何实现上述三个群体的工伤保障。

工伤保险作为劳动者职业风险保障制度,应当为所有遭受职业伤害的劳动者提供保障。从工伤保险发达国家的制度发展历程来看,工伤保险的最终发展目标也是实现所有劳动者的覆盖。由于中国工伤保险制度转轨过程中目标路径不清晰,没有建立起明确的工伤保障责任分担机制,制度本身存在的不足与新旧制度之间衔接不够,使许多在新制度建立之前遭受工伤的老工伤者无法得到应有的保障。经济体制的转型使大批拥有铁饭碗而毫无后顾之忧的劳动者一夜之间被抛入社会竞争的洪流之中,他们不得不面临二次创业、就业的压力,成为所谓的灵活就业者。这部分劳动者既没有一般意义上的雇主,也没有正规的劳动合同,就业方式灵活、从事的行业灵活,许多人没有固定的雇主和劳动关系,曾一直被排除在社会保障制度之外。农民工作为经济体制改革以来影响最广、受关注程度最高的群体,城乡分割和"农民工"身份的二重性使他们在享受社会保障待遇中备受尴尬。虽然农民工社会保障逐渐成为各地社会保障政策的一部分,但职业的高风险性使他们成为比任何其他劳动者更迫切需要工伤保障的群体。因此,作为转型期出现的特殊群体,老工伤者、灵活就业人员、农民工不但缺乏制度性的保障,而且后两者规模的壮大带来的对制度的冲击和社会影响日益明显,其工伤保险问题无论从社会公平,还是从制度建设以及社会和谐方面看,都应当得到妥善和圆满的解决。

从本质上讲,老工伤者的保障问题与灵活就业者、农民工的工伤保障问题有所不同,前者作为曾经为社会经济发展付出健康、作出贡献的群体,面临的是如何实现对他们的赔偿和康复、将工伤保障待遇落实的问题。而后两者作为转型期新出现的群体,是正在参与国家经济建设的现实劳动者,其工伤保障面临更多的问题,首先要解决采取何种方式、如何将这两个群体纳入制度范围之内的问题,之后才是要解决如何实现工伤预防、赔偿以及伤残者康复的问题。

2. 老工伤者的保障问题

2.1 老工伤问题的产生

老工伤者的保障问题一直是困扰我国新的工伤保险制度的难题之一。计划经济体制下,企业是劳动者工伤保障的主要责任者,负责工伤职工一切伤残待遇和津贴的发放。进入转型期后,经济体制的转轨使许多企业或分立或合并或解体而不复存在,新的企业如果不继续承担这部分工伤者的待遇保障责任,就不可避免地使他们陷入有工伤无保障的境地;由于部分职业病较长的潜伏期,许多职业病患者在退出劳动领域后才发病,由于已经没有参加新的工伤保险制度统筹或原来的单位已经不存在,这部分职业病患者同样处于患病无保障的境地。这两部分人构成了我国老工伤人员的主要群体。据劳动和社会保障部的粗略估计,由于没有明确的待遇支付来源,全国大约有130多万老工伤者的保障成为工伤保险制度中悬而未决的问题。因此,转型期相关法规和制度建设的缺失,使计划经济条件下的企业保障并没有随着我国经济社会的转型和工伤保险制度的转轨实现与新制度的顺利对接,这是在我国转型期的特殊背景下处于转型过程中的工伤保险制度面临的特殊问题。

随着经济体制转型的加速,我国进入社会分化组合的快车道,许多人一夜之间被甩到生活的边缘。于是,"改革是要付出代价的,改革必然使一部分人的利益受损"成为耳熟能详的话,如果说这可以作为安慰下岗失业工人的"金律良言",但却不能被当做推脱对老工伤者保障责任的借口,因为前者作为有劳动能力的健全人,仍然可以通过劳动获取维持基本生活的经济来源,而老工伤者大多已经失去劳动能力,也丧失了重新进入社会竞争的机会,失去健全的体魄已经是他们为国家经济建设付出的最沉重、最惨痛的代价,如果再让这部分人由于改革、转型和制度的断层而处于无保障的境地,既不公平,更不人道。

由于缺乏明确的基金支付来源,老工伤人员的保障待遇成为许多统筹省市面临的难题。《工伤保险条例》实施后,有些省份根据自身的具体情况采取了一定的措施来解决这一问题,如上海市

2005年4月1日发出了《关于本市老工伤人员工伤保险待遇转由工伤保险基金支付的通知》，规定在《上海市工伤保险实施办法》实施前由原用人单位发放工伤保险待遇的老工伤人员，转由工伤保险基金支付，但对于那些没有享受原单位提供的工伤保险待遇又不能从新制度中获得保障的老工伤者的待遇来源却没有给予规定。直到2009年4月10日，人力资源和社会保障部发出了《关于做好老工伤人员纳入工伤保险统筹管理工作的通知》，才正式决定将工伤保险制度改革前遗留的老工伤人员的工伤保障问题纳入现行工伤保险制度管理。上海市从2009年7月1日起，将作为上海历史遗留问题的老工伤人员保障纳入上海社会保险资金统筹范围，由工伤保险基金支付其待遇；其他省市的部分统筹区，如山东省潍坊市也将已参加工伤保险社会统筹企业的老工伤人员纳入现行工伤保险制度统筹管理。对于将老工伤人员纳入统筹管理，虽然《关于做好老工伤人员纳入工伤保险统筹管理工作的通知》要求各地对解决这一问题的资金需求进行认真评估和测算，采取工伤保险基金、用人单位和政府"三方抬"的多渠道落实筹措，但由于没有规定在何种情况下采取何种措施，也没有给各个责任方提供刚性的选择方案，使实施中弹性较大，缺乏明确固定的资金来源，绝大多数统筹区对这一问题解决方式各不相同。

2.2 问题的解决

老问题的解决需要新思路。如前所述，老工伤者问题的产生主要源于转型期新旧制度之间的断裂所致。中国工伤保险在旧制度向新制度转型过程中，既存在着严重的路径依赖，同时又对旧制度的遗留问题缺乏充分的考虑，使新旧制度缺乏必要的衔接和过渡。从现实看，老工伤者包括两个群体：一是在新制度实施前从原单位领取工伤保险（或职业病）待遇，而现在仍然由原单位承担工伤保障责任的人；二是遭受工伤（或患职业病）后一直没有享受到工伤保险待遇，或工伤保障待遇以前由原单位发放，但经过转型期的过渡，原单位已发生变化而使其伤残待遇没有任何着落的人。在工伤保险制度进入转型期之后，这两个群体面临的问题有着实质的不同：对于前者而言，其工伤保险待遇虽然较当前待遇偏低，但并不存在生存保障危机，因此，这部分人工伤保险的主要问题主要集中在如何实现待遇水平随经济发展和物价上涨而调节上；对于后者而言，则面临着基本的生活危机，是要解决他们的基本生存保障问题。本部分对老工伤者保障问题的探讨是针对后一部分人的保障而言的。

其实，对于老工伤者的保障问题，《工伤保险条例》中有一些涉及。《工伤保险条例》第六十四条指出："本条例施行前已受到事故伤害或者患职业病的职工尚未完成工伤认定的，按照本条例的规定执行。"那么，这可否作为解决老工伤者问题的依据呢？解决老工伤者问题的途径究竟如何理顺呢？笔者认为，对当前毫无保障的老工伤者，应当从政府责任的视角寻求问题的解决之道。

首先，解决老工伤者保障问题有其理论必要性。工伤保险最基本的原则之一是因工伤残与非因工伤残区别对待的原则，即由于工伤是劳动者在工作过程中或从事与工作有关的活动中遭受的伤害，伤害致因的特殊性决定了工伤待遇应当高于非因工伤残待遇。这说明，工伤保险作为劳动者首当其冲的第一道保障防线，具有与其他保障待遇相比较下的优先权。劳动者在工作中付出了他们健康的体魄，这是他们为社会和经济发展付出的除体力和智力之外的代价,应当得到社会的保障和认可,这也是最基本的人权、人道和社会正义的体现。从社会保障制度本身来说,解决老工伤者的保障问题,保证他们能够与正常社会成员一样分享社会和经济发展成果,是实现结果公平的基本体现。因此,公平性作为社会保障制度最基本、最本质的特征,应当而且必须成为解决老工伤者问题的基本原则。在计划经济体制下,包括工伤保险在内的劳动保障是与当时的经济、政治、社会环境相适应的保障制度。进入转型期后,劳动保障制度随着经济体制改革的推进分崩离析,原来一部分由企业负责的工伤职工由于企业的分化合并而陷入无保障的境地。由于计划经济下高积累低消费的发展战略已经过多地"掠夺"了劳动者的消费基金,老工伤者作为新旧体制、新旧制度转轨中的遗留问题,如果再让这部分丧失劳动能力的人独自承担制度转型成本,不现实也更不合理。而政府作为社会公共资源的管理者、社会转型的主导者及转轨政策的制定和实施者,理应参与到这种转制成本的分担中来。因此,由政府作为责任者的角色,解决工伤保险制度转轨遗留问题是必需的,不仅是对工伤保险财政支持的表现,而且是其应当担当的政策和法规实施的最强有力的后盾。

其次,老工伤者作为历史遗留问题,应当以历史的方法给予解决,将老工伤者保障问题纳入政府责任,具有法律和现实的必要性与可行性。

前文提到,此处讨论的老工伤者是指遭受工伤后一直没有享受到工伤保险待遇,或工伤保障待遇曾由原单位发放,但经过转型期的过渡,原单位已发生变化而使其伤残待遇已经没有任何着落的人。在现实问题的解决中,我们可以将这部分人分为两类:一类是原单位尚且存在的工伤者,这部分人的保障问题应当以法律的强制力作为他们获得保障待遇的后盾。根据《劳动保险条例》和《关于国营企业财务工作中几项制度的改革意见(草案)》,企业在劳动者保障中负有直接的主要责任,虽然后者已经被废除,但《劳动保险条例》作为新中国建立初期颁布的有关劳动保障的纲领性的文件,至今仍然部分有效。而老工伤者作为为企业积累和发展作出了贡献的劳动者,不应当因为改革和社会保险的建立而丧失他们应有的保障权益。

对于原来企业已经不存在的劳动者,政府应当承担起其保障责任。我国《宪法》第四十五条明确规定:"中华人民共和国公民在年老、疾病或者丧失劳动能力的情况下,有从国家和社会获得物质帮助的权利。国家发展为公民享受这些权利所需要的社会保险、社会救济和医疗卫生事业。"对社会保障中的公民权利以根本大法的形式给予规定,突出强调了国家在社会保障中的责任。《劳动法》第三条规定,劳动者有享受社会保险的权利;第七十三条指出,劳动者在因工伤残或者患职业病时,应依法享受社会保险待遇。因此,任何法律都没有否认任何时期的工伤劳动者的保障权。根据社会契约理论,任何社会的发展都是一个自然平等—不平等—更高级的契约平等的过程,任何契约的订立都必须以人民主权和公共意志为基础。参照我国工伤保险制度的发展历程,可以作如下分析:新中国建立初期建立起来的劳动保障制度,对于任何一个城镇企业劳动者有自然的平等权,他们具有平等享受劳动保障待遇的权利;进入转型期后,特定的社会和经济变革使这些劳动者的地位由平等转为不平等,一部分劳动者在改革中利益受到损害,成为弱势群体,包括遭受职业伤害的劳动者。虽然计划经济条件下,劳动者与企业及其所有者国家并没有成文的劳动合同,但双方的契约关系是事实存在着的,在经过转型期的失范和调整之后,在新的条件下应当重新将其梳理。按照马克思六个扣除理论,社会财富中应当有应付劳动者职业伤害的留存。由于在计划经济高积累低消费的发展战略中,本应该作为劳动者风险保障基金的那部分社会财富的"扣除",被国家以积累基金的形式用于扩大再生产,因此,作为国有财富的所有者和支配者,国家理应承担起对老工伤者的保障责任。这不仅仅关系到政策的延续性和长期性,更重要的是关系到政府的信誉、信用以及社会成员对政府的信任和信心。

从现实情况看,解决老工伤者的待遇保障问题,最重要的是财力的支持。根据历史和现实情况,可以考虑通过两个渠道进行筹资。

第一,从国家财政承担能力看,政府完全有能力承担一部分老工伤者的待遇支付责任。经过计划经济时期的高积累低消费,经过近三十年的高速发展,我国经济水平和国家财力早已不可与改革开放初期同日而语,据财政部公布的消息,至 2009 年年底,全国财政收入粗略估算达 6.8 万亿元,按照劳动者社会平均收入水平,即便承担一部分老工伤者的待遇支付责任,也几乎不会造成任何的财政压力。因此,与备受关注的"突击花钱"相比,老工伤者保障是更需要迫切解决的问题。尤其在进入了关注民生、和谐社会时代之后,国家财政应当预算并划拨专有资金,解决老工伤者保障问题。

第二,老工伤者作为为经济发展作出过贡献的群体,在国民财富的积累中有他们的份额。任何社会成员都有共享社会发展成果的权利,老工伤者也不例外,社会不应当因为他们的伤残或弱势而弃之不理。因此,第二个可以考虑的筹资渠道是可以利用国有企业上缴给国家利润的一部分,作为国家财政中解决老工伤者保障基金的补充。由上述两种筹资渠道共同承担起老工伤者的保障待遇,无论从理论角度,还是从现实出发,都具有可实现性。

第三,解决老工伤者保障问题已经具有制度和技术上的保证。经过了试点、改革的工伤保险制度虽然还存在这样或那样的问题,但整体上看,已经度过了转型期的混乱而逐步转向了正轨,制度建设转向规范化。一系列关于工伤申报、鉴定、赔偿、康复等规定已经颁布实施,如《工伤认定办法》、《工伤保险经办业务管理规程》、《职工工伤与职业病致残程度鉴定标准》等,都为重新理顺老工伤者的待遇赔偿问题提供了法律和程序上的依据。虽然按照他们受伤时的经济水平核定的工伤保险待遇已经远远低于当前的待遇水平,但根据保障弱势群体平等分享社会经济发展成果的原则,将其待遇标准按照当前的相关规定重新核定是合理可行的。无论从法律的角度,还是从人道主义出发,无论从社会公平,还是从和谐社会的构建,在解决悬而未决的老工伤者保障问题中,政府都应当而且必须承担起应有的责任。按照相关规定,对未鉴定伤残等级的老工伤者进行伤残鉴定,同已经进行伤残等级鉴定的工伤者一样,按照相应的级别给予待遇支付。这是完善工伤保险制度的重要方面,也是保障社会成员生存权益的正义举措。

3. 灵活就业者的工伤保障

3.1 灵活就业者工伤保障的难点

灵活就业作为我国经济体制改革的产物,已经成为当前扩大就业的重要渠道。所谓灵活就业,是指在劳动时间、收入报酬、工作场地、保险福利、劳动关系等方面不同于建立在工业化和现代化工厂制度基础上的传统主流就业方式的其他就业形式。当前我国灵活就业的领域主要包括临时工、季节工、承包工、劳务工、小时工、派遣工、非全日制就业人员、阶段性就业人员、产品直销员、保险推销员、家政服务员等。灵活就业的特点是就业门槛低,对技术、技能和资金的要求较低,但其行业和门类庞杂、选择的空间和余地较大、灵活性强。从用工形式看,我国灵活就业者主要可以分为三部分:一是自营劳动者,包括自我雇佣者(自谋职业)和以个人身份从事职业活动的自由职业者等;二是家庭雇工,这部分是帮助家庭成员从事生产经营活动的人员;三是其他灵活就业人员,主要包括非全日工、季节工、劳务承包工、劳务派遣工、家庭小时工等劳动者。从经济能力和就业自主性的高低看,我国灵活就业者群体还可以分为两类:一类是自主灵活就业者,这部分灵活就业者多为一般所言的自由职业者或自雇者,多具有一技之长或相对雄厚的资金资本,其经济收入也较高,但这部分人在我国的灵活就业者中占的比例较少;另一类是文化素质较低、劳动技能较差的劳动者,这部分人主要包括企业下岗职工、农村进城务工者,加入灵活就业行列是他们迫不得已的选择。此类灵活就业者的收入一般较低、自我保障能力差,但构成了我国灵活就业者的主体。由于历史因素,对灵活就业者社会保障的关注曾一度集中于失业保险、养老保险,这主要由于灵活就业者中的许多人来自于国有企业改革过程中产生的大批失业和下岗工人,解决其就业安置和基本的生活保障成为当时最迫切的问题。随着下岗与失业的并轨及下岗工人最低生活保障制度与失业保险、城市居民最低生活保障制度的并轨,这部分人的社会保障逐渐成为整个社会保障体系的一部分。劳动和社会保障部《关于非全日制用工若干问题的意见》第十二条指出,用人单位应当按照国家有关规定为建立劳动关系的非全日制劳动者缴纳工伤保险费,从事非全日制劳动的劳动者发生工伤,依法享受工伤保险待遇;被鉴定为伤残五至十级的,经劳动者与用人单位协商一致,可以一次性结算伤残待遇及有关费用。从当前灵活就业人员社会保障发展状况看,工伤保险是发展最慢、最滞后的险种。

灵活就业者工伤保险发展缓慢的原因一方面与经济体制改革和社会背景有关,另一方面也具有实践和操作中的困难。第一,由于灵活就业人员工作时间、工作方式和工作地点不固定,许多灵活就业者工作与非工作之间并没有明显的界限,使得伤害事故发生后很难判断和界定伤害是否属于工伤。第二,与其他保险项目不同,工伤保险费率的厘定是根据行业风险的大小实行差别费率和浮动费率制度,一方面体现公平,另一方面实现对企业职业风险管理的激励。由于灵活就业者从事行业多种多样,不同的就业者面临的风险千差万别,而且他们的职业风险受其自身主观因素、工作方式、工作条件和环境的影响较正规就业者大得多,加之当前我国并没有完善的行业风险测定和工伤统计系统,造成了对灵活就业者职业风险程度确定的困难,从而难以确定某一劳动者保险费率的高低。第三,对于正规就业者来说,其工伤保险缴费是按照工资基数的一定比例由雇主承担的,而灵活就业者由于工作的不固定性,不同时期的收入差别可能很大,即便是同一时期同一行业的不同劳动者其收入也会大相径庭,而不像正规劳动者那样具有相对清晰、完善的劳动工资制度,这使工伤保险缴费基数难以确定。第四,虽然《工伤保险条例》的颁布进一步规范了工伤保险制度在我国的发展,但对于灵活就业者的工伤保险问题,既没有规定其参加工伤保险的强制性,更没有给予可行的操作手段和方式。这就使各地在解决这一问题时五花八门:经济发达、社会保障制度规范的地区已逐渐将灵活就业人员的工伤保险列入社会保障体系的发展之列;而经济落后、社会保障制度发展缓慢的地区根本无暇顾及这一问题。因此,当前社会保障和工伤保险立法将这一群体的工伤保险排除在制度之外使其无法可依也成为灵活就业人员工伤保险得不到发展的原因。另外,由于灵活就业者的劳动多为个体行为,没有正规的单位或企业,不可避免地增加了工伤保险制度的操作难度。

在我国转型期内,灵活就业方式已经成为扩大就业、缓解就业压力的重要方式。据估算,2005年灵活就业人员约占到我国城镇从业者的40%,人数在1亿以上,形成了规模庞大的劳动者群体;至2008年年底,在30210万人城镇就业人员中,除去12193万城镇单位就业人员,其余劳动者中很大一部分属灵活就业人员。灵活就业者群体的膨胀和社会保障制度的发展以及随着灵活就业方式的增加带来的职业风险的多样化,使提供灵活就业者工伤保障成为必不可少的安全措施。同时,由于大多数灵活就业者自我保障能力差、抗击社会风险的能力弱,发展灵活就业者工伤保险制度也是体现社会保障本质功能和实现社会公平的举措。从工伤保险制度本身的发展看,灵活就业者工伤保障问题的解决,无论从理论还是从实践的角度,无疑都是对发展和完善我国工伤保险制度的巨大推动与促进。

3.2 灵活就业者工伤保障问题的解决途径

如前面所述,灵活就业者工作性质、工作场所、工作时间的灵活性增加了其参加工伤保险的难度。因此,解决灵活就业者工伤保障问题,应当根据其特点,借鉴工伤保险制度完善国家的经验,实施灵活多样的保障方式。

首先,对于有雇主、存在雇佣关系的灵活就业者,如非全日制劳动者、季节工、家庭雇工、劳务承包工等,应当纳入强制性工伤社会保险的覆盖范围,且其雇佣者应当成为工伤保险缴费的责任者。相对而言,由于这部分人工资收入较明晰,保险费缴费基数的确定较为容易,其保险费率可参照同行业正规劳动者职业风险发生概率分别厘定,同时应当尽快完善这部分人的职业伤害和工伤统计报告制度,以提高费率制度的灵活性和激励功能。

其次,对于没有雇主、没有雇佣关系的灵活就业者,如自由职业者,可以为其提供多种选择,即采取社会保险或商业保险的方式进行保障。第一,由于工伤社会保险是面向所有劳动者的制度安排,任何劳动者,无论正规就业者还是灵活就业者,都有权利、有资格参加。因此,对于自愿参加工伤社会保险的灵活就业者,工伤保险管理机构应当在国家政策和法律规定的基础上为他们提供参保便利。保险费缴费基数可按照某一地区该行业灵活就业者的社会平均工资确定。由于工作的灵活性带来的职业风险增加的可能或者工伤鉴定存在的困难,可以在行业标准费率的基础上,按照一定的比例提高保险费率,以实现风险和保险费率的差别性原则。第二,由于他们工作与否的界限很难确定,给工伤的鉴定带来了困难,可以以政策或强制性的手段规定他们参加风险责任较广的商业性保险,如意外伤害保险。这样做一方面可以为这部分劳动者提供综合性的意外伤害保障,克服了工伤界定的困难,弥补工伤保险在灵活性方面的不足;另一方面也可以发挥商业保险的补充保障功能,根据每一个被保险主体的具体情况,提供不同费率水平、保障额度以及不同风险管理手段的服务。同时,国家可给予一定的政策优惠,并加强对这部分商业保险业务的管理和监督,突出其社会保障性和社会效益性。

再次,值得提出的是,在灵活就业者群体中,有相当大一部分来自进城农民工,他们不但就业灵活性强,而且流动性强。他们的工伤保险需求不但较一般灵活就业者更迫切,而且高流动性增加了保障实施难度,这部分人的工伤保险问题,将在下文中予以探讨。

在工伤保险制度完善的国家,灵活就业者工伤保险已经成为全体劳动者工伤保险的有机组成部分,既具有法定的强制性,又解决了与灵活性相适应的难题。由于我国工伤保险制度尚处于初级发展阶段,正规就业者的工伤保险远未实现完全覆盖,灵活科学的费率机制没有形成,工伤预防和工伤保障效果还有待于进一步提高,灵活就业者的工伤保险问题不可能在短期内完全彻底地解决,这不但需要管理手段的改进以适应灵活就业者的灵活性需要,而且需要技术手段的改进和完善。但是,无论如何,灵活就业方式对于缓解就业压力,灵活就业者作为我国劳动者的重要组成部分,对于提高经济活力,都发挥着不可替代的作用,国家和社会都不应当忽视其工伤保障需求。随着转型期工伤保险制度的发展、职业风险的变化以及社会保障公平性在全社会的确立,灵活就业者的工伤保险制度应当而且必须得到解决。

4. 农民工的工伤保障

这似乎是一个老生常谈的问题,但又是一个必须解决的难题。农民工作为改革开放的产物,具有典型的时代特征。农民工群体的出现,说明随着转型期的推进,中国劳动力资源流动加快,传统的城乡分割的二元社会逐渐被打破。农民工群体的扩大,使以城市职工为主体的传统社会保障制度受到严峻的挑战。对农民工社会保障的关注是社会公平诉求的体现,也是我国转型期必须解决的课题。

4.1 农民工工伤社会保险政策和实践现状

谈及农民工工伤社会保险,不得不涉及农民工职业风险和职业结构问题。众所周知,农民工在城市的职业选择经历了一个由不自由到自由、由限制到自主的过程。20世纪90年代初期,为了解决城市下岗职工的就业问题,国家管理部门和地方政府都对进城农民工采取了限制措施,将农民工限定在指定的行业就业。如1994年11月劳动部发布的《农村劳动力跨省流动就业管理暂行规定》规定,只有在本地劳动力无法满足需求,经劳动就业服务机构核准,确属本地劳动力普遍短缺或者用人单位在规定的范围和期限内无法招到或招足所需人员的情况下,才能够招收农民工。再如,1998年5月,武汉市曾经利用清退农民工的办法为下岗职工腾出就业岗位,规定12种行业、24个工种不准使用外来民工。1999年北京市将允许使用外地来京做工人员的行业、工种缩减至200个,并限制包括各类管理、营销、文秘、公司职员、办公室人员等32个工种使用外来人口。在这种种限制与规定下,农民工很难按照自己的理想进行择业,他们所从事的工作只能是城市劳动力不愿意干的脏、累、险的低端劳动。直到2006年3月,《国务院关于解决农民工问题的若干意见》颁布,指出不得限制农民工进城就业,取消各种针对农民工进城就业的歧视性规定和不合理限制,不得以解决城镇劳动力就业为由清退和排斥农民工,才给予农民工充分的择业自由。

在社会保障诸项目中,农民工对工伤保险的要求最为迫切,这是由其职业风险的严重性决定的:农民工大多从事脏、累、重、险的工作。据国务院研究室中国农民工调研课题组的推算,目前我国农民工的数量已达1.2亿多人,如果将在本地乡镇企业就业的农村非农劳动力计算在内,农民工的数量总计约为2亿人,占我国就业人口的1/4以上;复旦大学产业发展研究中心发布的《2007中国农民工(蓝领)报告》显示,如果将乡镇企业劳动者计算在内,中国的农民工规模约为2.2亿人。据国务院研究室中国农民工调研课题组的调研,2004年外出的农民工中,从事制造业的占30.3%,是比例最高的行业,从事建筑业的占22.9%,从事社会服务业的占10.4%,从事住宿餐饮业的占6.7%,从事批发零售业的占4.6%。从事制造业的农民工2002年占农民工总数的22%,2003年占25.5%,2004年上升到30.3%。从事建筑业的农民工2003年占农民工总数的16.8%,2004年则上升到22.9%。而劳动和社会保障部调研课题组和农业部调研组的调研则显示,在加工制造业中,农民工占行业从业者的68%,在建筑业中农民工接近80%,在第三产业的批发、零售和餐饮业中,农民工均占行业从业者的52%以上。[①] 职业角色的转换使农民工由日出而作、日落而息的农民变成了参与社会化大生产的工人;由远离职业伤害的群体转而成为当前我国职业风险的主要承担者和职业伤害最重要的

[①] 劳动和社会保障部调研组:"当前农民工流动就业数量、结构与特点";农业部调研组:"农村劳动力转移培训问题研究",国务院研究室课题组:《中国农民工调研报告》,中国言实出版社2006年版,第76、167页。

受害者。农民工为我国城市建设作出了不可忽视的贡献,同时也付出了沉重的健康和身体代价。恶劣的工作环境和简陋的劳动保护设施以及遭受的安全和健康的危害,使其工伤保障成为不得不面对和解决的问题。

职业风险的加深和职业伤害形势的恶化,使包括工伤保险在内的农民工社会保障问题成为社会关注的焦点,促进了农民工工伤保险问题从理论和制度建设层面发展。除《宪法》、《劳动法》、《劳动合同法》等的相关规定外,作为转型期工伤保险制度最高层次的纲领性文件,《工伤保险条例》规定:"中华人民共和国境内的各类企业、有雇工的个体工商户都应按规定参加工伤保险,为职工缴纳工伤保险费,各类企业的职工和个体工商户的雇工,均有享受工伤保险待遇的权利。"这为农民工参加工伤社会保险提供了基本的专业性法律依据。2004 年 6 月,劳动和社会保障部发出了《劳动和社会保障部关于农民工参加工伤保险有关问题的通知》,对农民工工伤保险问题进行了专门规定。2006 年 3 月《国务院关于解决农民工问题的若干意见》进一步规定,要依法保障农民工职业安全卫生权益,依法将农民工纳入工伤社会保险范围,加快推进农民工较为集中、工伤风险程度较高的建筑业、煤炭等采掘业参加工伤保险。接着,2006 年 5 月,劳动和社会保障部发出了《关于实施农民工"平安计划" 加快推进农民工参加工伤保险工作的通知》,制订了推进农民工参加工伤社会保险的三年行动计划,力争在 2008 年年底之前,将矿山、建筑等高风险企业的农民工基本覆盖到工伤保险制度之内。据农业部 2005 年的快速调查显示,农民工的工伤保险参保率仅为 12.9%;而中国人民大学中国社会保障研究中心与香港城市大学 2006 年的联合调查显示,在所有被调查者中,参加工伤保险的占29.1%。据劳动和社会保障部与国家统计局联合发布的《2008年度人力资源和社会保障事业发展统计公报》,截至2008年年底,全国有4942万农民工参加了工伤社会保险,这虽然是一个不错的进展,但与2亿多人的农民工群体相比,参保率不及25%。如果按照《工伤保险条例》所规定的"中华人民共和国境内的各类企业、有雇工的个体工商户依照规定参加工伤保险"的目标衡量,显然还相差甚远。农民工在通往工伤保障的路上依然困难重重,他们的工伤保障问题仍然悬而未决。

4.2 解决农民工工伤保障的新思路

进入转型期以来,没有任何其他一个社会群体像农民工那样受到全社会的关注。但是,解决农民工工伤保险问题,除了建立法制的保障和理顺其维权渠道外,必须结合他们的实际情况,有新的思路和实施方式。

首先,解决农民工工伤保障问题,必须给予他们正常劳动者的地位。《工伤保险条例》规定,我国境内各类企业、有雇工的个体工商户都应当依条例规定参加工伤保险。但职业灵活性和地域之间的流动性以及传统计划经济条件下"企业职工"观念的影响,使农民工在工伤保险参保中并没有被赋予正常劳动者的身份,而是被视为"特殊群体",从而常常被排除在制度覆盖范围之外。因此,解决农民工工伤保障问题最基本的一点是,应当将农民工权益保护立法融入整个立法系统之内,给他们正常的劳动者待遇,从制度内寻求问题解决之道。在给予其正常劳动者权益、实现全面覆盖的基础上,根据其流动性高、灵活性强的特点,提供不同的保障选择,这是体现社会公平的举措,也是加快城乡融合的需要。

其次,对于制度内不能解决的保障问题,应当在区分职业伤害后果和满足其高流动性的基础上,根据农民工工伤保障的实际需要,提供多种可供选择的方式。

第一,对于遭受不可逆性伤害需要领取长期伤残津贴或患职业病的农民工,应当区分对待。由于农民工的流动性和职业的相对不固定性,许多农民工对自己在城市的未来发展并没有长期的规划,返乡往往是他们中大多数人的选择,尤其对于遭受职业伤害或患职业病的农民工,城市高昂的生活成本往往使他们不得不带病或带伤回到自己的家乡。据中国人民大学中国社会保障研究中心和香港城市大学的联合调查显示,被调查者中,只有37.7%的人打算留在城市安家立业,其他62.3%的人要么打算到其他城市,要么回乡务农或找工作、创业等,年龄越大的农民工,打算返乡的比例越高。因此,对于遭受不可逆性伤残需要领取长期伤残者津贴或患职业病的农民工,应按照其不同的需要,提供可以选择的保障方式:继续留在城市的伤残者,应当为其提供正常的保障待遇水平,其程序和手续与一般劳动者相同;对于伤残后回到家乡的农民工,应当建立起流入地与流出地之间的工伤保险待遇支付的对接机制,将其长期的工伤保险待遇转到其所在地的工伤保险管理机构继续发放。虽然《劳动和社会保障部关于农民工参加工伤保险有关问题的通知》中规定农民工可以选择一次性领取长期工伤保险待遇,但笔者并不主张提倡此种领取方式,一则因为一次性工伤保障金的额度较低,对于保障工伤农民工长期生活难以保证;二则因为农村的现实使许多工伤农民工家庭在领取一次性工伤保险金之后,并没有将其用于伤残者的生活权益保障,从而难以保证工伤保险目标的实现。当然,对于那些遭受五至七级伤残、伤残后申请解除劳动关系又返回家乡的农民工,应由原企业支付的工伤保险待遇,采取一次性支付是相对稳妥的方式,因为企业的不稳定性和农民工回乡之后与企业沟通的脱节会使按月支付的津贴存在着不确定的风险。

第二,对于遭受可逆性职业伤害的农民工,应当按正常程序和标准,给予其治疗和康复,赋予他们继续留在城市就业的选择权利。由于大多遭受可逆性伤害的农民工经过救治就能够恢复劳动能力,而不需要给予长期的待遇支付。因此,对这部分农民工应当以普遍建立的劳动合同制和司法救济制为保障,赋予他们重新进入工作岗位的权利。

第三,灵活就业的农民工。由于这部分人具有较正规就业的农民工更强的流动性,他们的工伤保障问题的解决亦应区别对待:有雇主的灵活就业农民工,工伤保险可以参照城市一般灵活就业者的保障方式,强制性加入工伤社会保险或商业保险,并由雇主承担工伤保险费的缴纳之责;而大批没有雇主的灵活就业的农民工,这部分人是农民工中流动性最强、就业不稳定性最强的群体,如城市商贩,他们的就业与失业、工作与闲暇没有所谓界限可言,其工伤保障问题应当以强制性的商业意外伤害保险解决,为他们提供相对综合性的保障。当然,随着《劳动合同法》的实施,对劳务派遣工群体的包括工伤保险在内的保障问题进行了相关的规定,这不能不说是巨大的进步。

农民工的流动性增加了他们参加工伤保险的管理难度,而灵活就业的农民工工伤保险的实施则更为困难。这就要求工伤保险管理部门与流动人口管理部门建立信息沟通机制。尤其对于没有雇主的灵活就业农民工，可以考虑利用流动人口管理部门办理登记手续的便利，在办理相关登记手续的同时，要求其参加意外伤害保险。当然，这需要以法规进行强制性规范，需要对流动人口管理部门进行有效监督，避免使为农民工提供安全保障的有益措施演变成变相收费、谋取管理部门非法收益的手段。

再次，政府应当建立农民工援助基金，为遭受职业伤害而没有工伤保险的农民工提供救助。虽然《工伤保险条例》规定了包括所有企业和有雇主的个体工商户都应参加工伤保险，但由于我国转型期的工伤保险制度发展不完善以及农民工城市地位的边缘化，实践中能够享受到工伤保险制度保障的农民工并不多。农民工的高职业风险又决定了他们遭受职业伤害的几率远远大于普通的城镇劳动者，所以应当建立农民工援助基金，为目前未参加工伤保险或遭受职业伤害后得不到保障或维权无门的农民工提供工伤保障或维权援助。农民工作为贡献大却长期被忽视的群体，他们的工伤保障问题必须得到解决。2009年12月16日，美国《时代》周刊将中国深圳四名女工评为2009年度人物亚军，应当为这一问题的解决提供些许的警示。

总之，对于为城市建设和经济发展作出贡献的农民工，不应当因为他们尚未被覆盖到制度之内就使他们因工伤而陷入窘迫的境地。作为社会公共资源的管理者，政府有责任解决这一问题；作为农民工贡献的分享者，社会有责任解决这一问题。因此，对于有工伤无保障的农民工，应当采取政府主导、社会补充的方式予以解决。可以建立政府农民工援助基金，对陷入困境的农民工实施救助，这笔基金可以是专门性的工伤救助基金，也可以是综合性的农民工援助基金。基金来源应以政府财政为主导、社会筹资为补充；可以考虑对雇用农民工的企业征收一定比例的农民工工伤保障金，作为政府救助基金的补充（考虑到征收这一保障金对农民工就业的影响，比例不宜太高）。就工伤保障而言，农民工救助基金的救助对象应包括两类：一类是有雇主但遭受工伤后正处于漫长的维权过程的工伤农民工，对这部分人的救助可以解决其因遭受工伤而陷入困境的燃眉之急；第二类是遭受工伤后维权无据、根本无法得到工伤补偿的农民工，对他们应当以保障其长期生存权益为落脚点。

农民工工伤保障之所以受到空前的关注，是因为作为城市的弱势群体，他们是被边缘化的群体，但正是这个弱势的被边缘化的群体，承担了我国经济建设中最繁重、最危险的工作。农民工劳动技能的不足，决定了他们只能在风险最高、待遇最差的行业工作；农民工知识和文化水平的低下，决定了他们不懂得如何保护自己、维护自己；农民工社会资本和社会支持的欠缺，决定了他们维权的不易和艰辛；长期的城乡分割又加剧了对农民工的歧视、误解甚至是忽视。但农民工的职业结构及其所决定的职业风险和职业伤害状况，使他们成为中国当前最需要工伤保障的劳动者，他们的弱势地位决定了他们是最需要社会保护和关爱的群体。农民工工伤保障问题必须解决，这是不容回避的现实。农民工工伤保险不仅需要劳动社会保障部门的推进，更需要安监、卫生执法等多部门的配合；不仅需要政府，而且需要全社会真正关注农民工的健康和安全。农民工工伤保障问题的解决应当根据其自身特点分别予以保障，这也是分类、分层保障思想的体现。

5. 结 论

作为劳动者职业安全和健康权利保障的最重要防线,工伤保险应当与其他社会保险项目一样面向所有的劳动者,为所有劳动者提供工伤预防、赔偿和康复的服务。与其他社会保险项目不同,工伤是劳动者在工作过程中遭受的伤害,是在对整个社会经济发展作出贡献的过程中受到的伤害,因此,工伤保险更应突出对劳动者的保护性,更应突出雇主在维护职业安全中的责任。工伤保险特殊的保护性决定了它应当具有更完全意义上的普遍性,从而也具有面向所有劳动者的整体性。但转型期的特殊性决定了中国劳动者群体组成的复杂性,而转型过程中的工伤保险制度又具有功能的不完整性。中国的工伤保险不但具有前述的地域分割性,而且具有对不同劳动群体的功能分割性。解决转型期特殊群体的职业安全与工伤保障问题,应当是我国工伤保险制度发展之必要且重要的组成部分。

理论上讲,老工伤者、灵活就业者和农民工,作为曾经或正在参与社会生产的劳动者,与其他劳动群体并无二致。但转型期的特殊性决定了这些群体工伤保险问题的特殊性。特殊的问题需要特殊的解决方法,解决他们的工伤保险问题需要新的方式和思维。享受工伤保障应当成为任何劳动者应有的权益。从长远发展的角度看,除老工伤者外,灵活就业者和农民工作为我国经济建设中不可或缺的生力军,理应与其他劳动者一样,纳入与其他劳动者相同的保障体系之中。

第七章 国外典型国家工伤保险制度及其借鉴

1. 引 言

　　工伤作为工业社会不可避免的产物,成为最先被关注的社会保障问题。19世纪80年代,现代社会保障制度在德国的诞生即是以工伤保险制度的建立为主要开端的。虽然在工伤保险制度诞生以前,工伤已经成为劳动者、雇主乃至社会不得不面对的问题,但在资本占统治地位的条件下,工伤被视为劳动者获得劳动报酬的成本的一部分,对劳动者的权益保护被置于次要的地位。社会的进步使劳动者权益保护逐渐成为高于一切的目标,对劳动者职业伤害的赔偿也逐渐由劳动者完全自我承担过渡到风险分担的过错责任制和完全以劳动者保护为目的的无过错责任制时期,这一赔偿原则的变化也反映了国际工伤保险制度的演进轨迹。本章介绍的典型国家的工伤保险制度,或已经历了长时期的发展而相当成熟,或正处于与中国转型期的工伤保险制度类似的转型之中。工伤保险制度成熟的国家,面临着制度改革和资源整合的挑战,这中间有争论,也有异议,但改革结果最终仍将围绕着保护劳动者安全与健康权益的目标;工伤保险制度处于转型的国家,正在进行工伤保险制度的重塑和完善。本章拟从国际工伤保险制度的演进出发，对工伤保险制度的一般发展规律进行总结和归纳，并结合德国、美国和阿根廷工伤保险制度的发展与改革，试图找出能够为中国所借鉴的经验和模式。

2. 工伤保障世界范围的演进

侵权责任理论认为，行为人由于自己的过错或疏忽造成对他人的损失或伤害，应当承担对受害人的损失赔偿或恢复原状。侵权赔偿责任是一种民事责任，传统的侵权行为理论主要关注对财产、物等经济方面的补偿，以过错归责原则为基础。近代以来，工业事故导致的大量人身伤亡使侵权责任理论更强调对生命、健康、身体、人身自由以及财产所有权的保护和对人格尊严、生命权利的保护，从而确立了无过错责任原则。工伤赔偿以侵权归责原理为指导，工伤保险制度的演进随着工伤归责原则的变化而变化，从雇员自己责任、雇主过错责任保障发展到了无过错责任的社会化风险保障阶段。

2.1 工业化前的工伤保障

在进入工业化之前，封建农奴制经济占统治地位，劳动者与雇主之间虽然存在着一定意义上的雇佣关系，但却与建立在工业化分工基础上的雇佣关系完全不同。在封建农奴制经济时期，劳动者（封建农奴）对雇主（封建农奴主）更多的是人身依附关系，即农奴主不仅具有对劳动者的劳动力使用权，同时还具有对劳动者的人身支配权，对劳动者享有"所有权"。在这种人身依附关系下，虽然劳动者没有人身自由，但由于他们多被视为与雇主具有家庭关系的成员,具有强烈的身份色彩,雇主具有对劳动者的完全权利,也负有对劳动者的完全责任(包括安全责任)。加之工业化之前的劳动方式简单化,工作伤害事故发生较少,在基于家庭关系基础上的雇佣关系中,受到工作伤害的劳动者一般都能够得到必要的照顾。[①] 因此,可以说工业化之前的工伤保险制度是基于雇佣关系基础上的家庭保障方式。当然,这是一种非正规的保障方式,雇主甚至掌握着雇员受伤后生存与否的命运。

2.2 工业化时期的工伤保障

2.2.1 工业化初期的工伤保险

19世纪初期,欧洲社会开始步入工业化时代,社会分工日益细密,生产社会化取代了封建农奴制度下的手工业作坊。工业化的到来改变了劳动力结构,靠出卖劳动力为生的产业工人大批出现,他们与雇主的关系已经脱离了封建农奴制度下的人身依附关系而成为独立、平等的劳动契约关系:劳动者出卖劳动力,雇主支付劳动力的价格——工资。在形似平等的劳动契约关系中,雇主与雇员之间不再有封建时代的主仆关系,雇主对雇员的安全不再负有当然的责任。在自由主义的支配下,"危险自任"成为这一时期工伤赔偿制度的归责理论基础,这一理论主张劳动者在工作过程中受到的伤害应当由他们自己负责。正如亚当·斯密主张的,劳动者既然在自愿的基础上与雇主签订劳动合同,这说明他们在自愿接受工作时也自愿接受了工作所带来的风险,雇主支付的工

[①] 王泽鉴:《民法学说与判例研究》(3),中国政法大学出版社1998年版,第275页。

资中已经包含了对劳动者职业风险危害的补偿。因此,"劳工理应负担他们在工作过程中因发生工伤事故而蒙受的一切损失"①。在人类社会的工业化初期,危险自任理论支配下的工伤保险制度是劳动者的自我保障制度,这充分反映了资本主义上升时期劳资之间的对立与失衡。

随着工业化的加深和资本主义经济的增长,工伤事故和职业病成为社会生产越来越普遍的伴生物。机械化大生产导致的大量工业伤害成为突出的社会问题,许多劳动者在劳动中或受伤成为残疾人、或因患职业病而陷入窘境。如恩格斯在《英国工人阶级状况》中描述的场景:"在曼彻斯特,除了许多畸形者,还可以看到大批的残废者:这个人缺一只或半只胳膊,另一个人缺一只脚,第三个人少半条腿;简直就好像是生活在一批从战争中归来的残废者里面一样。"②由于雇主对工伤劳动者不承担赔偿责任,劳动者及其家庭成为伤害后果的完全承担者,工伤事故造成的大批伤残者的悲惨境地引发了严重的社会问题。如何实施对工伤者的赔偿和救济成为各工业国家政府与社会共同面临的问题,职业伤害的危险自任理论受到挑战并逐渐被过错责任归责理论所取代,由此,工伤保险的劳动者自我保障逐渐被雇主过错责任制所取代。

2.2.2 雇主过错责任的民事赔偿制

在工伤社会保险诞生之前,工伤事故纠纷是民法调整的对象。所谓过错责任原则,是指过错是加害人对受害者承担民事责任的前提,如果加害人在主观上存在故意或过失从而导致受害者的损

---

① 覃有土等:《社会保障法》,法律出版社1997年版,第244页。
② 《马克思恩格斯全集》第2卷,人民出版社1972年版,第450页。

失,则应承担相应的民事责任;如果不存在主观上的过错,则不承担民事责任。在工业化早期阶段,过错主义责任原则始终贯穿于工伤事故处理之中,这要求遭受工伤的劳动者必须证明雇主存在过错才能申请工伤赔偿。如1804年《法国民法典》规定,任何人都必须对因可归责的过错行为所造成的对他人的损害承担赔偿责任;英国1897年以前,雇员对雇主的索赔诉讼遵循的是"自甘冒险"(明知某具体危险状态的存在而甘愿冒险为之)、"共同过失"(如果雇员本身对伤害事故的发生也有过失,雇主可以主张免责)以及"伙伴雇员"(如果伤害由工伤者的工作伙伴引起,在没有明文规定的条件下,雇主可以免责)的原则。过错主义归责原则指导下的雇主赔偿虽然在表面上给予雇员申请工伤索赔的权利,但实践中由于劳动者处于绝对弱势地位,常常无法真正证明雇主在事故中有过错责任,从而也无法得到真正的赔偿。正如马克思所言:"资本主义的法律事实上剥夺了工人的一切特殊保护,它让工人受到机器的伤害时向普通法院提出损失赔偿的诉讼……而另一方面又对专家鉴定作了非常巧妙的规定,使工厂主几乎不可能败诉,结果是事故的急剧增加。"①

2.2.3 工伤社会保险制度

过错责任主义下的雇主赔偿制度很难真正实现雇员的工伤赔偿权利,从而也不可能从根本上解决工伤事故引发的一系列社会问题。随着工业事故引发的社会问题进一步严峻和工人运动的高涨,过错责任制在处理工伤事故赔偿中受到挑战。早在1871年德国颁布的《帝国责任义务法》中就规定,在铁路行业,如果因为操作

---

① 《马克思恩格斯全集》第25卷,人民出版社1972年版,第107页。

原因而导致工人的伤亡,只要没有不可抗力或受害人自身的过错,铁路公司无论存在过错与否都应当承担赔偿责任;如果雇员存在过错,则铁路公司负有举证的义务。对于传统的过错责任原则,这是一个重大的突破。1872年,法国民法中开始对"建筑物"的概念进行扩张解释,将建筑物内的机器设备等危险物看做是建筑物的组成部分,当因建筑物内的机械设备等危险物发生事故致人人身伤害或财产损害时,视为建筑物瑕疵致人损害事故,被害人无须证明其他人的过错即可主张赔偿。1884年,德国的《雇员赔偿法》创立了工伤赔偿史上的无过错责任原则,成为工伤保险发展史上划时代意义的事件,它规定采取强制性的保险方式,将所有符合条件的劳动者覆盖在制度之内,保险费由雇主单方面承担,成立同业公会作为工伤保险的管理和经办机构,由同业公会管理工伤预防、康复和赔偿的一切事务。从此,工伤社会保险成为大多数国家应对工伤事故的措施。据国际劳工组织的统计,在全世界近200个国家和地区中有164个建立了工伤保险制度,另有30个国家和地区颁布了与工伤事故有关的立法。在全世界所有国家和地区中,95%的国家和地区实施了不同形式的工伤保险制度,其中66%的国家和地区实行的是工伤社会保险制度,29%的国家和地区实行的是雇主责任制度。工伤保险制度的普遍建立标志着人类社会进入了社会化的工伤保障阶段。

3. 典型国家的工伤保险制度

世界各国的工伤保险制度中,具体安排各不相同,大体可以分为三类:一类是采用完全强制的社会保险形式,如中国、德国等。

在这些国家中,工伤社会保险作为基础性的保障形式具有强制性、非营利性特征,由政府机构或政府授权的机构直接对工伤保险制度实施统一的管理和经营,商业保险公司发挥补充保障的作用。第二类是社会保险和商业保险共同保障的形式,如美国等。在这些国家中,工伤保险既可以由国家机构或国家授权机构经办,也可以由营利性的商业保险公司经办,法律规定企业必须参加商业保险或工伤社会保险,但他们可以自由选择参加哪种保险。第三类是商业保险形式,如在美国的一些州。工伤保险由营利性的商业保险公司承办,法律对企业主参加工伤保险作出强制性的规定,并由企业主承担缴纳保险费的义务,国家在工伤保险中承担对保险公司的监督管理职责。

本节介绍的不是与上述各类型工伤保障一一相对应的制度,而是着重介绍或具有自身特色或与当前中国工伤保险制度面临相似问题的国家,以图从中得到些许启示或借鉴。同时,本章对国外工伤保险制度的介绍,并不是局限于具体措施和环节的描绘,而是集中在对其制度特色和成功经验的总结。

3.1　德国工伤保险制度

经过一百多年的发展和演变,德国工伤保险制度一直都处于较为稳定的良性运行状态,这不能不说是一个奇迹。德国工伤保险制度因此被视为成功的典范,中国学者对德国工伤保险制度的研究可谓汗牛充栋。德国工伤保险制度的成功之处不仅在于其完善协调的管理,而且还在于其先进的制度理念。

在德国,工伤保险由工伤保险同业公会组织管理,所有行业工伤保险分为三大部分,即工商业部门、农业部门和公共部门的工伤保险制度。目前,德国负责管理工伤保险的机构为同业公会,共包括9个农业同业公会、26个工商业同业公会,另外还有33个公共系统的工伤保险经办机构。其中,26家工商业同业公会为300万家企业的4217万名劳动者提供了工伤保障。德国的同业公会管理工伤保险的权限与职责由国家法律规定,赋予它依法强制企业缴费和采用安全措施的权力,德国联邦劳动和社会保障部对工伤保险实施监督。德国的工伤赔偿主要包括6周的停工留薪期、伤残待遇、临时性伤残补贴、终生伤残者年金、寡妇鳏夫和孤儿年金、父母年金等。纵观德国工伤保险制度的发展历史,之所以能够历经上百年的考验仍然运行基本完好,主要源于其自身独特的经营思想和指导理念。在德国,社会保险专家将工伤保险制度成功的因素归于三个方面,依次是预防、康复和赔偿。由此可见,在德国工伤保险制度中,工伤预防是放在首位的工作,之后是康复,最后才是赔偿,他们遵循的是先预防后康复、先康复后赔偿的理念,从减少职业伤害入手最大限度地促进工伤者康复并重新就业,进而从根本上减少赔偿支出、降低工伤保险制度运行成本。这是一个良性的循环,它保持了制度旺盛的生命力。概括起来,主要有以下方面:

第一,预防优先的工伤保险制度理念是德国工伤保险成功的思想保证。德国的工伤预防可谓做到了无微不至,从法律到科研、从基金到技术、从制度建设到环节落实,工伤预防工作可谓不遗余力。德国在工伤预防方面实行国家工商监察和工伤保险经办机构劳动安全技术监察并存的双轨制度,有力地保证了工伤预防效果的实现。之所以将工伤预防置于首要的地位,是因为他们遵循这样一个理念：工伤预防效果的改善可以从根本上减少工伤保险基金用于工伤康复和赔偿的经费支出，也可以减少年复一年的长期伤残待遇支出，这是降低制度运行成本的治本之策。笔者曾到德国工伤保险同业公会总会进行了为期两个月的学习，深刻体会到他们对于工伤预防的重视——不但在同业公会内部设有专门负责工伤预防的部门，而且每年都投入大笔资金进行工伤预防的研究。完善的预防体系还得益于德国同业公会和医疗机构的密切联系，对于因工作受伤的劳动者，如果误工时间在三天或以上，医生便会直接向同业公会报告，这不但使同业公会对某一企业的工伤状况有即时动态的了解，还可以通过医生的报告，发现那些尚未在同业公会登记参保的企业，从而作出及时的处理。

图 7-1 及续图 7-1 为 1950—2005 年德国法定工伤保险制度在工伤预防方面的支出情况，从中我们可以看出工伤预防在德国工伤保险制度中的地位、作用及其发展趋势。

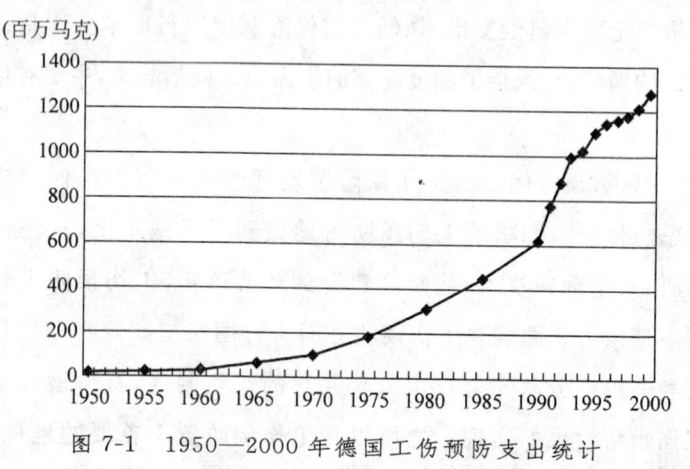

图 7-1　1950—2000 年德国工伤预防支出统计

(百万欧元)

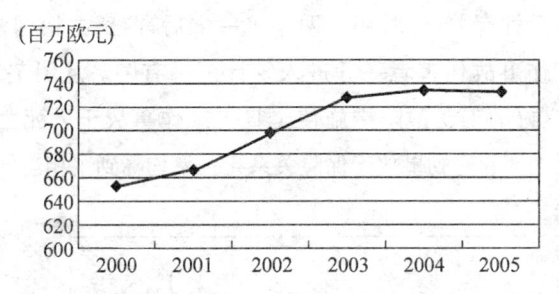

续图 7-1　2000—2005 年德国工伤预防支出统计①

从上图可以看出,德国法定工伤保险制度用于工伤预防支出的费用连续五十多年来一直呈稳定的上升趋势,是最重要的保险基金支付项目之一。预防优先的工伤保险发展战略在德国取得了显著的成效,德国的职业伤害事故逐年下降、赔偿逐年减少、保险费率逐步降低。图 7-2 是从 1950—2005 年德国职业伤害伤亡统计,从图中可以看出,德国工伤预防的成效是显著的,无论是新发职业病还是工伤事故死亡人数以及各种死亡率均呈明显的持续下降趋势,这不但减少了工伤事故对德国经济造成的直接损失,而且从社会资源节约、保证劳动力供给等多方面对社会经济发展作出了贡献。

从图 7-2 可以看出,从 1950 年至 2005 年的五十多年的时间里,德国事故伤害死亡数一直呈较为稳定的下降趋势,到 2005 年,德国全国事故伤害死亡人数仅 1084 人,达到了历史低点。而从图中可以看出,德国新发职业病在近五十多年来有过两次大的波动,这不但与其经济发展速度有关,而且还与多数职业病较长的潜伏期、发

---

①．图 7-1 及续图 7-1 数据均来自 Hauptverband der gewerblichen Berufsgenossenschaften: BG Statistics Figures and Long-term Trends, p. 64。

说明:之所以将表格分为两个表格,是因为 2000 年以前的支出以德国马克计算,而 2000 年以后则以欧元计算。以下涉及货币支出的各表同此。

病具有滞后性有关;同时还与两德统一之后,前民主德国的职业病患者和工伤事故伤害者一并进入统计范围有关。从图 7-3 可以看出,德国良好的工伤预防措施使全日工工作事故千人死亡率、百万人工时死亡率和通勤事故千保险关系死亡率均降到了相当低的水平。

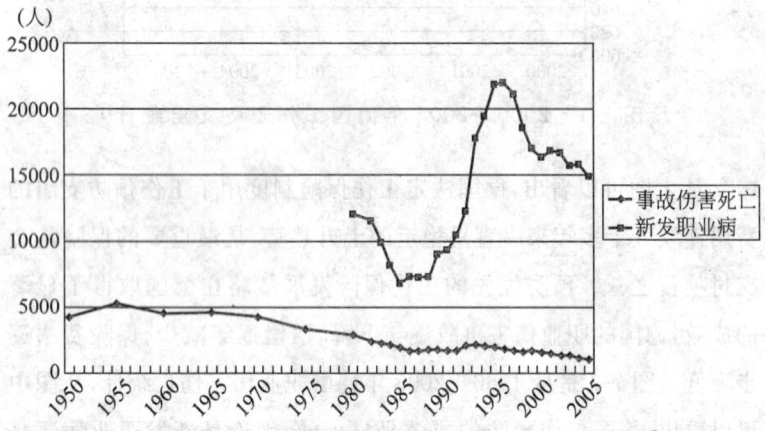

图 7-2 1950—2005 年德国职业伤害伤亡统计①

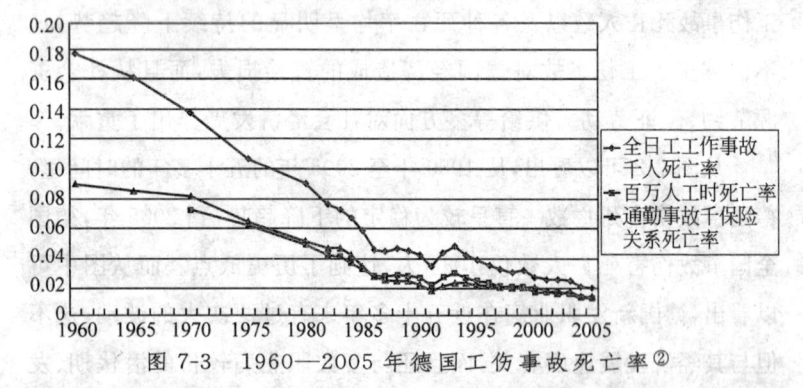

图 7-3 1960—2005 年德国工伤事故死亡率②

---

① 数据来源:Hauptverband der gewerblichen Berufsgenossenschaften:BG Statistics Figures and Long-term Trends, p.14。其中 1981 年数据缺失。

② 数据来源:Hauptverband der gewerblichen Berufsgenossenschaften:BG Statistics Figures and Long-term Trends, p.29。其中,1980 年前仅有 1960 年、1965 年、1970 年、1975 年的数据资料,另 1981 年的数据缺失。

第二，德国工伤保险制度的第二大特色是完善的工伤康复服务。工伤康复是德国工伤保险制度中继工伤预防之后的第二个重点内容，其目标在于帮助工伤劳动者重返工作岗位，减少赔偿成本。在德国，工伤康复包括职业康复、社会康复和心理康复，这三种康复基本上是同时进行的。据德国工伤保险同业公会的统计，所有需要康复的工伤人员基本上都能得到其需要的康复。德国工伤康复制度之所以能够基本实现预期的工伤康复效果，主要得益于严密的组织和服务系统。在德国工伤康复系统中，有案例经理人（case manager）和伤残经理人（disability manager）两种专业人员为工伤劳动者的医疗与康复需求提供专门的服务，从伤后医疗到医疗后的康复，这两类经理人凭借其对制度和信息的把握与了解，根据具体情况，为工伤人员选择合适的医疗和康复机构。在实际的分工中，案例经理人和伤残经理人的职责范围有所不同，在所有职业伤害受害者中，80%左右的人通过一般的医疗就可以重返工作岗位或康复，约15%的工伤人员需要通过稍复杂的和专业性的医疗得以康复，他们的医疗和康复基本上不需要专门的人员提供一对一的信息或咨询服务。剩下5%的危重受伤害的劳动者，则需要案例经理人为其提供具体详细的服务，包括为他们联系医疗机构、康复机构以及对为受伤人员选择的医院或康复机构进行监督等。每一位案例经理人一年大约为30—150名工伤者提供服务，即相当于他们每年管理30—150个具体的案例。伤残经理人是比案例经理人更高级的专业人士，主要由工伤预防专家、职业医生以及工伤康复专家组成，专门为因工伤离开工作岗位6周以上的受伤人员提供专业化的服务，全德国大约有3000多位伤残经理人分属于不同的企业、保险机构等。因此,案例经理人负责的是劳动者受到工伤之后在获得医疗、康复时的组织工作,而伤残经理人则负责实施工伤者的医疗和康复等专业化更高的技术性工作。在德国,除了9家从属于同业公会的事故救治医院和2家职业病医院以及大约200家康复医疗机构从事工伤医疗和康复工作外,还有大约800家医院与同业公会在工伤救治和康复中建立了合作关系。在专业技术人才方面,全德国约有3000多名擅长工伤医疗和康复的专业外科专家从事工伤事故的医疗与康复工作。在医疗和康复工作过程中,案例经理人和伤残经理人均可以对工伤医疗与康复医院的工作进行监督,工伤保险管理机构——同业公会也具有对上述医疗机构进行检查的权力,从而避免了医疗和康复资源的过度利用而造成的资金和资源浪费。目前,德国工伤保险同业公会正在组织建立一种安全专家、医生以及康复专家与劳动者之间的直接联系机制,使劳动者能够直接得益于安全、医疗以及康复专家的服务。

第三,工伤赔偿是继预防、康复之后的最后一道保障线。将工伤赔偿置于较工伤预防和康复次要的地位,并不意味着工伤赔偿不重要,工伤赔偿仍被视为德国工伤保险制度中三个成功因素之一。德国工伤赔偿的对象是通过医疗、康复之后仍然不能重返工作岗位的受伤者。图7-4及续图7-4是自20世纪50年代以来德国工伤保险待遇支付统计,从图中可以看出,从20世纪50年代到2005年,德国工伤待遇支付经过了90年代初期的高峰之后,从1995年开始的十年间,呈逐年下降的趋势,这不能不说是得益于工伤预防和工伤康复工作的显著成效。

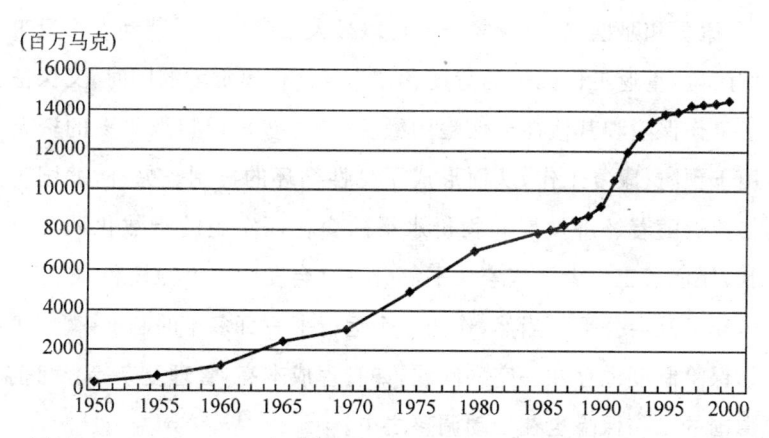

图 7-4　1950—2000 年德国法定工伤保险工伤赔偿支出统计①

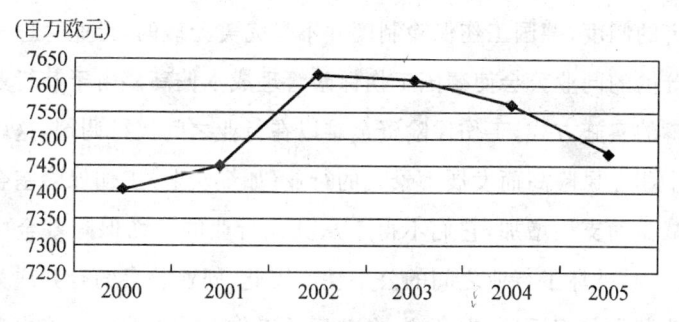

续图 7-4　2000—2005 年德国法定工伤保险工伤赔偿支出统计②

可以说,先预防后康复,先康复后赔偿的工伤保险运营理念是德国工伤保险制度取得成功的最根本原因。预防优先改善了职业安全形势,减少了职业伤害事故和职业病的发生,从而减少了医

---

① 数据来源：Hauptverband der gewerblichen Berufsgenossenschaften：BG Statistics Figures and Long-term Trends, p. 60. 其中 1985 年前仅有 1950 年、1955 年、1960 年、1970 年、1975 年六年的数据资料。

② 数据来源同上。

疗、康复和赔偿支出；康复服务可以最大限度地促进劳动者重返工作岗位，重返工作岗位的劳动者在为经济作出贡献的同时，又保证了工伤保险和其他社会保险的缴费，进一步可以提取更多的资金用于预防、康复工作，从而形成了良性循环的机制。另外，德国工伤待遇随着经济发展和物价水平的变化而实施的指数化调节机制，保证了工伤者及其家属平等分享社会发展成果的权利，较好地体现了社会公平。当然，作为一个运行了一百多年的制度，德国工伤保险制度也存在一定的问题，如管理成本高、管理复杂等。目前德国的工伤保险也在变动调整之中。

第四，德国工伤保险制度的最新改革动向。作为相对成熟而稳定的制度，德国工伤保险制度并不是完美无瑕的，行业管理和过度分散的同业公会使德国工伤保险管理成本偏高。由于其行业内统筹的实施方式，工伤保险资金难以在行业之间实行调剂，这就造成了职业风险高而发展不景气的行业（如煤炭业）工伤保险基金收入减少而支出增加，它们不得不从其他行业的工伤保险基金中进行调剂，破坏了行业之间的公平性。因此，同业公会的合并成为当前改革的热门话题，据预测，合并后的工伤保险同业公会将由现在的35家减少到29家，将诸如煤炭业同业公会这样基金收入少、赔付偏高的同业公会合并到其他资金状况好的同业公会之中。但这种改革能否最终实现还不得而知。另外，由于工伤认定范围有逐渐扩大的趋势，有人提出应当将通勤事故从工伤范围中剔除出去。但对于这一点，无论政府还是学界，他们的态度都是明确的，即继续维持将通勤事故列入工伤保险责任范围的做法，工伤保险保护劳动者权益的宗旨不会改变。

3.2 美国工伤保险制度

在发达国家中,美国的工伤保险制度起步较晚,其工伤保险的立法经历了工伤事故普通法、雇主责任法和劳工伤害赔偿法阶段。作为典型的联邦制国家,美国没有全国统一的工伤保险制度,联邦政府只负责造船工人、铁路工人、港口工人、公务员以及矽肺病人的工伤赔偿,其他工伤赔偿由各州负责。1911年,威斯康星州成为美国第一个颁布工伤保险法律的州,[①]迄今也是美国工伤保险制度比较发达的州。美国作为自由的市场经济国家,工伤保险由各州政府劳工局管理,劳动局主要负责确定工伤保险费率,审查工伤保险基金收支情况,处理工伤申请、申诉、仲裁等。除俄亥俄、西弗吉尼亚等6州的工伤保险由州政府所属的工伤保险机构经办外,其他各州均由私人保险公司经办,个别大企业经州政府批准,也可自己经办工伤保险。美国的工伤赔偿包括医疗费用、收入损失赔偿、伤残赔偿、遗属抚恤金等。为了保护劳动者的合法权益,美国和世界上大多数国家一样颁布了《工伤保险法》,确立了无过错补偿原则。虽然美国没有统一的工伤保险制度,各州可以自行立法实行不同的制度,但任何州的法律均不得与联邦政府立法相抵触,这就在保证全国统一的基础上赋予了州政府相应的工伤保险政策自主权。从1911年美国第一部州工伤保险法律颁布至1920年,美国大多数州都制定了工伤保险法,到1948年密西西比州制定的工伤保险相关法律出台,美国全国性的工伤保险法规体

[①] 1910年,纽约州第一个颁布了工伤保险法律,但这部法律后来被宣布不符合宪法规定。

系初步形成。在全美的 52 个州中，工伤保险方式大致可分为三种类型：一是由商业保险公司经办的私有化保障方式；二是较大规模的企业自己经办的工伤保险；三是由州政府组织的通过建立工伤保险基金的方式实施的工伤保险制度。但无论哪种保险方式，都必须明确按照法律要求，以保证保障效果的实现为前提和目标。

在美国，按照国家标准分类体系，所有职业约分为 600 类，各州在国家标准体系的基础上进行调整，工伤保险按照不同职业的风险水平高低实行行业分类费率，均实行无过错责任的排他性救济原则。如在威斯康星州，工伤保险有 500 多个行业分类，保险费率的厘定以各行业的赔付为依据，工伤保险费率被划分为水平不等的 500 多种费率，且差异巨大（如在销售行业，工伤保险费率仅为工资总额的 0.24%；而金属结构油漆、钢铁框架安装行业从业者以及运动员，其工伤保险费率达到了工资总额的 50%）。显著的工伤保险费率的行业差别，不但体现了风险相关的保险费率的科学性，而且使费率机制在激励雇主实行安全生产中发挥着重要的作用，有利于刺激雇主降低职业风险，减少工伤事故率。

综观美国职业安全和工伤保险制度的特点，则与其联邦制的政体有密切关系。

第一，联邦政府和州政府共同负责管理的多层次的职业安全监察和服务制度。美国联邦和州共管的职业安全卫生制度正式建立于 1971 年，以职业安全卫生管理局的成立为标志。从联邦政府的层面，美国职业安全与卫生署作为负责职业安全卫生监督的机构，担任着全美 1.5 亿人的职业安全与健康保障执法监察工作和对全国企业进行安全评估的工作。其宗旨包括促使雇主和雇员减少工作场所危害，实现职业安全卫生计划，建立雇主和雇员之间的权利义务关系以获得更好的职业安全卫生效果,建立职业病和工伤报告制度以利于对雇主的监督,制定强制性的职业安全和卫生标准并监督其执行,督促各州建立和执行自己的职业安全卫生计划等。通过评估和执法监督,能够保证劳动者处于相对安全的劳动环境中。除联邦政府对职业安全卫生的监管外,美国一半以上的州政府有其自己的职业安全卫生监督机构,它可以根据本州的具体情况制定适用于本州的职业安全和卫生标准,但这些标准不能低于国家最低标准,并由各州的职业安全监管机构负责对这些标准的实施进行监督。美国职业安全与健康复审委员会（Occupational Safety and Health Review Commission）是美国联邦政府中又一个负责与职业安全卫生工作相关的管理机构,但与职业安全与卫生署不同,它的主要职责在于对美国职业安全卫生管理署的工作进行监督,是职业安全与卫生管理的司法机关。

社会力量的监督在美国职业安全卫生管理中发挥着重要作用。美国工业卫生协会作为一个非营利性组织在促进、保护和推动工业卫生以及其他职业卫生方面发挥着重要作用。此外,法律还赋予了劳动者在职业安全方面的参与权、知情权和工作保护权,保证劳动者不至于因为行使对雇主的工作环境安全卫生的监督权而遭解雇。同时美国法律还保证劳动者有见到本企业的工作伤害和职业病记录的权利。除联邦政府颁布的《职业安全健康法》,基本上所有的州都有自己的职业安全健康法律。这就形成了从联邦政府到州政府、从政府监管到劳动者监督、从官方监管到社会组织服务的多层次的职业安全和卫生保障机制。在保持联邦政府在职业安全卫生管理中的权威和统领地位的同时,也赋予了各州根据自身情况进行合理监管的灵活性。

第二,政府对工伤保险制度强有力的管制。政府对各州工伤保险严格管制的原因在于各州不同的制度。如前面所述,美国50个州存在着各不相同的工伤保险制度,制度的多样性和灵活性虽然在某种意义上兼顾了各地的特殊性,但也带来了管理上的困难,从而使美国政府对工伤保险市场和工伤制度施以严格监管。

首先,对工伤保险的经济性监管。对工伤保险的经济性监管主要由州政府实施,监管的内容包括费率厘定、费率批准、收益水平、司法程序、争议的解决和财务等内容。工伤保险制度的多样性不但使美国工伤保险表现为社会政策,而且充满了激烈的市场竞争。由于州政府要保证工伤职工或遗属领到应得的赔偿金,因此各州政府对保险公司或工伤保险基金的偿付能力高度重视,从而对工伤保险费率的监管往往成为经济性监管的核心内容。在行业协会监管无果的情况下,州政府出面实行的对费率的监管被视为最有效的监管方式。由于工伤保险的社会政策性和社会效益性,州政府还对保险公司的收益水平、争议处理等进行监管,达到既能保证其一定的赢利水平,又能保障劳动者权益的目的。

其次,对工伤保险的社会性监管。在工伤保险实施的早期,它作为一种补偿手段,只是对劳动者发生职业伤害后的经济保障和补偿,但发展到后来,它不仅是一种经济保障手段,而且还对职业伤害事故及职业病的发生起到预防作用。国际劳工局1929年的建议书中曾倡导由工伤保险机构赞助或投资,以合作方式实施工伤事故预防,并于1964年通过了《工伤事故津贴公约》(第121号),其中明文规定:"每个成员国必须制定工业安全与职业病预防条例。"美国从20世纪70年代开始重视对工伤保险的监管,设立了职业安全与卫生管理局等政府机构,并颁布了一系列的劳动基本法、劳动安全卫生法等,对工伤保险和工伤及职业病的预防进行监督。

再次,在美国的很多州,政府还对有过失的用人单位或有过失的劳动者进行严格的惩罚。如在某些州,如果企业违反联邦或州的安全法规而造成了职业伤害事故,工伤职工或遗属应得的工伤保险待遇将提高15%(但增加的部分不得超过15000美元),增加的这部分待遇由企业支付,作为对过错企业的惩罚。还有一些州,如果雇主没有购买法定要求的工伤保险,州政府相关部门则会对它实施严格的处罚,如处以其应缴保费两倍以上的罚款或对企业主实施监禁。一些州还禁止没有参加工伤保险的雇主在本州开业,参加工伤保险是允许其开业的必要条件,以减少雇主在工伤保险制度实施中的随意性。而对于雇员,有的州(如威斯康星州)规定,如果雇员蓄意违反企业执行的安全规章或者因酒精或药物刺激而造成职业伤亡的,要从其应得的工伤待遇中扣减15%,但总额不超过15000美元,这些规定对雇员遵守安全工作制度产生了一定的威慑力。

综上可见,美国多层次的职业安全监管制度和各州不同的工伤保险制度是与其联邦制国家特征相联系的,各州不同的工伤保险制度也体现了美国经济社会的竞争特质。

3.3 阿根廷工伤保险制度

之所以选择阿根廷工伤保险制度作为典型的制度来介绍,是因为同中国一样,阿根廷的工伤保险制度也处于转轨和变革中,也是非常年轻的制度。虽然阿根廷与中国的国情有较大差别,但在工伤保险制度改革中却具有某种相似性,它所面临的一些问题也是中国工伤保险制度应当解决的。

阿根廷工伤保险制度的首次立法在1915年,并由此开始实行了自愿参保的无过错责任制度。在制度建立之初,阿根廷工伤保险给了劳动者较多的自主权,即遭受职业伤害的劳动者可以选择向法院起诉雇主的过失从而获得用人单位的民事赔偿,也可以选择接受遵循无过错责任的工伤保险待遇赔偿。由于当时的工伤保险制度的非强制性,制度参保率低,对安全生产激励作用弱,而基于过错原则的法律诉讼赔偿方式经常造成较高的时间和经济成本,加之保险待遇偏低,工伤保险制度逐渐引起了人们的普遍不满。1991年,阿根廷政府对工伤保险制度进行调整,颁布了第24557号法律,这部法律虽然增加了参保范围和工伤待遇方面的规定,但与1915年工伤保险法律制度相比并没有太大的差别,原来制度的缺陷并没有得到克服,工伤保险制度仍存在成本高、效率低的弊端,企业和劳动者对工伤保险制度都产生了强烈的不满,在各种力量的推动下,1996年阿根廷工伤保险制度进入了真正的改革时期。

1996年阿根廷工伤保险制度改革开始,新的工伤保险法律规定工伤保险采取商业化运作的方式,强制劳动者参保,且一改以往由劳动者自由选择的做法,规定工伤保险待遇成为排他性的救济方式。阿根廷工伤保险制度改革的重点之一在于增强制度的财务稳定性,降低制度的经济成本。主要内容包括:

第一,通过保险定价的方式,使不重视安全生产的企业付出更高的成本,以费率的激励机制鼓励企业采取积极的安全生产措施。改革之前阿根廷推行的工伤保险虽然使用行业分类定价的方式,但并没有统一的经验费率厘定公式。1996年的阿根廷第24557

号法令的诞生是阿根廷工伤保险制度改革的标志性事件。它规定根据企业以往工伤事故发生情况（如事故发生的数量、类型和严重程度等）、当前的职业危险状况、劳动者状况（如培训情况、劳动者教育和技能状况、年龄等）、企业采取的安全生产措施、企业遵守劳动安全法规的情况以及工作场所的位置和分布状况，将所有企业分为572个门类，根据风险程度的高低，将企业分为不同的风险等级，据此实行行业差别费率。与改革前的工伤保险制度相比，详细的职业分类和差别弹性的费率等级对企业的安全生产产生了重要的激励作用。目前，阿根廷全国有26家保险公司参与工伤保险的竞争，全国工伤保险的平均费率在工资总额的2.4%左右。企业可以自由选择任何一家保险公司进行投保，且保险公司不能以风险程度高为借口拒绝承保，但可以根据企业的风险状况进行保险费率的调整。

第二，完善技术环节，加强管理。为了加强工伤预防，1996年，阿根廷成立了工伤保险局，编制了职业病目录，为保险公司的合理定价提供了重要依据。法律赋予保险机构对投保的企业进行安全生产检查和指导的权力，如果由于保险机构在检查中存在过错而导致工伤事故的发生，有可能面临被起诉的危险；反过来，如果保险公司已经尽到了对企业安全隐患的告知义务，由于企业的疏忽导致的伤害事故，保险机构不用承担赔偿责任。保险机构厘定的费率必须报政府管理部门批准，政府部门会对保险机构提出的保险费率进行评估，以保证不使保险机构的偿付能力受到影响。一旦发生保险机构无力支付工伤保险待遇的情况，则动用由政府和所有保险机构共同出资建立的储备基金。

第三，建立了较完善的信息系统。阿根廷新的工伤保险完善了职业病或职业伤害的上报系统，发生职业伤害事故时，用人单位必须及时上报,否则会受到重罚。企业的事故和损失情况在政府部门都有备案,可供保险机构随时查询。较为完善的事故报告系统对于政府随时掌握职业病或职业伤害发生情况发挥了重要作用,提高了政府职业安全和工伤保险决策的有效性。同时严格企业参保行为,用人单位不按时缴纳保险费或投保后新增员工而不上报将受到重罚;对于退保的企业,保险机构必须向有关部门及时上报。

第四,加强劳动者的安全教育和培训。阿根廷政府部门规定,用人单位必须在工作场所张贴明显的告示,向单位员工告知基本的权利和工伤保险待遇、本单位参加工伤保险的保险机构名称以及免费的事故举报电话等,以保证劳动者在职业安全、工伤保险方面的知情权。

除此之外,在阿根廷,企业的自我保障也被视为合法的保障方式,但法律和监管部门对申请自我保障的企业实行严格的规范。目前,全国仅有 8 家大的企业实行自我保障的形式,保障的员工数占所有参保人数的 1% 左右。

通过 1996 年的改革,阿根廷工伤保险取得了显著的成效。工伤保险制度的重点由原来单纯的职业伤害补偿转向更加注重劳动者的工作安全和职业伤害预防,严格的职业伤害报告制度使保险公司和监管机构能够获得更加准确和及时的工伤事故信息,从而为合理厘定工伤保险费率、更好地监管打下了良好的基础。

3.4 日本工伤保险制度

日本的工伤保险通常称为劳动灾害保险,最早的工伤保险立法颁布于 1911 年,规定了无过错责任的工伤保险制度,参保范围仅局限于部分工厂的工人,制度功能主要是为受到职业伤害的劳工或其遗属发放保险金。日本工伤保险制度建立之后,工伤保险法律历经修改,如从1954年开始,日本实行浮动费率制度,即对于职业伤害程度低的企业给予降低费率的奖励,反之则惩罚性地提高费率。1960年,日本劳动灾害保险制度导入了伤残年金制度,将硅肺、外伤性脊髓、事故伤残程度达到一至三级而丧失劳动能力者的长期待遇给付纳入劳动灾害保险的给付范围,并扩大了工伤保险的范围,强化了用人单位的义务。1969年,日本将所有用人单位都纳入了劳动灾害保险制度。1973年,又将通勤事故列为劳动灾害保险的赔付范围。与此同时,日本公务员的劳动灾害保险制度也逐步建立,1951年制定的《国家公务员劳动灾害保险法》规定,国家公务员在公务中遭遇意外事故,将得到包括疗养给付、伤病假工资、伤病或残废补偿年金、护理给付、遗属给付和丧葬费用等内容的工伤给付,并为其提供各种护理与康复的福利服务。1967年,日本颁布了《地方公务员劳动灾害保险法》,设立了地方公务员劳动灾害保险基金,地方公务员在执行公务或上下班途中遭遇意外事故的,将从劳动灾害保险基金得到赔付,内容大体上与国家公务员劳动灾害保险相同。到目前为止,日本的劳动灾害保险法律基本上已将所有雇员人数1人以上的企业纳入保险范围之中,成为少有的劳动灾害保险较完善的亚洲国家。日本虽然也实行无过错责任原则,但与其他国家不同,对于工伤受害者而言,工伤保险待遇并不是排他性的救济,工伤职工或其遗属有向法院起诉用人单位的权利。日本工伤保险的突出特征为:

第一,差别费率和浮动费率相结合的费率机制。与其他许多国家一样,日本的工伤保险也实行差别费率和浮动费率相结合的方式,以刺激企业采取安全措施。企业费率的高低取决于企业职业风险程度的高低,政府根据最近三年的工伤保险成本,每三年调整一次,根据2003年的保单年度,日本工伤保险的最高费率为11.8%,最低费率为0.45%。日本工伤保险经验费率的厘定与企业规模的大小密切相关,根据企业以往的风险状况、伤亡情况以及企业规模的大小来确定保险费率;一般情况下,这种方法较多地适用于规模较大的企业。在全日本的200多万个企业中,有4.4%的企业实行经验费率制,但在这些企业中,被保障的劳动者远远超过全国参加工伤保险制度总人数的4.4%。日本行业分类细密、行业费率差别较大,不同的行业由于各自风险状况不同,支付的保险费也大不相同。如在风险较低的渔业,当前费率不足2.5%,而在职业伤害程度较高的运输业,劳动灾害保险费率将近工资总额的16%。即便在同一行业,各企业的保险费率也不一样,根据企业的具体情况,可以在行业费率的基础上上下各浮动45%,因此,行业相同但风险状况不同的企业工伤保险费率会相差甚远。显著的费率差别为企业提供了较好的职业安全激励机制。

第二,严格具体的管理。用人单位向厚生省投保,由厚生省负责劳动灾害保险待遇的支付、工伤康复、职业安全标准的执行、争议解决等工伤保险事务。日本的工伤保险制度有严格的事故报告规定,用人单位必须及时向工伤保险厅和厚生省上报工伤事故情况,尤其是对于造成误工4天以上的工伤事故,用人单位必须立即上报;损失较小的事故也必须上报,但时间要求稍宽松。对于隐瞒不报或上报虚假情况的企业,将受到最高50万日元的罚款。另外,如前所述,日本法律允许职业伤害受害者起诉有过失的企业,并能够获得法院判定赔偿额和工伤保险待遇差额的部分,使不重视职业安全的企业付出更多的代价,可以较好地约束企业行为。

4. 国际工伤保险制度的规律总结

从国际上看，工伤保险制度经历了从无到有、从不规范到逐渐完善的过程，工伤保险制度承担的责任范围逐渐扩大，政府和社会在职业安全与工伤保障中的责任逐渐加强，劳动者的权益保障逐渐扩张。这与社会文明的发展相联系，也源于社会保障保障社会成员发展权益的终极目标。从前面的分析可以看出，各国工伤保险制度千差万别，各有其特色。虽然具体制度环节各不相同，但各国工伤保险制度的共同性也可见一斑。

4.1 制度实施技术的趋同化

从制度安排和实施方面看，各国工伤保险制度有明显的技术相通性。首先，各国工伤保险制度都实行无过错责任原则，遭受职业伤害的劳动者无须举证雇主的过错，即可得到工伤保险的保障，这是各国工伤保险制度最根本的共同点。其次，无论是实行商业工伤保险的国家还是实行工伤社会保险的国家，为确保劳动者享受工伤保障，都通过法律法规规定企业和劳动者参保，体现了工伤保险制度的法律强制性，成为劳动者风险保障的第一需要。再次，各国均实行了风险关联的费率制度，工伤保险费率和行业风险状况相联系，更与各企业的风险状况相关，企业工伤保险缴费与其安全状况挂钩，通过工伤保险费率较好地反映了各企业的风险状况，不但促使企业为节约工伤保险缴费成本而采取安全生产措施、做好工伤预防，而且进一步减少了赔偿、康复的费用，促进了工伤保险制度成本的节约。最后，与一般伤害相比较，职业伤害是劳动者在劳动过程中付出的除体力和智力之外的额外代价,有其特殊性,这决定了工伤保险待遇都较高,不但包括劳动者本人的医疗费用、伤残补偿,而且还包括丧葬费用和劳动者家属津贴。除此之外,劳动者不缴费、差别费率制、工伤保障待遇与劳动者收入关联等也是各国普遍的做法。

4.2 制度目标的趋同化

就工伤保险本身的运行来看,各国改革的目标都是向实现预防、康复和赔偿并重的系统化制度发展。虽然从理论上讲,工伤保险制度应当是工伤预防、工伤康复和工伤赔偿三位一体的有机体,但现实中要真正实现三位一体的有效结合并非是一蹴而就的事。从世界各国的工伤保险制度发展轨迹来看,都是经历了漫长的调整和完善的过程。如阿根廷工伤保险制度改革的重要原因之一就是它原来的工伤保险在工伤预防方面的能力不足。在1996年的改革中,为克服工伤预防不力的弊病,新的工伤保险法建立了严格的工伤预防制度,规定保险机构必须对投保企业进行安全生产方面的检查和指导,严格了职业伤害申报制度,以便政府机构及时掌握工伤信息。日本规定,工伤职工除享受到工伤保险赔偿外,还可以起诉对职业伤害存在过失的雇主以增加企业忽视安全生产的成本,或对就工伤事故隐瞒不报的企业罚以重金等。利用费率手段刺激企业进行工伤预防也是各国在改革中要逐步实现的目标,如在美国、阿根廷和澳大利亚等国家,它们的行业分类都多达500多个,工伤保险费率等级也多达500多个,奖惩分明,从而发挥了良好的企业安全激励作用。德国工伤保险同业公会更有非常积极的工伤预防计划,不但每年都投入巨额资金开展职业安全健康研究,而且法律规定同业公会可以对有不良生产记录的企业处以罚款,并赋予同业公会随时随地进入企业进行安全状况检查的权力；对工伤和职业病患者，则尽可能实现其全面的康复，促进他们重新融入社会而不得有任何歧视或排斥，等等。由此看出，各国工伤保险制度在调整和改革的过程中都逐渐实现由赔偿的单一功能向预防、赔偿和康复等多重功能并进的目标，各国工伤保险制度的目标效应有明显的趋同性。

4.3 保障对象和保障范围扩张

从各国工伤保险制度发展历程看，工伤保险的保障对象和责任范围都有一个由小及大的发展过程。同其他社会保障制度一样，工伤保险在世界各国建立之初都仅局限在较小的范围内，随着制度的改革和发展，受保障对象才逐渐扩大到各类劳动者。如日本工伤保险制度建立之初只为一部分工厂工人提供职业伤害保障，而现在其制度覆盖了包括农业从业者在内的几乎所有劳动者，其保障水平、待遇项目也远远超过了制度设立之初的水平；美国工伤保险制度建立伊始，保障对象仅为一部分铁路工人、海员，而其当前各州的工伤保险制度也覆盖了绝大多数受雇者，等等。从保障责任范围看，各国都有一个责任扩大的过程，如日本，从制度建立到1973年的调整，终于将通勤事故列入保障责任范围；德国近年的工伤保险改革从"将通勤事故从工伤保险责任中剔除"的措施一提出，就遭到了学界和政府的同时质疑乃至反对。从归责原则的演进看，从雇员自我承担责任到过错责任再到无过错责任，从雇员承担完全的职业伤害损失到雇员承担一部分职业伤害损失再到雇员完全不承担职业伤害损失，说明工伤保险制度保障（或雇主对雇员）责任的扩大和工人权益的扩张。

4.4 制度发展方向在探索中明确

虽然工伤保险制度各有侧重，但各国都力图在改革中寻求和建立适合本国国情的工伤保险制度。如前所析，德国、美国、阿根廷、日本等各国之所以选择了不同的工伤保险制度模式，不仅因为受制于其经济发展水平和发展模式，而且与该国社会背景、文化传统等密切相关。美国作为典型的移民国家，又是自由主义盛行的国家，各种不同的文化观念和行为方式碰撞与交织在一起，加之联邦制的政治体制，为其各州工伤保险制度的多样性提供了社会文化及思想基础。而在德国，虽然其政治体制同美国一样是一个联邦制国家，但日耳曼民族文化的严谨、缜密在其社会经济活动中表现得淋漓尽致，这也为德国自治管理、运行稳定的工伤保险制度提供了哲学上的指导。再如阿根廷，虽然作为联邦制国家，但其工伤保险制度与同为联邦制的美国、德国有着截然的不同，阿根廷工伤保险不但实行商业化的保险形式，而且有企业自保形式的存在。日本作为中国的邻邦，其劳动灾害保险与中国的工伤保险相比有着巨大的差别，等等。因此，各国工伤保险制度不单单是一个制度，而是经济、社会、文化等多种综合因素的反映。各国的工伤保险制度都在不断的调整中逐步更加适应本国国情，在调整和完善中实现对劳动者更高程度的保障。

5. 结 论

各国工伤保险制度多种多样，任何制度都有其独有的特征。从世界工伤保险制度形成发展的历史看，时代在变化，工伤保险制度也在随着社会经济背景的变化而变化，各国制度的改革不仅是制度自身进行的调整和完善，更是对变化了的环境的反应和适应。但万变不离其宗，在各种调整和适应中，渗透着政府和社会对社会成员发展权益责任的增强，也体现着作为社会成员的劳动者权益的扩张。

各国不同的制度安排和发展轨迹告诉我们，工伤保险制度不仅决定于经济发展水平，而且还与各国的政治、社会文化等背景密切相关。各国在实施工伤保险制度的过程中，逐渐或正在寻找适合本国国情的、最大限度发挥制度效率的实施方式。但无论实施何种形式的保障方式，其最终目标都是同一的，即实现职业安全和工伤保障并重的社会目标。全面地考察各国工伤保险制度和特定国家的具体安排，不难得出对我国工伤保险制度发展的启示和借鉴。

第八章 工伤保障制度的未来发展

1. 引 言

转型期是一个特殊的时期,既是以市场经济为基础的新型社会的开端,又是传统社会的终结,是一个从计划经济下的二元社会向市场经济下的城乡统一的一元社会的过渡时期,是承前启后的时期。经过转型期的分化组合和调整,中国社会将进入相对平稳的时期,市场经济体制完全确立并得以完善,社会结构进一步稳定。经过转型过程中相对失范的过渡,中国职业安全状况和工伤保险制度从组织管理、功能发挥、制度效率等各方面将得到加强。因此工伤保障制度的未来发展是基于转型期的现状,同时又高于转型期,是对中国工伤保障制度的发展方向和政策指导作出的总结与设想。

工伤保障制度的未来发展应当有科学的建制理念和明确的发展目标,这是制度发展的宗旨和思想指导,应在目标的指引下实施一系列可供操作的制度和技术,作为制度实施的手段和保证。但工伤保险制度作为综合性的职业安全和工伤保障措施,不但是宏观庞杂的系统,而且要求制度内部各环节技术的配合,同时更需要制度之外的相关政策措施的配合。本章即是从明确建制理念和制度目标出发,在借鉴工伤保险发达国家经验的基础上,对中国的工伤保障制度的未来发展进行设想和构建,并对相关配套政策和措施的建设提出一定的设想;对制度发达国家工伤保险的借鉴,主要基于对前文介绍的德、美、日等国家工伤保险制度的总结。

2. 建制理念与目标指向

明确的建制理念和政策目标是任何制度健康发展的必要前提和基本保证,也是最基本的指导和出发点。前文已述,我国工伤保障制度的未来发展基于转型期,又高于转型期。借鉴工伤保险制度发达国家的经验,结合转型期实际和工伤保障制度的未来发展,中国的工伤保障制度的建制理念应当以"安全工作、健康工作"为基本指导,而政策目标应当从工伤保障政策目标和制度建设目标两个方面进行分解。

2.1 发达国家工伤保险理念和目标总结

如前文总结,虽然世界各国工伤保险制度的具体安排各不相同,但制度发展方向和目标却逐渐趋同。

首先,以"零工伤"和制度长期稳定发展的目标为指导所形成的先预防后康复、先康复后赔偿的建制理念。发达国家工伤保险制度之所以能够实现长期稳定运行,这得益于它们在制度发展过程中长期形成的以实现"零工伤"和降低成本从而实现制度长期稳定运行的目标为指导的先预防后康复、先康复后赔偿的制度理念。发达国家的工伤保险制度,首先通过预防和康复达到减少伤害与促进工伤者再就业的目的,降低了长期的待遇支付,降低制度成本。如在德国的工伤保险中,工伤预防是放在首位的工作。尤其是对于工伤预防的投入,德国工商业同业公会每年都拨出专门的资金用于科学研究、劳动者培训、劳动医学服务、安全技术服务、企业管理咨询等工伤预防工作。笔者曾参观过位于科隆的德国工伤保险同业公会总部下设的职业安全标准技术研究院,这是专门研究职业安全标准的机构,每年由工伤保险同业公会从工伤保险基金中拨付大约2000万欧元的资金,专门用于该领域的研究。在德国共有6家类似的研究机构,它们均属于工伤保险同业公会,由工伤保险基金提供专门的研究经费,用于职业安全和工伤预防的研究。这不但较好地促进了职业安全科技与企业生产实践的结合,减少了工伤事故对德国经济造成的直接损失,而且从社会资源节约、劳动力供给等多方面对社会经济发展作出了贡献。减少职业伤害、促进伤残者就业,从根本上减少了赔偿支出。工伤保险制度在降低运行成本的良性循环中保持了旺盛的生命力。

其次,社会融合的理念是工伤康复的指导原则。2001年生效的德国《社会法案》第九章明确提出:德国境内不应当有任何一个人有被忽视和被排斥的感觉,任何一个残疾人或面临致残危险从而需要特殊帮助的人都有权利得到康复,而不管他们为什么致残。因此,德国工伤保险对工伤者的康复目标不仅仅局限于为他们提供照顾和帮助上,而且致力于减少或消除他们自主平等地参与社会的障碍,保障他们自主地参与社会以及减少他们在获取平等机会上所存在的障碍,从而赋予残疾人或有残疾危险的人尽可能独立和自我负责地处理自己事情的权利。由此,我们不难理解德国工伤保险中工伤康复总是优先于工伤赔偿的原因。另外,从工伤保险制度本身的发展来看,之所以对工伤劳动者实施健全的康复服务,就在于康复服务不但可以促使劳动者重新返回工作岗位,保证了工伤保险供款,而且可以通过康复减少长期的待遇支付,从而保持工伤保险制度的长期稳定性。笔者曾参观过位于康斯坦茨(Konstanz)市的一家脑神经系统损伤康复医院,这是德国南部最大的一家康复医院,有床位220张,其中收治了处于各期康复(在德国,伤残康复一般分4—5期,每期4周左右)中的脑神经受损者。经过康复,许多人都能重新回到原来的工作岗位或重新进入劳动领域。当然,完善的康复也需要强有力的经济支撑,对于一位脑部受损的伤者而言,每一期的康复费用都需要五位数甚至五位数以上的欧元。如果不了解德国的工伤保险的理念,我们也很难理解他们为什么会花如此的巨资在工伤(或伤残)康复上。

再次,工伤保险制度的良好运行得益于政府及相关部门强有力的监管。对于工伤保险制度运行环节的监管,可以减少各行为主体的不规范性,减少外部因素对制度的冲击。例如,美国政府对工伤保险制度的监管分为经济性监管和社会性监管两部分,在行业协会监管无果的情况下,州政府出面实行对费率的监管被视为最有效的监管方式,还颁布了《劳动基本法》、《劳动安全卫生法》等一系列法律,实施工伤事故和职业病预防。在德国,对工伤保险制度及运行环节的监管同样起到了规范各方行为的作用。如前文揭及的,法律规定同业公会具有任何时候进入任何企业实施任何有关职业安全和劳动保护检查的权力,也具有对企业工资记录进行检查的权力。对于同业公会的基金运用,政府也具有进行监督和资金调剂的权力,如针对近年德国矿山业工资总额低、从业人口下降、矿山业同业公会没有足够的保费收入来支付工伤保险待遇的情况,2004年,德国政府即要求其他同业公会为矿山同业公会补贴了40290万欧元。

先进的建制理念和制度发展目标是工伤保险良好运行的前提

与保证,发达国家的工伤保险制度之所以能够经受住时间的考验,是因为在先进的建制理念和制度目标指导下,不但能实现工伤预防、康复和赔偿的良性互动,而且在改善劳动条件、缓解劳资关系中发挥了重要作用。典型国家的工伤保险制度经历了长时期的发展而相当成熟,但它们也面临着制度的改革和资源整合的挑战,这中间有争论,也有异议,但改革结果最终仍将围绕保护劳动者权益的目标。在各种调整和适应中都渗透着政府与社会对社会成员发展权益责任的增强,也体现着作为社会成员的劳动者权益的扩张。因此,可以说,先进的理念和明确的目标是其制度成功的根本。

2.2 中国工伤保障建制理念和目标的确立

借鉴发达国家工伤保险制度理念和制度目标,中国工伤保障制度的长期发展首先应当遵循保障劳动者权益为根本的理念,以"安全工作、健康工作"为目标,提高劳动安全性。这样不但有利于改善劳资关系,而且是以人为本、构建和谐的必要举措。在中国工伤保障制度的未来发展中,应当确立两方面的理念和目标,即制度政策理念和制度建设目标。

第一,工伤保障制度理念和政策目标,即通过工伤保险制度应当实现的效果,这是制度赖以存在的基础。同其他社会保障项目一样,工伤社会保险制度从它诞生的那一刻起就被赋予了稳定社会、缓和阶级矛盾、调和劳资关系的社会职责,并且这些职责被作为主要的目标而存在,随着社会的发展和文明的进步,工伤保险保障人权、保障劳动者职业安全权益的目标得到升华,并成为制度最重要的着眼点。我国社会正处于转型期,工业化的飞速发展、社会的分化组合、劳资关系失衡、职业伤害形势严峻,这些都决定了中国的工伤保障制度不可能像工业化国家诞生之初那样首先以缓和阶级矛盾、调和劳资关系的手段出现,再进而发展成为劳动者的权益保护措施,而是要在发展之初就应兼具劳动者权益保护、调和劳资及稳定社会职能。因此,经过转型期的过渡,中国工伤保障制度要实现的政策理念和目标应当包括两个方面:

首先,保护劳动者权益应成为工伤保障制度的宗旨。当前转型期,由于发展程度和配套政策所限,工伤保障制度的制度手段和政策目标都比较单一,仅集中于工伤赔偿方面,且赔偿额度和保障效果尚存不足,更毋谈职业安全。虽然主管部门已经启动了工伤康复在全国的试点工作,但在如此薄弱的基础上,要形成完善的工伤康复体系无疑需要漫长的过程。中国工伤保障制度的未来发展应当将劳动者权益作为制度的核心政策目标,不但要保障工伤者的生存权、社会重新参与权、劳动权,而且要保障所有劳动者的职业安全权、职业安全管理的知情权以及监督权。从社会发展的角度看,社会的发展、文明的进步归根结底以人的发展为中心,对劳动者权益的保护既是人发展的前提,又是发展的体现。因此,以长远的眼光观之,中国工伤保障制度的未来发展应当是以劳动者的权益保护作为它最核心的目标。

其次,构建和谐的劳资关系。建设社会主义和谐社会已经成为我国经济社会发展的新的目标,而劳资关系的和谐则是和谐社会的重要组成部分。工伤保险作为一项社会政策,不但要保障劳动者的权益,而且对雇主也是一种保护,尤其在工伤赔偿作为排他性救济的情况下,工伤保险制度的实施可以免除企业对雇员职业伤害事故的赔偿责任,减少雇主和劳动者之间由于职业伤害赔偿而产生的纠纷;职业安全、劳动保护标准和劳动法规的实施又能够形成对雇主在劳动者安全中的责任约束,使工伤保障制度可以对协调劳资关系起到重要的作用。另一方面,在劳动保护和安全措施的实施中,企业作为劳动者职业安全的主要责任者,安全设备和措施的改善必然导致企业生产成本的提高,工伤保障制度通过职业安全标准的合理科学制定,既可以保障劳动者的一定水平的职业安全,又可以使安全生产成本控制在企业主可接受的范围之内,可以在更深层次的意义上实现劳资关系的和谐。实现和谐的劳资关系,避免发达国家在工业化初期出现的劳资矛盾激化对社会的冲击,无疑对我国经济社会的稳定发展具有举足轻重的作用。

第二,制度发展目标,即工伤保障制度体系建设要达到的目标。一直以来,预防、赔偿、康复三位一体是完善的工伤社会保险制度必不可少的组成部分,工伤保险制度功能完善的国家均已实现了工伤预防、赔偿、康复三者有效结合的整个工伤保险制度体系的良性循环。建立集工伤预防、赔偿和康复于一体的工伤保险制度也是中国工伤保障制度已经明确的发展目标。具体而言,它应当包括一系列相辅相成的子系统。

首先,建立完善的职业安全和劳动卫生监督管理制度,这是实现工伤预防的基础。不发生或最大限度地减少工伤事故发生是工伤保障制度的最高境界,工伤预防的有效实施既可以减少职业伤害事故对经济社会造成的直接和间接损失,又可以减少工伤保险制度本身的赔偿和康复支出,无论从经济和社会效益各方面分析,其事半功倍的效果都是作为事后补救的赔偿和康复环节难以比拟的。而工伤预防要求科学的职业卫生标准、有效的劳动保护措施以及对违反劳动安全法规和职业安全标准的严格的激励与惩罚,这是实现职业安全的前提和必备条件。因此,中国工伤保障制度的发展目标之一是建立完善的包括上述环节在内的工伤预防体系。

其次,建立灵活科学的费率机制和弹性合理的赔偿措施。当前转型期,虽然我国工伤社会保险制度在其自身转型之初主要集中在工伤赔偿方面,但由于统计资料、精算技术等各方面的限制,费率机制和赔偿标准并没有达到科学合理的水平,各行业的工伤保险费率水平并没有真实地反映出它们真正的风险水平,行业之间的工伤保险费率缺乏合理的差别,无法形成对企业安全的激励,这一点在前文提到的几个国家的费率状况可以找到答案。① 科学的费率机制不仅能够对企业的职业安全措施的实施产生良好的激励,而且通过科学的费率水平的测算能够保证工伤保险基金的充足性,保证工伤预防资金的提取和工伤赔偿、康复资金的支付。另外,通过对不同行业企业的不同风险水平实施不同的工伤保险率,可以体现制度内不同行业、不同企业的公平性。一言以蔽之,科学合理的费率机制在实现工伤预防、赔偿、康复的有效结合中能够起到承前启后的作用。因此,工伤保险未来发展的另一个重要环节是必须实现灵活科学的费率测算和厘定。

工伤赔偿是整个工伤保障制度中保障工伤劳动者权益和实现社会公平的最后、最基本的一道防线,合理适当的工伤赔偿水平是保障工伤劳动者生存权益必要的经济基础,赔偿水平随社会经济发展的弹性化则关系到他们能否与其他社会成员一样分享到社会经济发展成果。适度的赔偿水平和弹性化的赔偿方式应当同灵活

---

① 与典型国家的工伤保险费率比,中国的工伤保险费率行业差别是最小的,如日本,行业差别费率占工资总额的 0.45%—11.8%不等,德国的工伤保险费率从 0.5%(公共管理部门)—14%(矿山行业)不等,再如澳大利亚工伤保险费率从低到高分别从 0.31%—11.79%不等。

科学的费率机制一样,成为保障我国工伤保险制度基本有效性的技术手段和发展目标之一。

再次,建立全面的工伤康复服务体系。工伤康复包括职业康复、社会康复和心理康复,它是实现工伤劳动者返回工作岗位、重新融入社会的有效措施。工伤康复事业的充分发展,既可以通过职业康复实现社会劳动力的保存和再生产,又可以减少工伤保险制度本身的基金支付压力。但由于发展观念、医疗水平、资金技术等因素的影响,我国工伤康复尚处于原始的发展阶段,全国除广州、南昌等几处较规范的康复中心外,其他大部分地区的康复事业都非常薄弱甚至一片空白。虽然由国家人力资源和社会保障部推动的工伤康复试点已经于2007年启动,但无论康复设施还是康复技术都不能与工伤保险制度发达国家同日而语。因此,中国工伤保障制度未来发展的目标应当包括完善和健全的工伤康复服务,这也是工伤保障制度必要的有机组成部分。

最后,中国工伤保障制度未来发展目标还应当包括完善的服务系统、简便的操作手续、发达的信息技术等。归根结底,工伤保障制度的最终服务对象是企业和劳动者,要通过对劳动者的保护和保障实现其目标,而企业作为工伤保障的主要责任者亦是制度保护的对象。因此,工伤保障制度的发展应当以方便企业和劳动者为宗旨,建立完善的服务系统和服务手段。

3. 工伤保障制度的宏观构建

虽然工伤保障制度的构建不可能摆脱一国经济、政治、社会文化甚至历史观念的影响,但国外成熟的工伤保险制度的宏观架构、运行和管理体制仍然可以成为我国工伤保障制度未来发展的借鉴。

3.1 发达国家的制度架构借鉴

发达国家工伤保险制度的成功,不仅得益于先进的理念和合理的目标指导,而且因为它们具有同本国国情相适应的工伤保险制度架构。

在德国,工伤保险由工伤保险同业公会组织管理,所有行业的工伤保险分为三大部分:工商业部门、农业部门和公共部门的工伤保险制度。德国负责管理工伤保险的机构为同业公会,作为独立于政府之外的社团组织,它承担了工伤保险制度的组织、运营和管理的一切事务,包括筹资、赔付等工伤保险的一切方面,同时它还承担着对企业劳动保护和职业安全卫生状况的监察任务,保证劳动者在符合国家职业安全标准的环境中工作。德国同业公会管理工伤保险的权限职责与义务由国家法律规定,并由德国联邦劳动和社会保障部对工伤保险实施监督。德国工伤保险由社会第三部门负责的自治管理模式,相对集中了工伤保险中职业安全、工伤康复及赔偿等一切管理权限,有利于形成资源优势,提高管理效率。以第三部门作为管理主体,有利于克服政府部门在制度管理中的内部性和效率损失;而来自政府部门、雇主和雇员代表的监督又形成了同业公会提高管理效率的约束。这样,在德国工伤保险制度管理中形成了以同业公会为主导的、以政府监督和社会监督为补充的制衡机制,保证了制度的有效性。

作为典型的联邦制国家,美国建立了联邦政府和州政府共同负责管理的多层次的职业安全监察与服务制度。从联邦政府的层面,有美国职业安全与卫生署作为负责职业安全卫生的监督机构,此外,各州政府有其自己的职业安全卫生监督机构,它可以根据本州的具体情况制定适用于本州的职业安全和卫生标准,另外,还有美国职业安全与健康复审委员会的监督。同时,法律还赋予了劳动者在职业安全方面的参与权、知情权和工作保护权,除联邦《职业安全健康法》外,基本上所有的州都有自己的法律,形成了从联邦政府到州政府多层次的职业安全和卫生保障机制。

3.2 双层的工伤保障模式

工伤保障制度不但受制于其经济发展水平和发展模式,而且与该国社会背景、文化传统等密切相关,如前文分析到的德国、美国等国家文化、社会环境对它们的工伤保障制度产生的影响,足以说明了这一问题。因此,各国工伤保障制度不单单是一个制度,而是经济、社会、文化等多种综合因素的反映。结合我国经济、社会、文化和工伤保险制度改革的实际,如何从长远的视角,建立适应我国经济社会文化特征的工伤保障制度,是我国现阶段改革过程以及未来发展构想中必须思考和澄清的问题。

所谓双层的工伤保障模式是指以工伤社会保险为基础、以商业雇主责任保险和意外伤害保险为补充的保障模式。这一点已是许多专家学者关于我国工伤保障的设想,在前文的文献综述中已有引证(如郑功成1996年即已提出,工伤保险制度发展的目标应当是建立普遍统一的社会工伤保险制度,但现阶段应采取工伤社会保险和雇主责任保险双轨并行的体制,这也可称得上是学者最早提出的关于我国工伤保障制度发展目标的构想)。但由于中国处于转型期的工伤保险制度迟迟没有定型,发展滞后于经济社会和职业安全形势的变化,对于双层的保险应在何种领域、何种范围下发挥作用,一直没有较详尽的论述。

"双层的工伤保障模式"包括为工伤劳动者提供保障的社会保险和商业保险两个层次。在中国转型期内,由于工伤社会保险制度的发展远不能满足现实的需要,商业雇主责任保险和意外伤害保险在一定领域、一定范围发挥工伤保障的作用有其可行性和必要性。但现实中由于两者角色分工和各自承担的职责不够明确,现实中往往存在着这样的矛盾,即在工伤保险发挥作用的领域,商业保险也有涉足,而在商业保险还没有发挥作用的地方,工伤社会保险也难以承担其职责,这就使两者一方面具有某些领域的竞争和冲突,另一方面又存在某些行业领域的同时缺位。我国工伤保障制度的未来发展方向应当以双层的工伤保障模式为目标,这不仅是解决所有劳动者工伤保障问题的需要,更是世界各国工伤保险制度发展的经验总结。无论工伤社会保险制度多么发达的国家,都离不开商业保险在一定领域的补充作用;无论商业保险多么发达,都无法完全取代工伤社会保险在劳动者工伤保障中的基础性作用,如德国;而即便在由商业保险完全承担工伤保险责任的国家,其发展仍然以政策的引导和社会功能的发挥为基础,如美国的部分州。

如前文所述,经过改革、试点的转型,虽然中国工伤社会保险制度的基本框架已经确立,但由于严重的路径依赖和历史、现实的原因,工伤保险制度在中国的转型并不彻底,从而并不是完全社会化的保障制度。制度政策的连续性要求它不可能在短期内发生根本的改变,而是会沿着当前的制度设计发展下去,这就使双层的工伤保障模式更具有必然性和必要性。所谓双层的工伤保障模式,

"双层"是指在职业伤害保障领域存在基础性的工伤社会保险和补充性的商业保险两个层次的保障,工伤保险发挥基础的保障作用,商业保险是社会保险的补充,在工伤社会保险不能发挥作用的领域承担起职业安全和工伤保障的职责,两者共同构成整个工伤保障体系,面向所有符合条件的劳动者。双层的工伤保障模式要求各自在不同的领域和层面发挥作用。

首先,工伤社会保险制度应当是一张不留遗漏的安全网。工伤社会保险作为以国家为最终责任主体的社会保障制度,和其他社会保障项目一样,对所有劳动者具有普遍意义,任何劳动者都应当成为工伤保险的受保障主体,享受职业安全和工伤保险制度的保障是每一位劳动者的天赋权益和政府不可推卸的责任。工伤社会保险制度的社会保障职责决定了它不应当受劳动者从事的行业领域的限制,也不应受用工形式的限制。保障所有劳动者的劳动安全和工伤权益,是政府和社会对社会成员安全责任的体现,也是保证工伤劳动者生存发展权益与分享社会进步成果的体现和必要举措。作为基础性的保障措施,社会保障的目标定位决定了工伤社会保险只能为劳动者提供水平较低的基本保障,而就我国工伤保险待遇实际标准看,也仅能保障工伤者基本生活权益。因此,工伤保险作为社会保障体系中最重要的制度之一,应当成为对劳动者的职业安全和工伤权益最普遍、最基本的保障措施。

其次,商业保险作为工伤社会保险的补充弥补后者的不足或提供较高水平的保障。按照《工伤保险条例》的规定,中华人民共和国境内各类企业职工和有雇工的个体工商户都应当按规定参加工伤保险,可见,由《工伤保险条例》规定的工伤保险关系是以雇佣关系存在为前提的,即只有存在雇佣关系的劳动者才能够享受条例规定的工伤保障权益,而对于大批没有雇佣关系的劳动者,包括灵活就业者和自雇者,则无法根据相关规定享受到工伤保险的保障,这不但是中国工伤保险制度转型期面临的难题,而且是制度未来发展中应当解决的问题。随着就业形式的多样化,这部分劳动者并不会随着转型期的结束而消失,而是会和正规劳动者一样,成为我国劳动者群体的组成部分。因此,在工伤社会保险制度对这部分劳动者的工伤保障问题没有明确规定而无法发挥保障功能的情况下,商业保险无疑可以作为弥补这一空白的保障方式。从保护雇主的角度来看,由于《工伤保险条例》及其他工伤保险法规对工伤劳动者在获得工伤赔偿后是否具有向有过错的雇主请求民事赔偿的权利,并没有进行明确的规定,而《安全生产法》第四十八条却明确指出,因生产安全事故受到损害的从业人员,除依法享有工伤社会保险外,依照有关民事法律尚有获得赔偿的权利的,有权向本单位提出赔偿要求。虽然实践中,全国大部分统筹区都实行工伤赔偿和民事赔偿不可兼得的做法,即将工伤保险待遇作为一种排他性救济,但根据现有法律,工伤保险制度并不能免除雇主由于其自身过错而造成的对劳动者的赔偿责任。雇主责任保险以雇主对劳动者的安全责任为保险标的,代为承担雇主应当承担的对劳动者的赔偿,可以免除雇主对劳动者的损失赔偿责任,体现了对雇主的保护。另外,按照现行框架发展下去的工伤保险制度,保险待遇标准较低,一部分工伤赔偿责任亦按照规定由雇主承担,因此,劳动者或雇主均可以以商业个体或团体意外险或雇主责任保险作为必要的补充。

当然,双层的工伤保障模式并不是轻而易举能够实现的,这要求在工伤社会保险和商业保险两者明确分工的基础上社会保险经办机构与商业保险公司对各自职责进行明确的定位,也要求工伤社会保险和商业保险管理部门在政府与市场两个层面的协调及配合,这一点将在后文"责任分担与协作机制"中进行论述。

3.3 优化的中国工伤社会保险制度

优化的中国工伤社会保险制度应当实现由当前的赔偿为核心的低层次目标向预防为主目标的转化,并最终实现预防和康复并重,这是实现三位一体的工伤保险制度的关键,也是降低制度运行成本、实现长期良好运行的基础和前提。

前已述及,中国工伤保障制度的未来发展应当确立以劳动者保护为核心的政策目标、主辅互补的工伤保障模式,而要真正实现劳动者职业安全和工伤保障权益,为他们提供与一般社会成员一样的发展权利,则需要职业安全、工伤赔偿、工伤康复三位一体的工伤保险制度体系的真正贯彻和实施。本部分的着眼点在于剖析如何实现工伤保险制度由赔偿为核心向预防为主、最终向预防与康复并重的制度的转化,实现三位一体的互动。

从制度体系和管理的统一性而言,工伤保险的预防、康复和赔偿三个环节是相辅相成、互为促进的,工伤预防和工伤康复的有效实施可以减少工伤赔偿支付,减少基金压力,从而可以提取更多的基金用于工伤预防,改善劳动者职业安全条件,进一步从根本上减轻赔偿和康复的压力。但是,现阶段我国多头管理的管理体制使工伤社会保险制度在工伤预防、康复和赔偿三位一体功能的实现中效率低下,部门之间的制约和掣肘并不能使制度体系按预想的水平发挥作用。因此,在工伤社会保险制度的未来发展中,管理的协调是上述转化实现的着眼点。

第一,职业安全管理和工伤社会保险管理部门职能的协调。职业安全和工伤预防作为工伤保险制度体系职业安全的第一道防线,应置于突出的地位,这既是制度完善国家的经验总结(如德国),也是我国职业安全形势好转的需要。由于当前职业安全和工伤保险管理权限不统一,既不能有效整合工伤预防资源,也不能实现安全生产监督管理和职业卫生监督部门与劳动保障管理部门的信息反馈,从而也无法促进制度的更合理发展。因此,理顺职业安全和工伤社会保险管理体制是我国工伤保险制度发展的重要任务。从世界各国的经验看,职业安全和工伤保险作为技术性强、专业领域广泛的综合性工作,一般都由同一部门集中管理,如美国劳工职业安全卫生管理局,负责职业安全劳动卫生监督、职业安全标准设定、职业伤害报告等有关职业安全和工伤预防的所有工作,而德国的职业安全与工伤预防及工伤保险管理则集中于工伤保险同业公会管理,并由法律赋予采取一切适当措施实现职业安全和工伤预防的权力。因此,从长期发展的角度看,我国职业安全与工伤保险宜集中于同一部门管理。一种选择是将安全生产管理、职业安全监督和工伤预防的权限集中于安全生产监督管理部门,并由法律规定从工伤保险基金中提取一定比例的资金作为职业安全和工伤预防投资,资金可由安全生产监督管理部门使用,但必须接受工伤保险管理部门——人力资源和社会保障部门的监督,这样一方面能保证工伤预防政策措施的统一性,避免政出多头;另一方面将安全生产基金投入纳入法制化管理,也使得安全生产和工伤预防有了经济上的保障。另一种选择是将职业安全管理和工伤社会保险事务完全集中于社会保障管理部门,由社会保障管理部门行使全部职业安全和工伤预防以及工伤保险管理的责任,以提高权力职责的协调和工伤保险基金在工伤预防、康复以及赔偿中的运用效率。

当然,实现职业安全和工伤保险管理工作的协调应当具有配套和法律保障。虽然相关法律对工伤预防工作进行了规定,对安全生产和事故预防中的部门配合进行了规定,但对于如何实现部门之间的配合并没有清晰明了的交代。《安全生产法》对安全监察及工伤事故处理中的部门协调虽然作了规定,但在何种程度、何种范围内进行怎样的配合却没有明确,这使执法过程中的效率低下不可避免。因此,实现职业安全、工伤预防和工伤社会保险管理的协调,必须具有法律的保障,如应颁布专门性的《职业安全保障法》或对《安全生产法》进行修订,使其具有更强的可操作性和实践性。

第二,职业伤害与工伤社会保险信息管理和技术的协调与共享。由于当前我国职业安全和工伤赔偿、康复等工作分属于不同的部门管理,部门之间各自为政,不但在组织管理上难以协调,而且信息和技术难以共享。工伤保险是以风险的分散聚合为基础的制度,适量而充足的基金是制度运行的基础。而工伤保险费率设定、赔偿水平的高低、工伤预防和康复资金的使用适当与否都关系到工伤保险基金的平衡和稳定。尤其是工伤保险费率,需要在积累多年风险概率和数据经验的基础上才能较好反映风险发生的实际概率,从而厘定出科学的费率。数据统计和信息系统的建立与发展是基础之基础,在没有完善的信息管理和技术系统的条件下,任何有关工伤保险制度的政策措施都具有盲目性。因此,实现工伤保险制度的上述两个转化,应当建立完善的信息管理和技术共享机制,实现不同职能部门在制度环节协调中的信息共享和反馈。

具体包括：

首先，建立全面的工伤事故数据统计和信息共享机制，对工伤事故类别、风险因素及原因、事故损害结果及受害者详细状况从质和量两方面进行统计与分析，并实现职能部门之间信息的反馈和共享。完善的事故统计和信息机制能为工伤保险费率以及赔偿方式和赔偿水平的厘定提供充足有效的资料，为职业安全标准的设置提供更加科学的技术依据，有利于更有针对性地开展劳动者职业安全培训。而对事故损害后果及善后的分析，可以更有针对性地开展事故补偿、康复等工作，对于整个制度系统的运转、通过制度实现社会公平和保障劳动者权益具有决定性的作用。

其次，工伤社会保险制度最终是以劳动者为服务对象的，劳动者的安全和保障需要最终决定了工伤社会保险制度的发展目标与方向。而各自为政的服务系统和技术手段不但造成资源的浪费，而且还阻滞了服务技术水平的提高，因此，工伤保险各环节职能部门之间和各地区之间应当实现技术与服务手段的共享，以实现优势互补提高服务水平。

再次，科学研究的反馈和共享。职业安全水平的提升与工伤社会保险制度的发展需要较高的科学研究水平，世界上职业安全形势好、工伤保险制度完善的国家都拥有雄厚的科学研究力量作为支撑。高水平的职业安全与工伤保险科学研究，对职业安全标准的制定、劳动保护设施的发展都具有决定性的作用。而无论职业安全，还是工伤保险的研究，都必须转化成现实的技术，才能够发挥真正的作用和价值。部门之间科学研究的互补和共享不但可以优化科研资金使用效率、整合科研资源，而且最大的作用在于提高整体职业安全和工伤保险研究水平，从而推动整个工伤保险制度的发展。

第三,工伤保险与医疗卫生体制以及残疾人康复事业的协调和共享。实现由赔偿向预防、最终向预防与康复并重的转化,是工伤保险制度三位一体的制度体系建立的核心和标志。工伤康复作为促进劳动者重新融入社会、保证工伤保险制度节支的手段,是包括职业康复、社会康复和心理康复的专业性工作,工伤康复的实施不但需要专门的技术人才,对设备设施也具有较高的要求。我国工伤康复发展的最终目标应当是建立符合我国国情的工伤康复模式。[①] 因此,在我国现有的工伤保险制度承受能力、工伤康复专业人才和技术条件下,如果投入大量的资金、技术和人力建立专门的工伤康复中心,不但会造成资源的重复和浪费,而且在短期内不可能实现上述若干方面的迅速提升(如据统计,我国全国仅有5600名工伤康复专业技术人才,每10万人拥有0.4名工伤康复专业技术人才,仅能满足实际需求的1/70[②])。工伤社会保险制度并不是孤立存在的,而是与其他政策措施紧密联系的政策系统。工伤康复的发展可以利用现有医疗资源以及残疾人康复设备、人才,不但可以提高现有资源的使用效率,而且可以较快提高工伤康复水平和效果。当然,由于工伤康复的非独立运营,且资金又来源于工伤保险基金,这样势必会增加资金运用的监管难度。因此,应当像对职业安全投资的监督一样,赋予工伤保险管理部门对工伤康复基金使用的监管权力,以立法的形式将工伤康复基金的运用纳入到日常的工伤保险基金监管之中。

---

① 参见孙树菡:"探索适合中国国情的工伤康复模式",郑功成、[德]贝克尔主编:《社会保障研究》2005 第 1 期,中国劳动社会保障出版社,第 175—183 页。
② 资料来源:第二届工伤康复论坛(2005 年 12 月)。

4. 责任分担与协作机制

所谓责任分担和协作,是指在工伤保障中政府、市场和企业三方的职责分工与协作。工伤保障制度的健全和功能的充分发挥需要集预防、康复、赔偿于一体,这其中,不但要求政府功能的合理定位,而且需要企业在工伤保险中能动性的发挥,同时还需要市场在某些方面的补充和调节。而对于作为工伤保险补充的商业保险,政府、市场和企业职责的发挥又必须有不同的层次与定位。

4.1 工伤保障中的政府职能

在人类社会产生之初,政府是社会的管理者、支配者和统治者,具有较强的支配和统治特征;在现代社会,政府更多以社会管理者和秩序维护者的身份而存在。政府的职能主要集中在公共产品的供给、社会事务的管理以及政策法规的制定执行和监督上。尤其在市场经济条件下,有效的政府是经济社会持续健康发展的必要保证,它既能对市场经济中经济个体的行为和经济活动起到催化剂的作用、调动生产因素的活力和积极性,又能对市场中的失范行为进行矫正和补充;既能提高政府自身的效率和管理、使用社会公共资源的效率,又能实现政府能力的改进和提高。工伤社会保险制度作为一项实现社会效益的公共政策,是以政府主导下的公共产品,具有非市场化、非经济利益导向的性质,但由于工伤保障中环节措施的实现归根到底要依赖企业对政策标准的贯彻以及保险费的缴纳和支付,依赖于企业对其在工伤保障制度中责任的承担和职责的履行,因此,企业作为市场中独立的经济个体,同时也在一定意义上成为工伤保障的生产者和创造者。这就使工伤保障在作为一种公共产品存在的同时,也融入了私营部门和经济个体的职能和作用。并且,在这种公共产品的生产中,企业以及劳动者等经济个体的作用较其他保险项目更加突出,这也是工伤社会保险制度不同于其他社会保险项目的典型特征。因此,政府在工伤保障的发展和优化中的职能应当从两个层面加以界定。

第一,从社会公共政策的层面看,工伤保险作为实现社会效益的制度安排,政府应当承担主导者和主要供给者的职能,这一点主要由作为工伤保障的主体——工伤社会保险来体现。虽然,工伤社会保险制度中,企业在劳动安全和工伤保险费缴纳中是主要的实施者与责任者,任何劳动安全措施最终都要通过企业行为实现,工伤保险资金完全来源于企业缴费,但从制度整体和制度本质看,同其他社会保险项目一样,工伤社会保险是以政府为主导的公共政策安排,其最终目标是保护劳动者权益和维护社会稳定,这一点对于工伤社会保险制度和其他社会保险制度并无二致,在这些制度的制定、实施、监管中始终离不开政府的主导责任;对于工伤社会保险的经济支撑,政府作为制度的主导者也必须承担最后出场人的角色。因此,在工伤社会保险中,从基金的筹集、待遇支付到保障整个制度的稳定,从工伤预防功能的发挥到赔偿效果的实现,再到工伤康复的完成,自始至终都体现着政府的职责。概言之,工伤社会保险中,政府职能的发挥应当体现出大政府的思想,成为整个制度的主导者和责任者。

第二,从市场的层面看,政府角色的定位应当有所为有所不为。这主要体现在两个方面:

首先,从职业安全、劳动保护以及工伤赔偿等具体措施的落实看,政府应充当监管者的角色。如前文所述,企业作为劳动力的雇用者,在劳动安全和工伤保险中发挥着比任何部门都直接的作用,任何职业安全措施或赔偿制度如果脱离了企业和雇主的参与,最终只能是一句空话。企业主在职业安全和工伤保险中能动性的发挥甚至直接决定了工伤预防效果和工伤赔偿的实现,从而也决定了整个制度的健康和稳定。而另一方面,企业作为独立经营的市场经济主体,利益的驱动又不可避免地使它们存在逃避责任的倾向,这就要求作为社会公共管理者的政府以行政的、法律的手段进行监督,引导或强迫它们承担相应的职责。因此,对于参与社会公共政策实施、社会公共产品生产的私营部门——企业,政府的角色定位应当是监督者、管理者,是游戏规则的制定者,而不是执行者。

其次,从发挥部分工伤保险补充功能的商业保险的发展来看,政府应当是市场规律的遵循者、商业保险发展的引导者和监管者。前文述及,商业保险的雇主责任保险和团体意外伤害保险作为工伤社会保险制度的有益补充,不但在转型期的工伤保障中发挥重要作用,而且在我国工伤社会保险制度成熟后也同样发挥不可或缺的补充作用。商业保险的市场性和营利性决定了其在发挥社会功能中的局限性,这就要求政府在遵循市场经济规律的基础上,以政策引导其发展,以法制规范其行为,而不能越俎代庖,不能以行政的强制力干预其发展或要求企业参加与否。否则,不但会破坏工伤社会保险的完整性和基础性,而且不利于商业保险的长期健康发展,同时还会由于政府部门参与市场经济行为而滋生腐败或造成社会资源分配的扭曲。当前,恶劣的安全生产状况和严峻的职业伤害形势,使我国政府管理部门在促进安全生产和工伤保险的互动过程中不可避免地存在"病急乱投医"的现象,以行政的力量干预企业参加商业保险(如国家安全生产监督管理总局和中国保险监督管理委员会联合在高风险行业推进雇主责任保险的扩展工作),这虽然可以短时间内在一定程度上发挥商业保险在职业安全和工伤保险中的作用,但政府部门直接参与的经济活动一方面很难实现长期健康发展,另一方面也为官商的不正常合作提供了条件,无论于政府机构的职能转换还是于市场秩序的稳定和巩固都是不利的。

因此,合理界定政府在工伤保险中的职能,应当从根本上避免两个倾向:一是政府直接参与企业对工伤保险和职业安全具体措施与责任的承担,这样既不利于工伤保险中政府和企业合理分工的形成,也不利于企业的独立发展。政府应当对企业提供法制的、科学标准的及服务的支持,而不能直接代为企业承担相关的责任,更不能直接为企业安排具体的环节措施,而应以经济的、法律的杠杆,如税收的、政策的优惠等,激励其实施安全生产措施和参与工伤保险的积极性。二是以政府的力量干预市场经济中的商业行为,尤其是商业保险的发展。对于商业保险工伤保障职能的发挥,政府的政策可以是推荐性的或引导性的,但绝不能是强迫性或政策性的。以政府的短期行为破坏工伤社会保险和商业保险的长期健康发展,只能取得得不偿失的短期效应。

4.2 工伤保障中的市场机制

所谓市场,是指商品交换的场所和商品交换关系的总和,市场机制则是指市场本身所具有的资源配置中发挥作用的经济规律。实现工伤预防、康复和赔偿的互动,还应当在适当的范围内发挥市场机制的作用,并给予其合理合适的定位。工伤保障制度虽然是以实现社会效益为根本的社会政策，但却可以在某些环节或某些方面发挥或借鉴市场机制的作用，提高制度的有效性。在发挥一定社会保障功能的商业保险领域，则应当以市场机制为主要调节手段。具体而言，实现我国工伤保障制度的优化，市场机制可以在如下几方面发挥作用或予以借鉴。

首先，就工伤社会保险而言，费率档次的设定和费率水平的厘定应更多、更突出地借鉴来自市场机制的利益激励思想。工伤社会保险的差别费率和浮动费率原则，实质上是一种通过对企业的职业风险状况征收不同保险费率以刺激企业改善职业安全条件的利益激励机制。从对企业和雇主的保护看，工伤保险的实质是将企业对劳动者的赔偿责任转移给了社会化的工伤保险制度。灵活费率制体现了权利和义务相结合的原则，即企业要转移的对劳动者的赔偿风险与其缴纳的工伤保险费是相关的，风险高的企业职工遭受职业伤害的概率较高，企业受到劳动者赔偿请求的可能性较高，提高了工伤保险的赔付额，从而应当缴纳较高的保险费率；反之，则缴纳较低的费率。这是市场机制利益激励原则在工伤保险中的应用与体现，即高风险企业必须为其风险支付较高的转移成本，低风险企业以较低的保险费成本就能够实现对风险的转移和分散。我国未来优化的工伤保障制度中应当将这一借鉴进一步深化。具体而言，应当在细化风险分类和风险级别的基础上，进一步完善差别费率和浮动费率。在此基础上，还应对发生恶性职业伤害事故或职业安全形势恶化的企业加征惩罚性的保险费，提高企业风险成本，这一做法不但能促使企业加强职业安全管理，同时也体现了高风险高保费、低风险低保费的平等原则。

市场机制对企业在工伤保障参与中的作用还可以表现在企业

经营和劳动力资源的使用中。一方面,职业风险状况的好坏对于企业生产成本具有一定的影响;从短期看,改善劳动保护和提高劳动安全设施会提高企业的生产成本,使企业在市场竞争中处于不利的地位,但从长远看,职业安全状况的改善不但可以降低企业工伤赔偿成本和工伤保险费,而且可以通过对企业劳工安全标准的核定和实施进行评估,利用宣传或政策引导,帮助这些企业的产品在市场竞争中形成优势;另一方面,对于劳动力资源的配置,应当加强劳动者职业安全意识的培训,从客观上提高职业安全程度高、劳动保护措施好的企业对优秀人才的吸引力,从而使这些企业在长远的市场竞争中处于良性状态。因此,工伤保险制度对市场机制的借鉴可以从产品竞争和人才资源两方面实现对企业的选择与激励,促使其更加重视职业安全和工伤保险的长期改善与投资。

从上面的分析可以看出,工伤社会保险作为一项公共政策,应当在某些方面和环节借鉴市场机制的经验与思想,促进自身的健康发展。但工伤保险的社会性和根本目标决定了市场机制不可能发挥主要的调节作用。工伤社会保险制度对市场机制的利用应当是灵活的而不是机械的,应当是原则的而不是具体的,应当是精髓的而不是具体环节的。工伤社会保险的本质决定了政府主导的运行方式。

其次,就商业保险而言,雇主责任保险和团体意外伤害保险虽然在工伤保障中发挥一定的作用,但其商品的本质决定了应当以市场规律作为主要调节手段,应遵循以市场为主导的调节机制,而不能涉入过多的政府行为。商业保险作为一种通过市场规律调节的商品,具有一般商品的特征,作为该商品生产者的商业保险公司,营利性是其最根本的目标。由于商业保险产品的特殊性,虽然可以通过保险商品交换实现一定的社会效益,但其归根结底是以市场为基础的商品交换关系。转型期,由于政府由计划经济下的大政府向市场经济下的小政府转变的过程中职能定位不够准确,对通过商业保险的发展实现社会保障功能的期望往往过高,形成了政府对市场的过多干预,不但破坏了市场自身发展的规律,更重要的是,政府部门对市场行为的过多介入必然潜藏着部门利益,必然导致寻租等不正常现象的产生。因此,实现我国工伤保障制度的优化,发挥商业雇主责任保险和团体意外伤害保险的补充保障功能,应当在充分尊重市场规律的基础上,利用如下两方面的优势:其一,利用商业保险产品本身的保障功能,实现对劳动者职业风险的分散;其二,通过企业公民文化的建设,加强企业社会责任感的提升,通过政策和制度的引导使商业保险公司在赢得自身利润的基础上兼顾社会效益的实现,使它们认识到,随着社会文明的发展,一个企业成功与否,不再仅仅以赢利作为唯一的衡量标准,还要看它们为社会作了多少贡献。当然,上述两方面的实现需要商业保险公司的努力,要其在了解市场、了解社会需要的基础上设计出更符合劳动者职业风险分散需要的产品。

当前政府部门对企业参加商业保险行为的过多介入,可以视为转型期政府职责界定不清的体现,也可在一定程度上被视为解决当前工伤社会保险发展不足的权宜之计,但从长期发展来看,这种做法应当是被摒弃的。商业保险的作用应当发挥,但切不可对其抱有太高的期望,更不能成为政府逃避、转移责任的借口。

另外,当前我国劳动保护用品已经由专营转向了许可制度,在职业安全制度中,劳动保护用品的生产和供应也可以充分发挥市场的功能,形成优胜劣汰的机制。当然,由于这种商品的特殊性,市场作用的发挥应当建立在严格的许可和监管制度之上。

4.3 工伤保障中的企业责任

无论在工伤社会保险还是商业雇主责任保险和团体意外伤害保险中，企业都是必不可少的责任承担者：既是保险费的缴纳者，又是职业安全和劳动保护措施的实施者，同时还是一部分赔偿责任的承担者。企业积极性的发挥直接决定着制度的成败和效率的提高，企业职能的发挥是工伤保障实施的最基本的一环。

诚然，企业作为市场上独立的经济体，不可能摆脱追求利润的根本目标，生产技术的提高、生产设备的改进和劳动条件的改善，虽然从客观上对劳动者职业安全水平的提高起到了积极的作用，但它归根结底摆脱不了利益动机的驱使。根据马斯洛人体需求理论，人的需求有一个由基本的低层次的生存需要到高级的自我实现的需要的上升过程，当人的物质需要得到满足之后，总会上升到精神需求的满足，即由生理需要、安全需要上升到尊重需要、自我实现的需要等。从激励企业发挥工伤保障积极性的角度，不妨将这一理论由个体的人推广到现代社会的企业公民，以企业好公民的新理念引导企业承担起相应的社会责任，将企业内在的利润追求与外在的社会要求相结合，激励其在基本的利润需求满足之后，寻求一定的社会的实现，满足企业更高的精神需求。因此，在工伤保障这项公益事业中，作为私营部门和市场经济主体的企业，不仅仅是政策规范、监督管理的被动接受者，还应当在合理界定企业责任的基础上主动发挥其能动性。

首先，应当树立起企业社会责任的理念，引导企业在社会问题的解决中有所作为。职业伤害作为劳动者在工作中遭受的伤害，是劳动者为社会和企业作出贡献的过程中遭受的伤害,为劳动者提供安全保障既是需要解决的社会问题,也是企业应当承担的责任。因此,在经过转型期的发展之后,企业作为经济社会中成熟的经济体和社会企业公民,应当树立起社会责任的理念,将劳动者的安全保护和工伤保障视为企业责任的一部分。

企业社会责任这一理念产生于20世纪60年代,它认为企业除承担追求利润的责任外,还要承担社会责任,企业在利用社会资源追求利润的同时,也应给予社会回报。承担一部分社会责任是企业发展的必然趋势,正如美国学者肯尼斯·R.安德鲁斯认为的,企业应同自然人一样有自己的伦理道德,应谋求对社会有利的长远目标承担责任。企业承担社会责任不仅因为其发展不能脱离社会环境而存在,而且还在于企业利用社会资源发展自身的同时也会产生一定的外部性。因此,享受社会赋予的权利,当然应承担一定的社会义务。发挥企业社会责任,从企业内部看,就是要保障劳动者的尊严和福利待遇;从外部看,则要发挥企业在社会环境中的良好作用。而工伤保障的实施,微观上关系到劳动者的安全和生存权益保障,宏观上则涉及社会安全和弱势群体的权益。因此,合理发挥企业在工伤保障中的作用,从企业层面促进工伤预防、康复和赔偿的互动,应当先树立企业社会责任的理念,引导企业承担应有的责任。

其次,企业应当成为实施工伤保险乃至工伤保障最基本的着眼点和最直接的责任者。市场经济条件下企业是独立承担民事责任的法人实体,也是工伤保障尤其是安全生产的责任主体。在工伤保险的所有关系方中,企业与劳动者的关系最密切、最直接,企业通过对职工进行安全技术培训,可以提高劳动者的安全知识水平,通过对安全设备的投入,则可以改善生产工具的安全性能,降低劳动者伤害风险;通过对工伤保险的参与和责任的承担,可以实现劳动者职业伤害风险的转嫁等。《安全生产法》明确规定,企业必须完善安全生产条件,确保安全生产;企业主要负责人对本单位安全生产工作全面负责,集中反映了企业与安全生产的关联,反映了企业在职业安全中的主体地位和责任。无论是政府的管理和帮助,还是社会的监督和参与,只有通过企业自身的内在努力方能收到成效,再好的职业安全措施如果离开了企业的参与,只能徒有其表或成为一纸空文。劳动者保障责任作为企业社会责任的重要内容,包括对劳动者的安全培训、安全投资、事故预案、善后处理、工伤救治等多方面的内容,企业应当按照相关法律的规定承担起安全生产及工伤保险责任主体的职责。作为社会经济组织,企业的根本职能是通过正常的、有序的生产经营活动获取利润,获得生存和发展,而安全则是生产经营活动的前提条件,也是依法经营的重要体现。政府的重视和支持、社会的监督和帮助固然不可缺少,最根本、最关键的还需要企业自身努力,企业是安全的责任主体,也是保障的责任主体。

工伤保障作为与劳动者权益休戚相关的系统工作,自始至终都离不开企业责任的发挥,企业在工伤保障中的责任不仅包括劳动者职业安全、保险费缴纳,而且包括承担一部分赔偿责任、为工伤劳动者提供医疗救治便利(如住院交通费津贴和伙食津贴等)等,企业在劳动者工伤事故处理中的态度和能动性的发挥,有时甚至会对劳动者遭受工伤后的权益和生存状况产生决定性的影响。因此,企业责任贯穿于工伤预防、赔偿、医疗救治甚至康复等所有环节。企业责任的发挥,直接决定了整个工伤保障体制运行效率和政策实施效果的好坏。

再次,企业应建立起有效的自我约束措施。不可否认,企业作为最大经济利益的追求者,对经营过程中产生的种种负效应和外部性的克服,需要政府和社会在立法、执法等多方面的监督与制约,以政府行为克服市场失灵是市场经济正常运行的必要措施和手段。对企业的经营进行行政、立法、执法等方面的监督是必要的,也是正常的。但任何外在的约束政策机制,最终只能通过企业的内部因素发挥作用,阳奉阴违或投机违规都会使所有监管措施流于形式。同时,在企业社会责任理念的指导下,企业的经营目标由一元化转向多元化,由单纯追求利润的动机转化到同时追求社会效益,这也需要企业利用自我约束力克服资本追求利润的张力,建立强有力的自律和自我约束机制,提高企业道德标准,对自己的经营理念、经营行为进行自我规范、约束和控制,将承担社会责任转变为企业内在的、自觉的行为。也只有这样,才能将企业在劳动者职业安全和工伤保障中的责任转化为实实在在的行动。

4.4 政府、市场与企业的协作

市场调节和政府干预作为资源配置的两种方式,其关系一直是学界和社会讨论与关注的焦点,政府与市场的关系理论随着社会、经济背景的演进而演进。从亚当·斯密的"看不见的手"到洛克的"守夜人"理论,再到凯恩斯的政府干预主义,无不阐述了市场和政府在资源配置中此退彼进的关系。从现代市场经济中政府和市场的关系看,认为市场在资源配置中占主导地位、政府干预是用来弥补市场失灵的手段是被普遍接受的观点。历史发展的进程中,政府和市场在资源配置中的作用始终呈现此消彼长的关系:在自由主义支配下,市场的作用得到了最大程度的发挥;在国家干预主义指导下,政府的功能又趋于膨胀。直到日本学者青木昌彦提出"市场增进论",才将政府与市场的关系进行了统一和协调,认为政府和市场之间并不是相互排斥的替代物,政府可以通过协助第三部门的发展,发挥第三部门的协调功能来克服和弥补市场失灵。然而,无论如何,"世界上不存在完美无缺的政府,也不存在完美无缺的市场。人们只能在不完美的市场和不完美的政府之间作选择,寻求两者在某种程度上的平衡和结合。彼此不能完全替代,不应该走极端。能够选择的实际上只是两者结合的程度和方式"。[①]企业作为市场经济中的行为主体,一方面其经营行为要在政府相关部门和法规的监管下进行,另一方面其经营决策和经营方式又受到市场环境的制约;反过来,众多企业合理规范的经营和交易行为形成了有序有效的市场,企业对市场信息的洞察和把握及其经营决策的调整,可以为政府的管理决策提供可依据的信息反馈。因此,从政府、市场和企业三者的关系看,政府作为市场和企业的监管者,起着规范市场秩序和企业行为的作用,通过管理活动为二者提供有效有序的环境;市场是企业实施经营活动的竞技场,由企业组成并对企业产生影响;企业作为独立的市场主体,一方面需要自由的市场环境,另一方面必须接受裁判员——政府的监督,并为政府决策提供有效的信息反馈。

工伤保障作为政府主导的公共政策,不可能像市场经济那样遵循自发的规律运行,工伤社会保险管理机构也不能按照企业经

[①] 胡书东:《经济发展中的中央与地方关系——中国财政制度变迁研究》,上海三联书店2001年版,第156页。

营的理念和思维管理工伤社会保险业务,但这并不意味着政府、市场和企业的协作在工伤保障体系中无所作为,三者同样可以通过彼此的协作互通、合理分工提高制度效率。

首先,应当实现政府主导、企业负责、市场补充的运行机制。现代社会,政府作为执掌国家公共权力的主体,具有对社会公共资源的控制权,应能够对社会公共资源作出权威性分配、对社会公共事务作出权威性决定。在社会产品的供应中,政府的职责在于生产出私营部门不能够或不愿意生产的公共产品,实现社会公共效益。作为社会公共产品或准公共产品的工伤保险,目的在于通过对弱势群体的保护实现社会公平,这既是政府对社会资源权威性控制的体现,又是通过社会政策对社会产品再分配的一部分。因此,工伤社会保险的公共产品的性质和社会效益性决定了它不可能完全由市场私营部门完成生产和供给,而是应当由政府主导其生产和供给的全过程,主要表现在政府主导规章制度的制定并负责其实施、政府负责整个制度的运行和管理、政府承担最后出场人的角色等,这是制度发展的需要,也是政府的责任使然。企业是劳动力的使用者,企业生产行为和生产决策与劳动者的职业安全和工伤保障密切相关,企业负责不仅因为它是劳动者劳动贡献的直接受益者,而且因为它与劳动者的密切关系决定了企业负责为制度取得最好的效果提供了可能。企业在劳动者安全和工伤保障权益中具有其他主体没有的优势,这就从主观和客观两方面决定了企业在工伤保障制度中的角色与职责。在工伤保障中,企业负责主要体现在企业负责劳动者职业安全和劳动保护、工伤保险供款,为工伤劳动者提供医疗和康复便利等。在我国工伤保障制度框架下,企业还承担着工伤劳动者的相关福利和一部分赔偿责任。当然,企业作为经济利益的追求者,不可能做到永远积极主动地承担所有责任,这就要求制度的主导者——政府,通过经济、法律和行政手段予以干预与管理,督促企业负起其相应的责任。尽管工伤保障是以政府为主导的公共政策,但市场也不是完全没有用武之地,同其他项目一样,市场应当发挥补充作用,这种补充作用不仅表现在保障水平的提高上,而且在社会保险制度没有尚未覆盖或难以覆盖的领域,商业保险应当发挥查缺补漏的作用。这一点,前文中已有论及,在此不再赘述。

其次,与前一点相联系,工伤保障中政府、企业和市场三方协作的根本点在于三者各司其职,任何一方的缺位、越位、错位都会导致整个制度运行不畅。工伤保障是复杂的系统工程,各环节相辅相成,牵一发而动全身。政府、企业和市场三方协作的根本着眼点应当是在各自准确定位的基础上,切实履行自身的职责和任务,而不能越俎代庖。三者合理恰当的功能发挥既是制度高效运行的基本保障,也是三方协作的最高境界。当然,三方各司其职并非能够轻而易举地实现,而是对政府行政能力提出了更高的要求。企业行为的外部性和市场失灵的不可避免性,决定了作为社会管理者和服务者的政府必须进行合理适度的干预,才能达到预期的效果。

再次,政府、企业和市场的协作需要完善的制度与政策保障。从制度经济学的角度分析,制度作为公共选择的结果,存在的原因在于它能够降低社会交易成本,提高社会效率。没有规矩,不成方圆。工伤保障也是一样,包括政府、企业、市场甚至个人在内的任何一方的行为都需要制度的制约和规范,在制度和政策范围内有所为有所不为。当然制度政策的制定离不开政府的合理行政,完善的制度保障归根结底源于政府职能的充分合理发挥,这也充分说明了作为公共政策的工伤保障制度,自始至终离不开政府的主导功能——企业责任的履行、市场补充作用的发挥,所有这一切最终都是以政府职能的合理界定、政府行政行为的合理施行为前提的。

5. 管理体制的优化

本节主要讨论工伤社会保险管理体制的优化。

理顺工伤保险管理体制,首先要明确何谓工伤保险管理以及何谓工伤保险管理体制。

所谓工伤保险管理,就是通过一定的程序和机构,采用一定的方式、方法和手段,对工伤保险进行计划、组织、协调、监控以及监督的过程。而工伤保险管理体制,广义而言是指管理机构、制度和方法的总称,狭义工伤保险管理体制是指工伤保险管理机构的设置及其职权划分。本书对管理体制的探讨是指广义管理体制而言。因此,概言之,理顺工伤保险管理体制就是要解决工伤保险由谁管理、如何管理以及管理什么的问题。

5.1 我国现行工伤保险管理体制

关于工伤保险的管理,《工伤保险条例》对其作了具体的规定。

首先是管理机构。广义上讲,工伤保险的管理机构应当包括负责职业安全卫生和工伤预防的管理机构、负责工伤保险待遇赔付的管理机构,以及负责工伤康复的管理机构。从工伤预防的环节,我国的工伤保险管理部门包括了安全生产监督管理部门、社会保障管理部门、卫生部门、国家技术监督部门以及公安、司法等多个部门,它们分别从不同的方面对安全生产和劳动者职业安全进行管理监督。如安全生产监督管理部门负责全方位的安全生产管理,包括安全法规的实施,包括安全技术和设备的监督审核等;社会保障管理部门负责实施劳动保障监察;卫生部门负责职业卫生监察以及职业病防治等,这些部门的工作共同构成了我国工伤预防环节管理的方方面面。从工伤赔偿的环节看,我国工伤保险管理机构包括行政管理机构和业务经办机构。前者是指人力资源和社会保障部及其分支机构,后者指从属于社会保障行政部门的社会保障中心设立的工伤保险经办机构。社会保障部门及其分支机构作为劳动保障行政部门,负责对工伤保险费征缴及基金支出情况进行监督管理,并听取相关部门的工作意见,对违法行为进行调查处理等。工伤保险经办机构具体承办工伤保险事务,包括工伤保险费的征缴、用人单位工资总额和职工人数的核查、工伤保险登记办理、用人单位缴费和职工享受工伤保险待遇情况记录保存、工伤保险调查与统计、工伤保险基金的支出管理以及核定工伤保险待遇等业务内容。工伤保险经办机构必须接受劳动和社会保障行政部门的监督,而社会保障管理部门必须对本级政府负责。从工伤康复环节看,相关规定并没有对工伤康复的管理作出详细的规定,如《工伤保险条例》第四十六条指出,经办机构按照协议和国家有关目录、标准对工伤职工医疗费用、康复费用、辅助器具费用的使用情况进行核查,并按时足额结算费用。这实际上赋予了工伤保险经办机构对工伤康复经费资金使用进行管理的权力。由于目前我国工伤康复事业尚处于起步阶段,只有少数的省市建立了工伤康复中心(如广州、南昌等),从现实管理体制看,工伤康复中心实行的是在工伤保险经办机构的管理下接受劳动保障行政部门监督的管理方式。

其次是管理方式和管理内容。从管理方式看，我国《安全生产法》、《劳动保障监察条例》、《职业病防治法》以及《工伤保险条例》均对此给予了规定，总体上讲，我国工伤保险实行的是在中央集权形式下的分级管理方式。中央政府所属的劳动保障行政部门、安全生产监督管理部门以及卫生部门等作为我国职业安全和工伤保险管理的最高行政机构，统一管理全国和地方的工伤保险工作。地方低一级的机构接受高级机构的领导和管理。这种集中分层管理的体制有利于形成决策统一、统筹规划的优势，但信息的不对称又容易导致政策传达不畅，且当前我国各自为政的地区统筹在一定意义上抵消了集中管理的效率优势。从管理内容看，我国工伤保险管理主要包括行政管理、制度运行的管理以及对被保障对象的管理。行政管理包括采用行政的、法律的和经济的手段，对工伤保险制度进行规范，确定实现工伤预防的手段、划定受保障对象、费率水平、待遇支付水平等一系列环节。制度运行的管理包括安全生产政策的落实、工伤保险基金的收缴、运行和支付，也包括康复的实施及其费用管理；被保障对象的管理主要包括对遭受工伤的劳动者给予医治、赔偿以及康复的过程。

5.2 优化的工伤保险管理体制

当前我国工伤保险管理体制的最大弊端在于管理权限过于分散、政出多头，不但使部门之间的政策措施难以实现资源优势，而且使许多管理工作在相互的脱节甚至推诿中无效化。结合工伤保险长期和优化发展的趋势，结合实现由赔偿型向预防为主、预防与康复并重型制度的转化,工伤保险未来发展应满足实现工伤预防和康复的需要。前文已经分析指出,我国工伤保险之预防、赔偿以及康复管理中宜实行相对集中的管理体制,除对法律的、行政的管理方式的规范外,最重要是实现部门管理权限的理顺和管理效率的提高。因此,对于优化我国工伤保险管理体制,不妨按照如下体制实现管理权限和管理职责的分工:

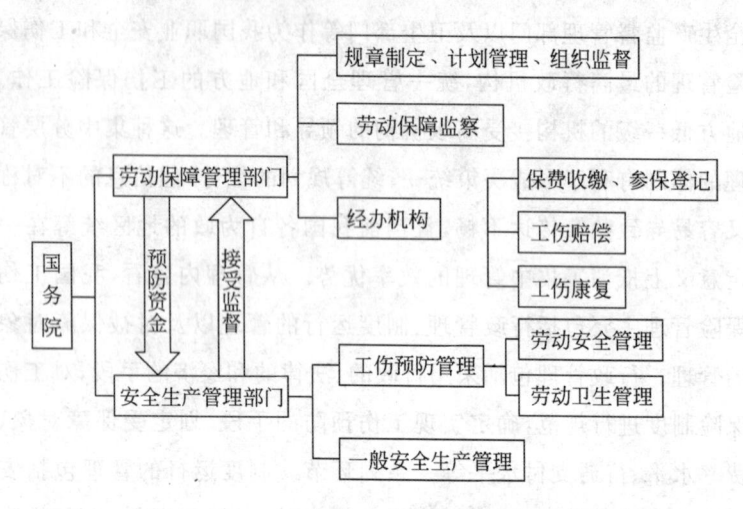

图 8-1 中国工伤保险管理体制示意图

上图显示了相对集中的工伤保险管理体制,工伤预防(包括职业病预防)与一般的安全生产管理共同由安全生产管理部门负责。社会保障管理部门则负责工伤赔偿、康复等工作的管理。工伤预防资金由工伤保险基金划拨,并在劳动保障部门的监督下由安全生产监督管理部门使用。与当前管理体制相比,这是一种相对集中的管理体制,但其中仍然需要部门之间的配合和协作。当然,工伤保险管理体制的优化关系到我国政治体制改革的进程、关系到部门之间管理权限的再分配,其实现需要经历一个长期的过程。

6. 工伤保障实施的相关制度保证

现代社会中,精细的社会分工不仅仅表现在生产领域,而且表现在任何职能部门,包括公共部门、私人部门以及第三部门在内的任何社会组成元素都在越来越专业化的领域中发挥作用,从而也越来越多地受到其他部门和环境的影响。工伤保障制度作为劳动者权益保护制度,既是社会公共政策的组成部分,又与一定的劳工和就业政策相关;既与劳动法规具有不可分割的联系,同时还表现为一定的福利性。因此,工伤保障制度不可能独立于其他制度而存在,而是需要相关政策措施的配合和保障。

6.1 劳动合同制度

稳定有序的劳动关系是规范的工伤保险关系的重要基石。工伤保险作为一种风险保障制度,只有劳动者才能够享受其提供的风险保障,因此,劳动关系是工伤保险关系存续的基础。劳动合同是证明劳动关系存续的规范性文件,劳动合同制度的建立和普遍实施无疑对规范工伤保险参保关系、保护劳动者权益具有不可替代的作用。

中国劳动合同制度始于20世纪80年代,其产生与当时特定的社会经济环境密切相关。1986年10月,为配合经济体制改革的需要,搞活国有经济,在轰轰烈烈的"破三铁"运动中,《国营企业实行劳动合同制暂行规定》应运而生,它规定:"企业在国家劳动工资计划指标内招用常年性工作岗位上的工人,除国家另有特别规定者外,统一实行劳动合同制……企业招用一年以内的临时工、季节工,也应当签订劳动合同。"这是我国实行劳动合同制度的开始。然而,由于计划经济体制和传统观念的影响,劳资双方对劳动合同的重要性缺乏足够的认识,劳动合同并没有成为保障劳动者权益的有力措施,尤其在采掘、制造、建筑等高风险行业,由于劳动者素质普遍较低,缺乏足够的维权意识,或者劳动合同流于形式,或者根本就没有签订劳动合同,如在占我国建筑业 80%、加工制造业 68%的农民工群体中,劳动合同的签订率仅有 53%,其中还有 15.2%是口头合同;在劳动保护设备差、职业风险严重而农民工群体集中的私营和个体企业,劳动合同签订率仅有 44.1% 和 27.8%[①],这就说明,越是需要工伤保险制度保障的群体越缺少劳动合同的保护,增加了他们在获得工伤保障和维护工伤权益中的难度。从现实中发生的一些案例也可以看出,缺少劳动合同的保护成为许多劳动者工伤维权中难以逾越的坎儿。如 2009 年发生的几起工伤纠纷案,劳动者由于缺乏劳动合同而无法证明其劳动关系的存在,以致不得不借助媒体的力量,引起社会的关注,才能最终实现自己的职业病保障权益。这引起的社会成本的浪费不得不引起我们的深思。因此,从某种意义上讲,劳动合同制度既是工伤保险关系存在的基础,又是工伤保险关系的保障;劳动合同既是对雇主的约束,又是对劳动者的保护;劳动合同制度的真正全面实施是工伤保险制度发展的基础和工伤保险制度效果实现的保障。

---

① 数据来源:中国人民大学中国社会保障研究中心和香港城市大学联合调研数据。

与其他社会保险制度不同,工伤保险制度对劳动合同的依赖性远远大于其他保险项目。按照工伤保险制度本质规定性的要求,只有劳动者在工作过程中或在与工作相关的活动中受到伤害才能得到赔偿,能否证明劳动关系的存在甚至会直接决定劳动者能否得到相应的赔偿和保障,而诸如养老、医疗等这样的保险项目则没有这方面的要求。因此,劳动合同制的实施对于工伤保险制度的作用较其他保险项目更为突出。虽然我国《劳动合同法》已经颁布实施,但对于促进工伤保险制度发展的作用尚有待于加强。以发展的眼光来看,在未来的社会发展中,劳动合同制度的实施不但可以规范劳资关系、保障劳动者权益,而且对于工伤保险制度的发展和制度效果的提高无疑具有重要的意义。因此,应当抛却社会经济转型初期对资本和企业特殊的保护观念,从保障劳动者利益的目标出发,以《劳动合同法》为法律依据,普遍建立起完善的劳动合同制度。这是促进工伤保险发展的必要举措,也是制度健康运行的保证。

6.2　劳动和安全监察制度

有效的劳动监察和安全监察制度是实现工伤保障效果的基本保障。劳动监察制度不仅包括劳动保障监察,而且包括劳动安全卫生监察,它是职业安全的第一道防线。健全完善的劳动监察制度可以保证劳动者获得应有的保障,可以最大限度地保障劳动者职业安全,减少职业伤害发生的危险,达到工伤预防的目的。因此,劳动保障监察制度是工伤预防的必要措施,是完善的工伤保障制度的有机组成部分。我国《劳动法》第八十五条规定,县级以上各级人民政府劳动行政部门依法对用人单位遵守劳动法律、法规的情况进行监督检查,对违反劳动法律、法规的行为有权制止,并责令改正。《职业病防治法》明确规定由"国务院卫生行政部门统一负责职业病防治监督管理工作"。2004年11月,国务院发布的《劳动保障监察条例》规定,由劳动保障行政部门负责劳动保障的监察工作。《安全生产法》虽然没有明确主管机关,但实际上规定了职业安全工作由直属国务院的安全生产监督总局统一管理。另外,煤矿安全监察部门、公安部门、工商行政管理部门甚至纪检部门亦有特定的管理权限。它们在各自的权限范围内对用人单位和劳动者执行国家劳动安全卫生法规的情况实施监督。虽然上述机构工作内容不尽相同,却都统一于"安全和权益保障"这一基本着眼点。但另一方面,虽然有上述法律的规定和制约,但我国劳动监察制度尚处于起步阶段却是不争的事实。由于劳动监察和安全监察内容既有交叉又有区别,各部门的职责含混不清、协调不顺畅不可避免,在众多的条例、规章和法律的调节下实施的劳动监察制度并未理顺。根据我国安全生产现状和监管力量薄弱的矛盾,安全生产问题研究专家周建新、刘铁民、任智刚提出了安全生产分级监察的理念,建议采用风险定量分析技术,根据风险状况进行分级,集中监察力量对风险级别高的企业实施强化监察,并采取事故跟进、单纯循环和风险优先的方法进行监察。①

  劳动和安全监察体制由于涉及部门多而工作内容分散,不同机构之间常常缺乏配合,甚至相互推诿责任或越位管理,降低了我国监察效率。因此,结合工伤保障的优化发展以及对工伤预防的要求,对我国劳动监察制度应从体制和工作内容两方面进行协调。

---

① 参见周建新等:"分级安全生产监察的探讨",《劳动保护》2006年第4期。

首先，整合现有监察力量、提高监察效率是职业风险防范的需要，也是提高政府行政效能的需要。从当前实际看，我国劳动监察制度不但存在着部门之间协作和分工的脱节，而且存在着重复监察而导致的人力、财力的浪费。权限过分分散和职责不清的监察制度已经成为阻碍效率提高的主要障碍，也成为相关部门推诿和推卸责任的借口。[①] 根据监察需求急迫与现有监察力量薄弱的矛盾，要在短时间内迅速建成专业化、高水平、力量雄厚的监察队伍并非易事，政府应当按照法制化的框架，整合现有监察力量，将劳动监察和安全监察在部门协调中的效率损失降到最低，同时形成有效的问责制，加大有法不依、执法不严者的渎职成本，减少故意的人为因素导致的监察效率损失。

其次，从长期发展的角度，宜将职业安全和劳动监察工作相对地集中于某一个或几个少数的职能部门，以便形成集中力量办大事的优势。从国外职业安全和劳动监察制度完善的国家经验看，在安全和劳动监察中，权力的相对集中可以更容易地形成职业安全和工伤保障的互动。如德国《社会法案》赋予了工伤保险同业工会采取一切适当措施保障职业安全的权力，这就使工伤预防、赔偿和康复能够更好地协调，从而最终促进制度的长期健康发展；而美国职业安全和劳动监察工作则主要集中在劳工局与职业安全卫生监察局，为实现高效率的监察扫清了体制的障碍。因此，以长远的

[①] 郑功成教授认为，在安全监察中，政府部门存在六个方面的工作弊端：对生产单位监督管理不严无法避免事故发生；事后惩罚措施不力无法形成对事故的遏制；对受害者权益保护不力形成对责任方的纵容；劳动者歧视政策导致劳资关系失衡加剧了劳动者权益保护困难；事故处理中的不作为无法保障劳动者权益；缺乏主动服务的精神。参见郑功成：“安全生产必须走法制道路”，《人民法院报》2005年3月8日。

利益观之,中国劳动和安全监察制度应当向着职能专业化、权责集中化的方向发展,减少部门分割导致的效率损失。当然,职能专业化、权责集中化的实现并不是一蹴而就的事,这关系到我国整个行政体制改革,关系到社会公共资源在不同职能部门的分化聚合,这中间有矛盾、有冲突,是需要经过长期的制度调整和努力才能达到的效果。

从工伤预防的角度看,劳动和安全监察制度是工伤保险制度的组成部分,是减少职业伤害的基本举措;从工伤保障制度的长期良性运行看,劳动和安全监察制度又是工伤保证的重要保障,是保证工伤预防效果、减少赔偿支出从而实现两者互动的首要关口。

6.3 就业政策

关于就业政策对工伤保障制度发展的促进和保障作用,本部分着重拟从伤残者就业的角度进行分析。

如前文所述,我国工伤保障发展的目标是建立集工伤预防、康复和赔偿于一体的制度,工伤康复作为工伤保障制度的重要组成部分,其目标在于促使劳动者重新融入社会,工伤劳动者的再就业便是其重新融入社会的最基本的一环。从工伤保险发达国家(如德国)的经验看,工伤康复、工伤者重新就业被视为工伤保险制度中较工伤赔偿更重要的工作,因为工伤劳动者重新进入劳动领域就业,不仅能为经济社会的发展继续作出贡献,而且从工伤保险制度本身的发展来看,既可以增加保险费收入,又可以减少工伤待遇的长期支付,从根本上有利于工伤保险制度的长期稳定和健康发展;反过来,实现伤残劳动者再就业,能够帮助他们克服自卑心理,以正常人的身份重新融入社会中,进一步促进工伤者的职业以及心理康复,有利于形成和谐的人际关系和社会氛围,对于新时期我国和谐社会的建立有重要意义。因此,对于工伤劳动者而言,就业与康复是相互促进的。就业政策,尤其是工伤者的就业政策,既是工伤保障、尤其是工伤社会保险长期发展的制度保证,又是工伤保障必不可少的组成和延续。

关于工伤者就业政策,我国并没有特殊的规定,而是根据残疾人就业政策参照执行。例如,我国《残疾人保障法》中有保障和鼓励残疾人就业的规定,同时还规定对于安排残疾人就业的单位或企业给予税收的优惠,而安排残疾人就业未达一定比例的企业则要缴纳残疾人就业保障金。另外在其他相关劳动保障法规中也有零星规定,如1951年《劳动保险条例》规定,永久完全丧失劳动能力者,如果经治疗恢复部分劳动能力,则在其恢复后由企业行政方面或资方给予适当工作;部分丧失劳动力尚能工作者,应由企业行政方面或资方分配适当工作。《工伤保险条例》颁布后,按照其中规定,劳动者因工致残被鉴定为五级和六级伤残的,保留与用人单位的劳动关系,并由用人单位安排适当工作;劳动者因工致残被鉴定为七至十级伤残而劳动合同终止时,用人单位应当按照规定支付伤残就业补助金。这些都是从法律的层面鼓励伤残劳动者重新进入工作岗位的规定。

根据第二次全国残疾人抽样调查,我国有残疾人8296万人,其中60岁以下的残疾人3880万人,占24.5%。对于残疾人群体中到底有多少人是因工致残,虽然目前并没有确切权威的调查数据,但据国家安全生产监督管理总局的统计,近些年我国每年因工致残的人数达70万,由此可见,因工致残的劳动者是一个相当大的群体。然而，在目前劳动力买方市场的条件下，工伤劳动者的就业状况并不令人乐观。这一方面由于我国工伤康复发展落后，大多数工伤者根本得不到及时有效的职业和社会康复，同时也由于社会观念和意识对伤残者的歧视并未完全消除，许多企业宁愿支付残疾人就业保障金或支付给工伤劳动者一定的补助金，也不愿雇用或继续雇用伤残劳动者，这些都造成了伤残群体就业困难。因此，从工伤保险制度长期健康发展的角度，应当借鉴其他国家的经验，将工伤者就业置于更加重要的地位，通过完善的职业和社会康复，鼓励劳动者重新走向工作岗位。应当从政策层面，利用经济、行政的手段，对工伤者就业给予鼓励和帮扶，对企业雇用伤残劳动者给以激励和约束，减少企业在雇用伤残职工方面的选择和弹性，乃至取消其利用支付补助金以求减少雇用或不雇用残疾人的做法，利用法规的强制性要求企业不得拒绝雇用能够胜任某一工作岗位的伤残者。另外，应当充分发挥政府在工伤保障制度中的主导作用，建立福利性企业，对一定的伤残劳动者进行集中安置。

然而，在我国当前工伤康复技术、设备、人才条件和工伤保险基金承受能力下，要在短时间内迅速实现工伤康复的飞速有效发展具有相当大的难度。因此，要实现康复促进就业、就业促进康复的互动，必须充分利用现有资源。中国残疾人联合会作为全国性残疾人事业团体，拥有配备相对完善的残疾人康复机构，目前全国已建成各级各类残疾人康复训练服务机构 19000 多个，并拥有了较为成熟的服务网络。因此，建立工伤康复与一般残疾人康复之间的合作通道、充分利用现有资源、提升工伤劳动者康复水平是目前应当考虑的选择。因为工伤残疾者与一般残疾者在康复需求方面具有相通性，现有残疾人福利设施可以为工伤残疾者所用，二者的合作不但可以提高现有资源利用效率，而且可以促进双方各自康复技术、康复手段等专业水平的发展。建立工伤保险管理机构和残疾人联合会的合作机制，从工伤保险基金中拨付专门的资金，用于支持工伤残疾者康复和再就业工作。

综上，就业政策，尤其是伤残人员的就业政策对于工伤保障制度的长期发展具有异常重要的作用。工伤康复作为工伤社会保险制度的主要环节之一，其发展对工伤保障制度建设的重要性不言而喻。而有效的残疾人就业政策既是工伤康复的延续，又能进一步促进伤残者康复的发展。因此，在某种意义上，合理有效的就业政策既是工伤保障制度不可缺少的延续，又是工伤保障制度发展的促进措施。工伤保障政策目标的实现需要完善的就业政策作为保证和支持。

6.4 工伤保险司法救济制度

随着职业安全事故的高发和隐性职业伤害的显性化，大批工伤和职业病受害者涌现，由于缺乏劳动合同的保护、没有合适的渠道获得充分的维权支持，他们不得不走上了漫漫索赔路。当前，许多对工伤受害者的司法救济活动都是由民间团体或社会组织承担的，实施效果和社会影响都较差。因此，鉴于当前工伤纠纷越来越多的现实，有必要建立工伤保险司法救济制度。本部分，我们主要讨论对工伤受害者的司法救济。

作为社会保障制度最重要的项目之一，工伤保险又是争议的多发领域。据统计，2002年，我国劳动争议处理机构受理的184116起劳动争议案件中，包括了56558起保险福利和工伤赔偿案件;2003受理劳动争议案件226391起,其中有76181起是关于社会保险和工伤赔偿的案件。① 随着我国工伤保险制度的普及和劳动者安全与工伤保障权益意识的增强,有关工伤保险的争议将会越来越多。但由于劳动者在专业知识、经济能力、信息资源的获取等方面的劣势,使他们在获得司法救济中往往处于被动和劣势地位,成为权益受到危害的一方。因此,如何本着保护劳动者合法权益的原则,妥善而合理地解决工伤保险争议,已经成为迫切需要解决的重要问题,也是制度健康发展的需要。

工伤保险争议的妥善处理不仅关系到劳动者的劳动安全权益、工伤者的保障权益,而且关系到社会问题的解决。如何合理有效地实施工伤保险司法救济制度、理顺和完善工伤保险司法救济程序,已成为工伤保险制度完善的重要方面。

工伤保险司法救济制度目标应关注于调节用人单位和劳动者之间、劳动者与工伤保险管理机构之间的争议。这些争议可分为两种形式:一是雇主和雇员之间基于劳动关系基础上发生的争议;另一类是雇主或劳动者与工伤保险管理机构之间的争议。按照我国现行社会保险争议处理机制,雇主和劳动者之间发生的争议属于劳动争议的范畴;而发生在劳动者或雇主与工伤保险管理机构之间的争议属于行政争议的范畴。由此便形成了两套工伤保险司法救济机制:按劳动争议处理的司法救济制度和按行政争议处理的司法救济制度。但这种与计划经济相联系的救济制度存在着诸多弊端,久拖不决成为劳动者劳心伤神的难题。按照我国现行劳动争议处理的社会保险争议,走完完整的裁审程序,在

---

① 根据《中国劳动和社会保障年鉴》(2003—2004)数据计算整理得出。

不拖延的情况下,需要 11 个月的时间;一旦遇到意外情况而延期,最长可达 30 个月。[①] 久拖不决的司法救济方式不但使原本已经遭受职业伤害的劳动者陷入更加困窘的境地、影响其正常生活,而且造成巨大的人力、物力浪费,同时还在一定程度上纵容了某些不规范行为。

工伤争议如果不能妥善解决,其结果终将是劳动者的保障权益受到损害,因此,建立完善的争议解决机制应当成为工伤保险救济制的当务之急。商业保险中争议解决遵循的是不利解释原则,该原则指保险人与投保人、被保险人或者受益人就合同内容产生争议时,人民法院和仲裁机构应当作有利于被保险人和受益人的解释。不利解释原则是为了克服由于信息不对称导致的交易不公平而采取的措施。工伤保险作为社会保障中射倖性最强的险种,具有与商业保险较其他险种更多的相似性。对于优化的工伤社会保险制度,合理有效的司法救济制度应当成为其当然组成部分。因此,可以考虑借鉴商业保险的不利解释原则,完善工伤保险司法救济制度。具体包括如下几个环节:

首先,应简化和缩短工伤保险争议处理环节与期限。尤其对于劳动者而言,如果工作中得不到相应的劳动安全保障或者遭受职业伤害后得不到尽快的医疗和赔偿,会处于异常悲惨的境地,不但危及劳动者本人的合法权益,而且会危及其整个家庭生活的稳定。工伤保险争议久拖不决无疑会雪上加霜,严重的还会引发社会问题。因此,应当本着保护劳动者、方便劳动者维权的目标,简

[①] 参见向春华等:"劳动争议处理程序改革亟待提速",《中国社会保障》2005 年第 10 期。

化工伤保险争议解决办法，完善司法救济制度，为劳动者争取自己的职业安全权益和工伤保障待遇提供最大程度的便利。

其次，借鉴商业保险中争议处理的不利解释原则，减少劳动者的举证责任和举证难度。在谁主张谁举证的司法判决体制中，劳动者为了获得相应的工伤赔偿往往必须承担举证责任，即劳动者必须证明其与雇主存在劳动关系，且其遭受的伤害与工作有关。虽然《劳动合同法》等相关法规已经出台实施，但劳动合同制并没有在每个企业都得到落实，相当多的劳动者处于无劳动合同保护的境地，使他们常常处于举而无证的尴尬局面之中，加之处于劣势地位的劳动者专业知识的缺乏和获得相关救济的能力有限，许多劳动者在工伤保险权益维护中面临着窘境。而雇主或者作为工伤保险管理者的社会保险机构，与单个劳动者相比，其优势是显而易见的。因此，无论从体现公平还是从劳动者权益保护的目的出发，都应当实行工伤保险司法救济中的举证责任倒置制度，即对于雇主而言，在没有劳动合同的情况下，只要他无法证明与劳动者不存在劳动关系，就应当被视为存在事实劳动关系，从而应当负起在工伤保险中应尽的责任；对于工伤保险行政或经办机构而言，只要它不能够证明劳动者主张的事实是不存在的，就应当承担劳动者主张的责任，这也是克服工伤保险管理机构内部性倾向的需要。

随着工伤保险的发展，司法救济制度将成为对工伤保险越来越重要的制度保障，这不但是工伤保险发展和维护劳动者权益的需要，而且是平衡劳资关系的必要举措。因此，在我国工伤保障制度的未来发展中，应当将理顺司法救济制度建设作为工伤保险制度发展的重要方面。合理有效的工伤司法救济制度是劳动者权益的保护者,是企业行为的监督者,是工伤保障效果的保障者。因此,从某种意义上讲,司法救济的不仅仅是劳动者,而且包括雇主、工伤保险制度本身,甚至整个社会的和谐与稳定。

7. 结 论

处于经济社会转型和自身转型中的中国工伤保障制度在发展和定型之初,存在不完善的制度框架、不规范的行为范式是在所难免的。但着眼于长期发展的我国工伤保障制度,源于转型期,又高于转型期。作为一项旨在保障公平、实现社会效益的公共政策,它关系到劳动者权益、社会稳定、企业激励等多个方面,构建未来完善的工伤保障体制不仅需要完善的宏观制度框架,而且需要微观的技术进行实施和支持;不仅需要政府职能的合理定位,同样需要企业责任主动发挥和市场的有效补充。工伤保障制度并非孤立存在的制度,而是与一国经济、社会、文化等环境密切相关。工伤保障制度的未来发展不但包括科学的建制理念和明确的政策目标,而且包括合理的制度架构、责任分担与协作以及完善顺畅的管理体制。中国工伤保障的发展应当跨越发达国家制度发展进程中经历的一元目标—多元目标——元目标的发展迂回,在制度建立和完善之初就应同时兼具劳动者权益保护、劳资矛盾调和、稳定社会的多重功能,并以保障劳动者权益为中心和根本出发点,实现由赔偿为核心的低级阶段向以工伤预防为主、预防与康复并重的高级阶段转化。因此,作为一项系统复杂的工程,工伤保障制度需要相关的政策和制度保障,同时又得益于这些政策和制度的发展。

中国工伤保障制度的未来发展,绝不仅仅是就工伤保险而谈工伤保险,而应是在综合经济、社会、政治体制甚至社会文化因素的基础上发展起来的完善的集工伤预防、伤残者赔偿、工伤康复于一体的,涉及劳动者职业安全权益、经济保障权益、社会参与权益的系统的社会政策措施。

第九章 结论及有待进一步研究的问题

1. 研究结论

本研究从转型期的大背景出发,分析了我国工伤保障制度的演进,结合转型期经济社会背景的变化,对职业风险的变化和特征进行了概括与总结,对我国处于转型中的工伤社会保险制度及其补充保障进行了分析与评价,探讨了当前尚未引起足够重视的特殊群体工伤保障问题的解决之道,在借鉴典型国家工伤保险制度经验的基础上,对我国工伤保障制度的未来发展作了基于转型期但又高于转型期的优化发展构想。纵观我国转型期职业风险的变化和工伤保障发展历程以及解决职业安全保障问题的需要,可以得到如下几点结论。

1.1 职业风险发生了全面深刻的变化

进入转型期,中国进入了由计划经济向市场经济的过渡和经济高速发展时期,而且进入了社会文化、价值观念的多元化发展时期,公有制经济一统天下的局面被打破,取而代之的是多种经济成分并存的经济所有制形式。经济体制的变革、产业结构的升级、职业结构的变化,使原有的劳动保障体制被打破。在旧制度被打破、新制度尚未完善的过渡期,劳动者被空前地暴露于严重的职业风险之下。与计划经济下相比,我国职业风险发生了巨大的变化,主要表现在:职业风险种类和风险因素的增加,职业风险在不同行业产业、不同劳动者群体之间出现了转移和聚合,职业危害后果的严重性进一步深化,长期潜伏的危害性加深,整体的职业风险形势急剧扩张和防控的无序状态。转型期中国职业风险的严重性决定了促进和优化工伤保障制度发展的必要性与迫切性。

1.2 工伤保险制度转型具有滞后性和不完全性

经济基础决定上层建筑。工伤保险制度作为社会政策,又属于上层建筑的范畴。中国转型期经济社会的发展和职业风险的演化,要求一定发展程度的工伤保险制度将职业风险进行转移和分散,但由于转型期的复杂性以及对形势的估计不足,我国工伤保险制度并没有随着经济体制的转型而及时转型,也没有随着职业风险形势的恶化而做好充分的准备。因此,相对于经济体制和社会的转型以及职业风险形势的变化,工伤保险制度的转型具有滞后性。同其他社会保险项目一样,随着经济社会的转型而进入转型中的工伤保险制度并没有摆脱路径依赖的惯性,没有完全走出企业和社会共保的模式,通过改革试点之后确定下来的工伤保障模式并没有实现完全的社会化。因此,转型期的我国工伤保险制度实现的是不彻底、不完全的转型,它不是对职业风险未雨绸缪式的积极应对,而是对事故伤害亡羊补牢式的被动补救。这一方面与转型期经济、社会形势的复杂性有关,另一方面也说明转型期政府对于自己在工伤保险制度中的功能和职责承担没有足够的认识与准确定位,从而缺乏某种意义上的信心。

1.3 工伤保险制度有效性有待提高

如前所述，转型期我国工伤保险制度的转型是滞后的、不彻底、不完全的，由于未能完全从改革初期旧制度被打破、新制度尚未建立以及有风险无保障的混乱中完全摆脱出来，虽然经历了从改革初期的试点到工伤保险制度最终定型的探索过程，但我国的工伤保险制度有效性并不高。无论是制度覆盖对象还是保障水平，无论是保障效果还是长期的稳定性，无论是三位一体功能的发挥还是单一目标的实现，无论是宏观的制度构架还是微观的技术环节的设定，它都没有像人们期望的那样发挥充分全面的功能。这一方面是由于制度的完善需要长期的发展过程，另一方面也与制度目标单一、管理不畅不无联系。

转型期工伤社会保险的不完善性为商业雇主责任保险和团体意外伤害保险的发展提供了一定的空间与必要性。作为市场经济的产物，它们在我国也随着经济体制的转型经历了一个从无到有、从垄断到竞争的发展过程。但作为以市场规律为指导的市场经济行为，决定了它们不可能在实现社会效益的工伤保障中承担过多的责任。

1.4 应从工伤保险制度发达的国家汲取可资借鉴的经验

从世界各国工伤保险制度的发展轨迹看，作为一项社会政策，工伤保险制度的发展有其自身的规律。从诞生到完善，国外工伤保险制度经历了由目标一元化到多元化、再由多元化到一元化的演变过程，即由协调劳资关系、缓和社会矛盾的一元目标到稳定社会、保障劳动者职业安全的多元目标,再到最终实现劳动者权益保障的根本目标。我国工伤保险制度对发达国家制度的借鉴,不但包括制度建构、组织方式和管理经验的借鉴,更重要的是对其建制理念和政策目标的借鉴。劳动者作为职业风险最直接、最主要的承担者,理应成为工伤保障的根本着眼点,这也是现代工伤保险制度发展的归宿,是工伤保险制度目标从多元化最终发展到一元化的体现。现代工伤保险制度无论采取何种组织方式,无论进行何种调整和改革,其作为风险分散和保障手段的根本特征不会改变。另一方面,风险是劳动者面临的风险,保障是对劳动者的保障,因此,工伤保险制度的目标归根结底要转到劳动者权益保护上来,这是制度应具有的最根本、最本质的一元化目标。国外工伤保险的发展和改革趋势也已经或者正在印证这一点。

1.5 应实现工伤保险的两个转化

中国工伤保险制度的未来发展和优化,其核心是实现由赔偿为核心向工伤预防为主、由工伤预防为主向预防和康复并重的两个转化。

在工伤保险之预防、康复、赔偿的三个目标中,赔偿是处于最低层次的目标,预防是最高层次的目标,而要实现工伤保险制度的全面健康发展,必须实现预防和康复并重,这是保证制度效果和长期稳定的根本。经过试点改革、转型、定型的我国工伤保险制度,现在还处于以工伤赔偿为核心的低级发展阶段,它必将随着经济社会转型的完成向更高层次的目标发展。当然,实现高层次的目标是一个长期的过程,在政府、市场和企业各司其职、分工协作的基础上,首先包括"安全工作"、"健康工作"建制理念和保障人权目标的确立,其次包括组织和管理体制的顺畅,再次包括制度环节和技术的提升,最后还要求从保障劳动者权益出发,对服务方式、服务水平和服务便利性的提高。要实现上述目标,我国工伤保险制度在完成转型之后,还要经历漫长的迂回曲折的发展历程。

1.6 制度优化需要环境条件和相关的制度保障

工伤保障制度作为一项社会政策,不是孤立地存在着,它不但受经济环境、社会环境、文化以及社会意识的制约,还要求有政策环境和相关制度的配套,以实现其政策目标。从宏观环境上讲,工伤保险制度的发展需要社会职业风险意识的增强,这是工伤保障制度发展的社会基础,因为风险的存在是工伤保障产生和发展的前提;需要一定的经济发展水平作为保障,这是工伤保障预防、康复和赔偿目标赖以实现的物质基础;需要以人为本的发展理念的建立,这是确定工伤保障制度目标、实现工伤保障政策效果的指导思想的保障。从相关制度方面看,工伤保障作为集职业安全、伤残赔偿和康复于一体的制度体系,不应就工伤保障论工伤保障,而是需要相关制度的配套和保障,这些制度包括劳动合同制度、劳动和安全监察制度、伤残者就业促进制度以及完善高效的工伤保障司法救济制度。这些制度既是工伤保障不可或缺的组成部分或必要延续,又是实现劳动者权益保障的制度和政策保证。

总之,工伤保障产生的前提是职业风险及其造成的伤害,其发展的最终落脚点仍应是职业风险的转移分散和职业安全权益的保障。经济、社会、文化背景的不同决定了各国都必须探索和实施与本国国情相适应的工伤保障体制。从发展历程看,与中国国情相适应的工伤保险制度应包括两个阶段:一是与转型期相适应的工伤保障制度；二是基于转型期又高于转型期与中国转型期之后完善的、市场经济体制相适应的工伤保障制度。前者应基于解决转型期严峻的职业伤害形势的需要，后者应是以预防优先、预防与康复并重、实现制度良性循环的高级发展阶段。

2. 有待进一步研究的问题

作为一项年轻的制度，中国的工伤保险制度建设面临许多需要解决的问题；作为一项新的研究课题，关于工伤保险的研究在我国尚处于初级阶段。本书对工伤保险制度的研究，仅仅是对工伤保险制度和理论进行系统研究的开端，更多的后续研究需要在今后实施。

2.1 工伤保险精算的细化

作为一项社会保险制度，工伤保险与其他社会保险项目具有相通的特征，同时又具有其他社会保险项目不具备的特征。

工伤保险是以发生在工作中或与工作相关的活动中的伤害为保险责任的，抛开人为故意因素，职业伤害事故的发生与否则完全取决于意外因素，因此，与其他社会保险项目相比，工伤保险具有更多的意外伤害保险的性质，这也使它对保险精算具有比其他险种更高的要求。例如，从人口统计学的角度，不同年龄的工伤者由于生存余命不同，从而产生了不同期限的伤残待遇支付，这就要求针对不同的工伤者有不同规模的基金以应付长期的支付需要；再如，即便对于年龄相同的工伤者，其性别差异也会导致不同的生存余命，这也要求工伤保险基金具有满足不同支付需要的能力。从职业风险和费率确定的角度看,除长期的职业病外,绝大多数职业伤害事故都具有突发性、不可控性,其发生概率较医疗、失业等风险更符合大数法则,何种行业、何种岗位在什么情况下发生职业伤害的概率有多大,都需要长期的观察和统计。这也是工伤保险对保险精算具有更高要求的原因。合理科学的精算是制定科学的费率、保证基金的长期稳定的前提,是基础的基础。在当前制度框架下,我国工伤保险基准费率划分为三个档次,总体费率控制在工资总额的1%,这一费率水平是否是我国职业风险状况的真实反映,或者,这样的费率水平能否保证工伤保险基金一定程度的保障能力,这是需要利用保险精算技术进行验证的问题,并不能凭空猜想。

实施精确的工伤保险精算不仅要求完善全面的精算技术,而且要求完整和足够长时期的统计数据积累,这一点是我国现有条件远未达到的。要使工伤保险精算进一步细致化,当务之急是建立严格的伤亡统计制度,对职业伤害事故进行全面细致的分类和统计,以便为工伤保险精算提供最原始、最基本的材料支持。当然,这是一项复杂的、系统的工作,是需要经过长期努力才能实现的研究目标。

2.2 职业安全卫生体系及标准的科学化

职业卫生标准体系是保证劳动者安全权益的重要措施之一。职业安全卫生标准已成为职业安全中一项重要的基础工作,对减少职工伤亡事故和职业危害、保护劳动者的安全与健康发挥着重要的作用。虽然我国以国家标准为主体的职业安全标准体系框架已基本形成,但其科学化有待于进一步提高。从事故预防、控制、监测到职业病诊断、统计都需要科学的标准加以指导。我国《劳动法》明文规定用人单位必须"严格执行国家劳动安全卫生规程和标准",这是保证劳动者劳动安全和健康的基本条件。

职业安全卫生标准分为国家标准、行业标准、地方标准;按对象特性又可分为基础标准、产品标准、方法标准、卫生标准等。虽然我国已经颁布了一些职业安全卫生标准,但就其完整性来看,远未达到社会经济发展的需要,尤其在融入世界经济之后,国际贸易中诸多的职业安全卫生标准常常成为阻碍贸易交流的非关税壁垒;从我国现有职业安全卫生标准的适应性看,由于各地情况复杂而差别极大,如何实现职业安全卫生标准与各地不同经济发展水平、不同劳动者技能水平的结合也是职业安全卫生标准研究中需要解决的问题。另外,从社会和谐、劳资调和的角度看,某种意义上,一定水平的职业安全卫生标准既可以成为缓和劳资矛盾的手段,又可能成为导致劳资关系紧张的导火索——标准过高会提高企业生产成本使雇主难以接受,标准过低不利于保护劳动者的权益,使其产生抵触情绪,而适当的、令劳资双方都能接受的职业安全卫生标准既可以使劳动者的职业危害被控制在一定的范围内,又可以成为缓和劳资关系的润滑剂。因此,加强职业安全标准的研究,实现其科学化具有多方效应。当然,职业安全标准及其科学化的研究不但需要理论的根基,而且具有很高的技术要求,是对研究者综合研究能力的考验。

2.3 职业伤害事故救援机制及运作

职业伤害事故救援作为事故发生后挽救劳动者生命、降低伤害程度的补救措施,其重要意义可想而知。而职业伤害救援在我国是随着近几年安全生产形势的恶化才走入人们视野的,无论制度建设还是科学研究都处于十分薄弱的环节。2006年2月国家安全生产应急救援指挥中心成立,主要承担安全生产事故救援工作的计划、实施、监督、人员培训等相关工作,而在大多数省份内,专门性的职业伤害事故救援机制尚未建立或刚刚起步。对职业伤害事故应急救援的研究多与突发性事故救援联系在一起,目标不甚明确,且缺乏针对性的技术和信息支持。少数专门对安全生产事故救援机制进行了研究的学者,对安全生产事故救援制度进行了分级,并对其运行程序进行探讨,但这与当前严重的职业伤害形势对救援制度的建立与成熟的要求相差甚远。近几年的实践已经证明,在许多突发性的职业危险事故中,及时有力的救援可以直接减少生命的损失,是事故发生后最迫切需要的补救措施。作为技术性极强的职业安全措施,不但包含了运筹学思想,而且需要多种设计和操作技术的支持,对这一课题的研究不但紧迫,而且现实意义极强。

2.4 企业安全生产激励的实施

前面的论述中提及,企业作为劳动力的雇用者,既是职业安全措施的实施者,又是劳动者安全保障责任的承担者,企业能动性与积极性的发挥直接关系到职业安全措施效果的好坏。

对企业安全生产激励的研究,有学者从经济学的角度利用成本效益核算的方法,对企业的安全行为进行了分析,这是以经济手段对企业安全生产激励进行的分析。事实上,对企业安全生产责任的激励,除了经济手段之外,还有法律手段、行政手段以至社会手段等,前两者需要依赖于法律和政府权力的强制性,后者则需要企业社会责任感的培养和增强。但是,如何从制度上解决执法不力的问题,如何从体制上理顺监管效率提高的问题,如何真正提高企业社会责任感,需要对我国理论和制度的研究,更需要对国外先进经验的借鉴。

实际上,作为集职业安全和生存保障权益于一身的工伤保险制度,需要技术、理论、实践等多方面的支持,其复杂程度可想而知。对工伤保险制度的研究绝不仅限于上述提到的问题,尤其对处于转型期的中国而言,对工伤保险的研究尚处于初级阶段,与现实相比,对工伤保险的关注远远不够。要克服职业伤害、要实现保障效果、要促进制度稳定、要激励工伤者重新参与社会,等等,这一系列的问题如何实现?这些都是需要研究的课题。

参考文献

一、中文文献

(一) 著作

1. 陈刚主编:《工伤保险》,中国劳动社会保障出版社 2005 年版。
2. 陈佳贵、王延中主编:《中国社会保障发展报告》,社会科学文献出版社 2004 年版。
3. 董保华等:《社会保障的法学观》,北京大学出版社 2005 年版。
4. 丁石孙主编:《城市灾害管理》,群言出版社 2004 年版。
5. 冯英等编著:《外国的工伤保险》,中国社会出版社 2009 年版。
6. 葛曼主编:《工伤保险改革与实践》,中国人事出版社 2000 年版。
7. 关今华:《人权保障法学研究》,人民法院出版社 2006 年版。
8. 国务院研究室课题组:《中国农民工调研报告》,中国言实出版社 2006 年版。
9. 胡书东:《经济发展中的中央与地方关系——中国财政制度变迁研究》,上海三联书店 2001 年版。
10. 李红霞等编著:《企业安全经济分析与决策》,化学工业出版社 2006 年版。
11. 李学举主编:《灾害应急管理》,中国社会出版社 2005 年版。
12. 李真主编:《工殇者——农民工职业安全与健康权益论集》,社会科学文献出版社 2005 年版。
13. 李珍主编:《社会保障理论》,中国劳动社会保障出版社 2007 年版。
14. 连玉明等主编:《中国国力报告》,中国时代经济出版社 2006 年版。
15. 刘铁民主编:《中国安全生产 60 年》,中国劳动社会保障出版社 2009 年版。

16. 刘铁民等编著:《国际劳工组织与职业安全卫生》,中国劳动社会保障出版社2003年版。
17. 刘志坚编著:《工效学及其在管理中的应用》,科学出版社2002年版。
18. 罗新荣主编:《安全法规与监察》,中国矿业大学出版社2005年版。
19. 罗云等:《安全经济学》,化学工业出版社2004年版。
20. 吕琳:《劳工损害赔偿法律制度研究》,中国政法大学出版社2005年版。
21. 邱聪智:《从侵权行为归责原理之变动论危险责任之构成》,中国人民大学出版社2006年版。
22. 孙立平:《断裂——20世纪90年代以来的中国社会》,社会科学文献出版社2003年版。
23. 孙树菡编:《工伤保险》,中国人民大学出版社2000年版。
24. 王显政主编:《工伤保险与事故预防研究及实践》,中国劳动社会保障出版社2004年版。
25. 王延中:《中国的劳动与社会保障问题》,经济管理出版社2004年版。
26. 谢晋宇等编著:《企业雇员的安全与健康》,经济管理出版社1999年版。
27. 姚洋主编:《转轨中国:审视社会公正和平等》,中国人民大学出版社2004年版。
28. 张新宝:《侵权责任法原理》,中国人民大学出版社2005年版。
29. 郑功成:《论中国特色的社会保障道路》,武汉大学出版社1997年版。
30. 郑功成:《灾害经济学》,湖南人民出版社1998年版。
31. 郑功成等主编:《全球化下的劳工与社会保障》,中国劳动社会保障出版社2002年版。
32. 郑杭生主编:《中国人民大学中国社会发展研究报告2002:弱势群体与社会支持》,中国人民大学出版社2002年版。
33. 郑杭生主编:《中国人民大学中国社会发展研究报告2004:走向更加安全的社会》,中国人民大学出版社2004年版。
34. 郑尚元:《工伤保险法律制度研究》,北京大学出版社2004年版。
35. 〔美〕W.D.珀杜等:《西方社会学——人物·学派·思想》,贾春增等译,河北人民出版社1992年版。
36. 〔美〕马克·S.道夫曼:《当代风险管理与保险教程》,齐瑞宗等译,清华大学出版社2002年版。
37. 〔美〕阿瑟·奥肯:《平等与效率》,王奔洲等译,华夏出版社1999年版。

38. 〔德〕柯武刚等:《制度经济学——社会秩序与公共政策》,韩朝华译,商务印书馆2000年版。
39. 〔美〕安塞尔·M.夏普等:《社会问题经济学》,郭庆旺译,中国人民大学出版社2003年版。
40. 〔美〕莱斯特·C.瑟罗:《得失相等的社会——分配和经济变动的可能性》,李迈字译,商务印书馆1992年版。
41. 〔美〕马斯洛:《马斯洛人本哲学》,成明译,九州出版社2003年版。
42. 〔美〕乔治·E.雷吉达:《社会保险和经济保障》,陈秉正译,经济科学出版社2005年版。
43. 〔英〕内维尔·哈里斯等:《社会保障法》,李西霞等译,北京大学出版社2006年版。
44. 〔德〕沃而夫·冯·李希霍芬:《劳动监察》,劳动和社会保障部国际劳工与信息研究所译,中国劳动社会保障出版社2004年版。
45. 〔俄〕伊诺泽姆采夫:《后工业社会与可持续发展问题研究》,安启念等译,中国人民大学出版社2004年版。
46. 〔美〕乔治·斯蒂纳等:《企业、政府与社会》,张志强等译,华夏出版社2002年版。
47. 〔美〕詹姆斯·M.布坎南:《民主财政论》,穆怀朋译,商务印书馆1993年版。

(二)论文

1. 蔡和平:"中德工伤保险法律制度比较研究",北京大学博士论文(2004)。
2. 曹树刚等:"费率机制在工伤保险中的作用",《重庆大学学报(社会科学版)》2002年第6期。
3. 曹树刚等:"重庆市工伤保险费率机制的探讨",《矿业安全与环保》2005年第4期。
4. 曹艳春:"工伤保险与民事侵权赔偿适用关系的理性选择",《法律适用》2005年第5期。
5. 陈碧贤:"工伤认定之实质性标准初探",《中国劳动》2006年第8期。
6. 陈碧贤:"工伤保险法律制度研究",广西大学硕士论文(2005)。
7. 陈东科等:"对我国工伤事故赔偿的研究",《中国安全科学学报》2004年第4期。

8. 陈胜等:"说说德国的工伤保险与事故预防",《中国安全生产报》2005年3月1日。
9. 陈文瑛等:"工伤保险行业差别费率确定方法探讨",《安全与环境学报》2005年第6期。
10. 程延园:"中国工伤保险制度改革与立法发展",《河南省政法管理干部学院学报》2004年第2期。
11. 程映雪等:"社会主义市场经济条件下我国劳动安全卫生策略研究(1)——我国劳动安全卫生的现状及对策",《劳动保护科学技术》1995年第1期。
12. 程映雪等:"社会主义市场经济条件下我国劳动安全卫生策略研究(2)——劳动安全卫生政策应是我国的一项基本国策",《劳动保护科学技术》1995年第2期。
13. 程映雪等:"社会主义市场经济条件下我国劳动安全卫生策略研究(3)——我国劳动卫生安全政策的基本框架与主要内容",《劳动保护科学技术》1995年第3期。
14. 程映雪等:"社会主义市场经济条件下我国劳动安全卫生策略研究(4)——国外职业安全卫生监察现状与经验",《劳动保护科学技术》1995年第4期。
15. 程映雪等:"社会主义市场经济条件下我国劳动安全卫生策略研究(5)——我国劳动安全卫生监察现状分析",《劳动保护科学技术》1995年第5期。
16. 程映雪等:"社会主义市场经济条件下我国劳动安全卫生策略研究(6)——我国劳动安全卫生监察体制的设想",《劳动保护科学技术》1995年第6期。
17. 董溯战:"德国、法国工伤保险法律制度的比较研究",《宁夏社会科学》2004年第9期。
18. 樊晶光等:"我国小企业安全生产现状与对策",《中国安全科学学报》2004年第7期。
19. 樊晶光等:"22家企业建立职业健康安全管理体系前后社会和经济效益对比分析",《中国安全生产科学技术》2005年第2期。
20. 樊晶光等:"职业安全健康管理体系对企业经济和社会效益影响研究",《中国职业安全健康协会2005年学术年会论文集》。

21. 葛曼:"中国工伤保险制度改革30年",《现代职业安全》2009年第3期。
22. 郭晓宏:"从提前调整费率论日本劳灾保险与劳灾预防相结合",《中国安全科学学报》2003年第9期。
23. 韩历丽等:"北京市女职工劳动保护状况研究",《中国公共卫生》2003年第12期。
24. 郝家林等:"中国职业安全的现实问题",《中国安全科学学报》2005年第12期。
25. 姜颖:"我国工伤保险制度的突破与未来发展——《工伤保险条例》评析",《工会理论与实践》2004年第6期。
26. 劳动和社会保障部社会保障研究所:"工伤预防现状及问题分析",《社会保障研究》2006年第4期。
27. 劳动和社会保障部社会保障研究所:"我国工伤康复制度选择分析",《社会保障研究》2006年第5期。
28. 黎建飞:"对无过错赔偿原则在工伤认定中歧见的探讨",《河南省政法管理干部学院学报》2004年第2期。
29. 李俊:"工伤保险和雇主责任保险的融合发展",《劳动保护》2006年第1期。
30. 李林:"论决定我国工伤保险制度形成与发展的经济和文化",《行政与法》2005年第9期。
31. 李鹏:"工伤保险费率机制的应用研究",重庆大学硕士论文(2003)。
32. 李全伦:"工伤保险费率机制设计的探析",《中国安全生产科学技术》2005年第4期。
33. 连坎根:"关注参保单位的工伤风险",《中国中小企业》2005年第12期。
34. 梁玮:"农民工'工伤保险歧视'法律问题初探",《安徽农业科学》2005年第10期。
35. 梁文七等:"谈工伤保险基金的合理使用",《劳动保护》2005年第5期。
36. 刘功智等:"工伤事故预防机制发展战略目标设想",《中国职业安全健康协会首届年会暨职业安全健康论坛论文集》(2004)。
37. 刘辉:"推广工伤保险对我国生产事故统计的影响",《中国安全科学学报》2004年第7期。
38. 刘兰:"北京市工伤保险基金现状及对策研究",《北京市计划劳动管理干部学院学报》2005年第4期。

39. 刘庆原:"对完善我国工伤保险制度的思考",《韶关学院学报》2005年第2期。
40. 刘铁民:"世纪之交的中国职业卫生",《中国安全科学学报》2000年第2期。
41. 刘铁民等:"市场经济国家安全生产监察管理体制研析",《劳动保护》2000年第1期。
42. 刘铁民等:"我国工伤事故宏观趋势及其诱因",《林业劳动安全》2001年第5期。
43. 刘铁民等:"我国实施国际核心劳工标准面临的形势与应对措施(上)",《劳动保护》2002年第5期。
44. 刘铁民等:"我国实施国际核心劳工标准面临的形势与应对措施(下)",《劳动保护》2002年第5期。
45. 刘铁民:"橙色GDP及其演变规律",《中国安全生产科学技术》2005年第2期。
46. 刘玉成等:"费率机制在工伤保险中的作用",《重庆大学学报(社会科学版)》2002年第8期。
47. 刘中荣等:"乡镇企业职工工伤保险的调查与思考",《社会学研究》1995年第3期。
48. 罗云:"21世纪安全管理科学展望",《中国安全科学学报》2000年第1期。
49. 罗云等:"工伤保险与雇主责任保险结合发展的策略",《劳动保护》2005年第3期。
50. 罗云等:"工伤保险与事故预防相结合的探讨",《劳动保护》2006年第4期。
51. 吕先昌:"工伤保险与安全管理",《工业安全与防尘》2000年第1期。
52. 吕学静:"城市农民工社会保障问题的现状与思考——以对北京市部分城区农民工的调查为例",《学习论坛》2005年第12期。
53. 马灿:"关注弱势群体完善工伤保险制度",《中国青年政治学院学报》2005年第1期。
54. 苗丽壮等:"鞍钢1997—1999职业病伤及其费用负担调查",《劳动医学》2001年第3期。
55. 孟繁元等:"我国农民工工伤保险存在的问题及对策分析",《农业经济》

2006年第2期。

56. 潘锦棠:"中国女工劳动保护制度与现状",《妇女研究论丛》2002年第7期。
57. 潘晶等:"对完善和落实工伤保险制度的探讨",《工业安全与环保》2006年第3期。
58. 彭建新等:"工伤保险与民事损害赔偿的协调机制探析",《黑河学刊》2005年第3期。
59. 乔庆梅:"我国当前安全生产管理问题探析",《中国软科学》2006年第6期。
60. 乔庆梅:"农民工与工伤保险",郑功成等主编:《农民工社会保护论集》,人民出版社2007年版。
61. 申曙光:"论灾害防治指导思想的转变",《中国人口、资源与环境》1995年第3期。
62. 石少华:"从业人员事故伤亡的经济权利——论人身伤害的工伤保险和民事赔偿",《现代职业安全》2004年第1期。
63. 史寒冰:"雇主责任原则——工伤保险的立法基石",《中国社会保障》2003年第6期。
64. 孙树菡:"安全生产管理是人命关天的大事——浅析我国近期安全事故的原因及对策",《北京市计划劳动管理干部学院学报》2002年第1期。
65. 孙树菡:"工伤保险的历史沿革",《劳动保障》2003年第6期。
66. 孙树菡:"必须强化矿工安全保障体系建设",《经济与管理研究》2004年第1期。
67. 孙树菡:"探索适合中国国情的工伤康复模式",郑功成、〔德〕贝克尔主编:《社会保障研究》2005年第1期,中国劳动社会保障出版社。
68. 孙树菡等:"民主管理与公权保障——德国工伤预防的两大基石",《德国研究》2009年第2期。
69. 万成略:"德国行业管理中工伤保险的作用及启示",《工业安全与环保》2002年第10期。
70. 王文海等:"工伤保险立法应区分工伤保险与民事侵权赔偿的作用范围",《中国劳动》2003年第3期。
71. 王忠旭等:"鞍钢工伤保险基金收缴费率的探讨与研究",《工业卫生与职业病》2005年第3期。

72. 吴甲春:"对工伤保险费率合理性的探讨",《现代职业安全》2004年第6期。
73. 喜佳:"工伤保险赔付与民事侵权损害赔偿的关系",《劳动保障通讯》2004年第12期。
74. 夏波光:"工伤保险覆盖面再扩大的三个'瓶颈'",《劳动保护》2005年第1期。
75. 向春华:"合理还是谬误——评《工伤保险条例》的几款规定",《劳动保护》2005年第1期。
76. 许飞琼:"雇主责任保险与工伤保险的协调发展",《江西财经大学学报》2005年第1期。
77. 杨光烈:"选择'责任方方案'投保工伤保险更符合企业利益",《西安财经学院学报》2005年第2期。
78. 杨文忠:"路在何方:机关事业单位工伤保险制度的思考",《人事管理》1995年第2期。
79. 杨远志:"我国工伤保险管理制度初探",武汉大学硕士论文(2004)。
80. 于兵:"论建立机关事业单位工伤保险制度",《保险研究》2005年第5期。
81. 张福雯:"工伤保险赔偿与损害赔偿的关系",《安全》2003年第5期。
82. 张国党:"雇主责任理论基础之再思考",《河南公安高等专科学校学报》2006年第2期。
83. 张思圆:"工伤保险待遇水平比较研究",中国人民大学硕士论文(2004)。
84. 张学强:"商榷《工伤保险条例》施行前发生的工伤应分别情况予以处理",《中国劳动》2006年第3期。
85. 郑功成:"我们需要掀起一场企业社会责任运动",中欧企业社会责任北京国际论坛演讲,2005年9月8日。
86. 郑功成:"平等规范我国的劳动关系",《光明日报》2006年4月24日。
87. 郑希文:"'十五'期间中国的职业安全卫生",《现代职业安全》2002年第3期。
88. 周华中:"建立预防机制是工伤保险走向成熟的重要标志",《现代职业安全》2004年第6期。
89. 周慧文等:"美国工伤保险政府管制的初步分析",《财经论丛》2004年第1期。
90. 周建新等:"企业职业伤害风险分级模型研究",《中国安全生产科学技术》2005 年第 8 期。
91. 周建新等:"分级安全生产监察的探讨",《劳动保护》2006 年第 4 期。
92. 周开畅:"论工伤保险与民事赔偿的法律适用",华东政法学院硕士论文(2004)。
93. 庄仪青:"对我国工伤保险制度的分析与思考",中国人民大学硕士论文(2005)。
94. 〔阿根廷〕马里奥·埃克曼:"阿根廷职业风险保护制度:大胆的过渡性改革",闫蕊译,郑功成、〔德〕贝克尔主编:《社会保障研究》2006 年第 1 期,中国劳动社会保障出版社。
95. 〔丹麦〕奥利·E. 康加斯:"从男性劳动者的工伤赔偿到女性劳动者的工伤保险:OECD 国家工伤保险制度的发展",鲁全等译,郑功成、〔德〕贝克尔主编:《社会保障研究》2006 年第 1 期,中国劳动社会保障出版社。
96. 〔美〕格雷格里·克劳姆:"可供选择的工伤保险赔偿定价方法",刘佳炜译,郑功成、〔德〕贝克尔主编:《社会保障研究》2006 年第 1 期,中国劳动社会保障出版社。

二、外文文献

(一) 著作

1. David Rosner, Gerald Markowits(ed.), *Dying for Work: Workers' Safety and Health in Twentieth Century America*, Indiana University Press, 1987.
2. Frank B. Wright, *Law of Health and Safety at Work*, Sweet and Maxwell Ltd., 1997.
3. Iams, I. Mangraviti, *Understanding of the AMA Guides in Workers' Compensation*, John Wiley & Sons Inc., 1997.
4. Laura Peebles, Tanya Heasman, Vivienne Robertson, *Analysis of Compensation Claims and Safety Issues*, Health and Safety Executive, London, 2003.
5. Philip S. Borba, David Appel (ed.), *Workers' Compensation Insurance Pricing*, Kluwer Academic Publishers, 1988.
6. Warren Freedman, *The Law and Occupational Injury, Disease, and Death*, Greenwood Press, 1990.

7. Williams. C. ArthurAn, *International Comparison of Workers' Compensation*, Kluwer Academic Publishers, 1991.

(二) 论文

1. James R. Chelius, "The Influence of Workers' Compensation on Safety Incentives", *Industrial and Labor Review*, Vol. 35, No. 2, (January) 1982.
2. James S. Trieschmann, Patrick G. Mckeown, "Sensitivity Analysis of Workers' Compensation Costs", *The Journal of Risk and Insurance*, Vol. 47, No. 4, (December) 1980.
3. John W. Ruser, "Workers' Compensation and Occupational Injuries and Illnesses", *Journal of Labor Economics*, Vol. 9, No. 4, (October) 1991.
4. John W. Ruser, "Workers' Compensation and the Distribution of Occupational Injuries", *The Journal of Human Resources*, Vol. 28, No. 3, (Summer) 1993.
5. John W. Ruser, "Does Workers' Compensation Encourage Hard to Diagnosing Injuries?", *The Journal of Risk and Insurance*, Vol. 65, No. 1, (March) 1998.
6. Karen Roberts, John F. Burten Jr. , Mattew M. Bodah(eds.), "Workplace Injuries and Diseases Prevention and Compensation", *W. E. Upjohn Institute for Employment Research*, Kalamazoo, Michigan, 2005.
7. Leslie I. Boden, "Dispute Resolution in Workers' Compensation", *The Review of Economics and Statistics*, Vol. 74. No. 3, (August) 1992.
8. Matthew Stanhope, Jon Ford, "The Critical Role of Evidence-Based Decision Support Systems to Deliver the Intended Benefits of Treatment Guidelines in Workers' Compensation", *International Association of Industrial Accident Boards Journal*, Vol. 43, No. 2, (Fall) 2006.
9. Michael J. Moore, W. Kip Viscusi, "Promoting Safety through Workers' Compensation: The Efficacy and Net Wage Costs of Injury Insurance", *RAND Journal of Economics*, Vol. 20, No. 4, (Winter) 1989.
10. Patricia M. Danzon, "Compensation for Occupational Disease: Evaluating the Options", *The Journal of Risk and Insurance*, Vol. 54, No. 2, (June) 1987.

11. Price V. Fishback, Shawn Everett Kantor, "A Prelude to the Welfare State: Compulsory State Insurance and Workers' Compensation in Minnesota, Ohio, and Washington, 1911-1919", *NBER Historical Paper*, No. 64, (December)1994.
12. Price V. Fishback, Shawn Everett Kantor, "The Political Economy of Workers' Compensation Benefit Levels, 1910—1930", *NBER Historical Paper*, No. 95, (November)1996.
13. Qiao Qingmei, "Challenges and Trends in China's New Workers' Compensation System", *International Association of Industrial Accident Boards Journal*, Vol. 43, No. 2, (Fall)2006.
14. Richard J. Butle, David Appel, "Benefit Increase in Workers Compensation", *Southern Economic Journal*, Vol. 56, No. 3, (January)1990.
15. Richard J. Butle, John D. Worral, "Claims Reporting and Risk Bearing Moral Hazard in Workers' Compensation", *The Journal of Risk and Insurance*, Vol. 58. No. 2, (June)1991.
16. Richard J. Butle, Yong-Seung Park, "Safety Practices, Firm Culture, and Workplace Injuries", *W. E Upjohn Institute for Employment Research*, Kalamazoo, Michigan, 2005.
17. Robert J. Paul, "Workers' Compensation—An Adequate Employee Benefit", *The Academy of Management Review*, Vol. 1, No. 4, (October)1976.
18. Robert L. Ohsfeld, Michael A. Morrisey, "Beer Taxes, Workers' Compensation, and Industrial Injuries", *The Review of Economics and Statistics*, Vol. 79, No. 1, (February)1997.
19. Shawn Everett Kantor, Price V. Fishback, "Precautionary Saving, Insurance, and the Origins of Workers' Compensation", *The Journal of Political Economy*, Vol. 104, No. 2, (April)1996.
20. Tequila J. Brooks, "Cross-Border Workers' Compensation and Social Security Policy in North America: An Analysis of the NAFTA Trucking Dispute through the eyes of a Workers' Compensation Practitioner", *International Association of Industrial Accident Boards Journal*,

(Spring)2005.
21. Terry Thomason, "Correlates of Workers' Compensation Claims Adjustment", *The Journal of Risk and Insurance*, Vol. 61, No. 1, (March)1994.
22. W. Kip Viscusi, Michael J. Moore, "Workers' Compensation-Wage Effects, Benefit Inadequacies, and the Value of Health Losses", *The Review of Ecnomics and Statistics*, Vol. 69, No. 2, (May)1987.
23. W. Kip Viscusi, "The Interaction between Product Liability and Workers' Compensation as Ex Post Remedies for Workplace Injuries", *Journal of Law, Economics, & Organization*, Vol. 5, No. 1, (Spring)1989.

附录　新中国工伤保险60年大事记

1949年

9月27日,中国人民政治协商会议第一次全体会议通过《中央人民政府组织法》,规定政务院设劳动部;11月2日,劳动部成立。

10月1日,中华人民共和国中央人民政府成立。新政府施政方针《中国人民政治协商会议共同纲领》规定:"保护青年女工的特殊利益";"实行工矿检查制度,以改进工矿的安全和卫生设备"。这些成为新中国成立后劳动保护和工伤预防方面最早的规定。

1950年

5月3日,政务院财政经济委员会颁布《全国公私营厂矿职工伤亡报告办法》。

5月4日,劳动部根据政务院财政经济委员会颁布的《全国公私营厂矿职工伤亡报告办法》,印发《重伤、死亡事故调查报告表》和《因工死亡人数日报表》,规范了因工伤亡的报告制度。

10月26日,西南军政委员会颁布《改善公私厂矿安全卫生的通令》。

12月11日,经中华人民共和国政务院批准,内务部颁布《革命工作人员伤亡褒恤暂行条例》,规定了在对敌斗争中负伤或因公负伤的革命工作者的伤残死亡待遇。

1951年

2月26日,中央人民政府政务院颁布并实施《中华人民共和国劳动保险条例》,这是新中国第一部全国统一的社会保险法规。条例对劳动保险实施范围、对象、劳动保险金的征集,各项待遇确定、管理与监督等都作了规定,也建立起了工伤保险制度。

3月24日,劳动部颁布《中华人民共和国劳动保险条例实施细则(草案)》,将实施劳动保险若干具体政策、管理问题加以细化和规定。

9月3日至15日,劳动部组织召开第一次全国劳动保护工作会议,通过了《工厂安全卫生暂行条例(草案)》、《保护女工暂行条例(草案)》和《限制工厂矿场加班加点暂行办法(草案)》等劳动保护方面的行政规章。

12月31日,政务院财经委员会颁布《工业交通及建筑企业职工伤亡事故报告办法》,规范了工业交通和建筑企业职工伤亡的报告。

1952年

12月23日至31日,劳动部组织召开第二次全国劳动保护工作会议,讨论了《加强劳动保护工作的决定》、《工厂安全卫生暂行条例》和《保护女工暂行条例》等劳动保护与职业安全卫生方面的文件草案。

1953 年

1月2日,中央人民政府政务院第165次会议通过并颁布《关于中华人民共和国劳动保险条例若干修正的决定》。

1月26日,劳动部颁布《中华人民共和国劳动保险条例实施细则修正草案的决定》,共18章79条。该细则与《中华人民共和国劳动保险条例》成为此后至1978年中国社会保险改革开始期间企业实施社会保险的重要法律依据。

4月,全国总工会在天津举办劳动保护研究班,聘请苏联专家讲授劳动保护课程,为中国培训出第一批劳动保护专业人员。

1954 年

6月12日,内务部、劳动部联合颁布《关于经济建设工程民工伤亡抚恤问题的暂行规定》,对从事建设工程的民工伤亡抚恤问题作了规定。

9月22日,第一届全国人民代表大会第一次会议通过《中华人民共和国宪法》,规定了劳动者的劳动权和休息权。

11月18日,劳动部发出《关于厂矿企业编制安全技术劳动保护措施计划的通知》,对厂矿企业编制安全计划的相关事项进行了规定。

1955 年

4月26日,国务院发出《关于女工作人员生产假期的通知》,对女工产假、待遇等作了规定。

6月11日,劳动部成立了锅炉安全检查总局。

12月28日,劳动部颁布《工人职员伤亡事故调查、登记、统计、报告规程草案》。

12月30日,劳动部劳动保护科学研究所成立。

1956年

1月31日,劳动部颁布《防止沥青中毒的办法》。

5月29日,国务院颁布《工厂安全卫生规程》、《建筑安装工程安全技术规程》和《工人职员伤亡事故报告规程》。

5月31日,国务院颁布《关于防止厂、矿企业中矽尘危害的决定》。

10月15日,劳动部和卫生部联合发出关于实行《职业中毒和职业病报告试行办法》的通知,该办法自1957年1月1日起试行。

1957年

2月28日,卫生部制定并颁布《职业病范围和职业病患者处理办法的规定》,首次将严重危害职工健康的职业性中毒、尘肺病等14种与职业有关的疾病(即"法定职业病")纳入工伤保险保障范围,享受因工伤残和死亡的相关待遇,建立起了职业病保障。

7月12日,国务院发出《关于加强企业中的防暑降温工作的通知》。

8月9日,劳动部和卫生部联合颁布《橡胶业汽油中毒预防暂行办法》。

1958年

3月19日,卫生部、劳动部和全国总工会联合颁布《矿山企业防止矽尘危害技术暂行办法》《矽尘作业工人医疗预防措施暂行办法》和《产生矽尘的厂矿企业防痨工作暂行办法》三部职业伤害预防法规。

1959 年

5月29日,国务院批转劳动部作出的《关于加强锅炉安全工作的报告》。

12月17日,劳动部发出《关于土锅炉爆炸事故的通报》,要求各地对自制土锅炉进行全面检查。

1960 年

1月27日,卫生部、国家科学技术委员会联合颁布《关于放射性工作卫生防护暂行规定》。

7月1日,卫生部、劳动部和全国总工会联合颁布《矽尘作业工人医疗预防措施实施办法》和《防暑降温措施暂行办法》。

7月24日,中共中央批转劳动部、全国总工会、中华全国妇女联合会党组联合作出的《关于女工劳动保护工作的报告》,加强女工劳动保护工作。

12月24日,劳动部颁布《蒸汽锅炉安全规程》。

1961 年

1月10日,国家经济委员会、劳动部联合发出《关于加强安全设备的维护检修工作的通知》。

4月30日,煤炭部发出《关于加强煤矿卫生工作及防止矽尘危害的通知》。

7月12日,劳动部、公安部、化工部联合颁布《气瓶安全管理暂行规定》,该规定自发布之日起试行。

10月7日,劳动部和商业部联合发出《关于劳动保护用品管理职责问题的通知》,提出加强劳动保护用品的调拨和供给,制定地区标准并对劳动保护用品检查情况进行检查。

1962年

3月26日,国家科学技术委员会、劳动部联合发出《关于核定蒸汽锅炉安全工作安排的通知》。

4月26日,劳动部颁布《起重机械安全管理规程》。

7月24日,国家计划委员会、卫生部联合颁布《工业企业设计卫生标准》,要求新建、改建的大中型企业均应按此标准执行。

8月8日,国务院批转劳动部作出的《关于防治矽尘危害工作的情况和意见的报告》。

8月14日,劳动部、商业部联合发出《关于防止氨瓶爆炸事故的通报》。

10月4日,劳动部颁布《对蒸汽锅炉司炉工的安全技术管理试行办法》。

1963年

3月30日,国务院颁布《关于加强企业安全生产中安全工作的几项规定》,企业安全生产责任制有了全国统一的规定。

5月17日,劳动部、全国总工会联合发出《关于贯彻执行〈国务院关于加强企业生产中安全工作的几项规定〉的通知》。

7月15日,劳动部、卫生部和全国总工会联合颁布《矽尘作业工人医疗预防措施实施办法》。

9月18日,劳动部颁布《国营企业职工个人防护用品发放标准》。

9月23日,劳动部、全国总工会联合发出《关于患硅肺病职工的若干待遇问题的通知》,对硅肺病人的待遇问题进行了规定。

10月20日,劳动部、卫生部和全国总工会联合颁布《防止矽尘危害工作管理办法》(草案)。

1964年

1月27日,卫生部、劳动部颁布《工业企业设计卫生标准(试行)实施办法》。

1969年

2月10日,财政部发出《关于国营企业财务工作中几项制度的改革意见(草案)》,要求"国营企业一律停止提取劳动保险金,企业的退休职工、长期病号工资和其他劳保开支在营业外列支"。草案废除了《劳动保险条例》规定的劳动保险基金制度,使劳动保险完全退化为单位保障的性质。

1970年

11月30日,国家计划委员会发出《做好职工伤亡事故统计工作的通知》,要求各单位发生一次死亡3人以上重大事故时,必须立即上报国家计划委员会劳动局。

12月11日,中共中央发出《关于加强安全生产的通知》,要求加强安全检查,严格责任追究。

1971 年

11月16日,国际劳工局理事会第184次会议根据联大第396号决议,通过了恢复我国在国际劳工组织中合法权利的决议,邀请我国参加国际劳工大会。

12月13日,国家基本建设革命委员会颁布《关于加强基本建设施工安全的规定》(试行草案),对安全管理制度、施工现场管理、土木方工程、高空作业、水上作业、机电设备等方面提出安全要求。

1973 年

10月30日,国家计划委员会发出《关于防止矽尘危害和有毒物质危害工作的通知》,要求制定出具体规定,解决矽尘和有毒物质危害问题。

1974 年

4月27日,国家计划委员会、国家基本建设委员会、国防科学技术委员会和卫生部联合颁布《放射防护规定》。

1975 年

3月24日,国家计划委员会颁布关于《安全生产管理暂行办法》,并发出《防止矽尘和有毒物质危害实施计划》的通知。

8月25日,国家计委发出《关于加强职工伤亡事故统计报告工作的通知》,规范职工伤亡上报工作。

1977 年

8月24日，国家计划委员会、财政部、国家物资总局和国家劳动总局等部委发出《关于加强有计划改善劳动条件工作的联合通知》，要求劳动条件差的企业优先安排劳动保护资金需要。

12月6日，国家劳动总局、冶金工业部联合发出《关于对钢铁冶炼企业从事高温繁重劳动的工人实行临时补贴问题的通知》，决定对冶金行业高温繁重作业人员进行补贴。

1978 年

5月24日，第五届全国人民代表大会常务委员会第二次会议通过《国务院关于工人退休、退职的暂行办法》，对退休、退职工伤人员的待遇作了调整。

10月21日，中共中央发出《关于认真做好劳动保护工作的通知》，要求工业交通部门进行安全生产大检查，减少伤亡事故。

12月25日，第三机械工业部重新颁布《安全规程》，健全企业安全生产责任制度。

1979 年

4月25日，国家劳动总局颁布《气瓶安全监察规程》，该规程于1980年1月1日起施行。

5月25日，国家计划委员会、国家经济委员会、国家劳动总局联合发出通知，重申贯彻执行《国务院关于加强企业生产中安全工作的几项规定》、《工厂安全卫生规程》、《建筑安装工程安全技术规定》、《工人职员伤亡事故报告规程》等劳动保护法规。

5月28日,国家劳动总局颁布《关于建立劳动保护室的意见》,在上海、天津、北京、四川和黑龙江五省市试点建立劳动保护室。

8月31日,卫生部、国家劳动总局联合颁布《工业企业噪声卫生标准(试行草案)》,该标准从1980年1月1日起施行。

9月30日,卫生部、国家计划委员会、国家建设委员会、国家劳动总局联合颁布《工业企业设计卫生标准》。

1980年

2月25日,煤炭部颁布《煤炭安全规程》,进一步加强煤炭行业安全管理。

3月14日,国家劳动总局、全国总工会联合发出《关于整顿与加强劳动保险工作的通知》,强调建立劳动鉴定委员会,以确定病、伤职工的休假、复工、定残工作,加强对残疾职工和因工死亡职工遗属的管理工作等。

7月11日,国家劳动总局颁布《蒸汽锅炉安全监察规程》,该规程自1981年1月1日起实施。

12月22日,化工部颁布《化工企业安全管理制度》。

1981年

4月11日,国家劳动总局发出《开展劳动安全标准化工作的通知》,促进劳动安全管理。

4月29日,国务院批转商业部、财政部、国家劳动总局等部门联合作出的《关于整顿劳动保护用品经营和发放管理报告的通知》。

6月24日,国家劳动总局和化工部联合颁布《关于在化工有毒有害作业工人中改革工作时制度的意见》。

1982年

2月13日,国务院颁布《矿山安全条例》和《矿山安全监察条例》,对国营矿山安全技术和工业卫生作了规定。

3月5日,卫生部、国家劳动总局联合发出《关于恢复职业中毒和职业病报告制度的通知》,对1956年的《职业中毒和职业病报告试行办法》作出修订,重新规定了职业病的报告办法。

4月17日,国家劳动总局、国家人事局联合作出《关于享受因工残废补助费的职工调整到国家机关、事业单位后,其因工残废补助费如何处理的复函》。

6月16日,民政部发出《关于军人、机关工作人员因交通事故死亡的抚恤问题的通知》。

1983年

1月15日,民政部发出《关于革命残废军人伤口复发死亡抚恤办法的通知》。

9月17日至20日,中国劳动保护科学技术学会成立,并举行了第一届学术大会。

1984年

1月3日,冶金部颁布《炼铁安全规程》。

3月19日,卫生部颁布《职业病诊断管理办法》。

4月26日,国务院为加强劳动安全监察,为劳动部门增加劳动保护安全监察干部8000人。

5月30日，民政部、财政部联合发出《关于调整革命残废人员抚恤标准的通知》。

5月30日，中华人民共和国批准承认《各种矿井下劳动使用妇女公约》、《确定准许使用儿童于工业工作的最低年龄公约》等14个国际劳工公约。

7月18日，国务院颁布《关于加强防尘工作的决定》，要求新建项目和技术改造项目的尘毒治理和安全设施与主体工程同时设计、审批、施工、验收和使用等。

1984年，广东省深圳市开始探索工伤保险制度改革方案。

1985年

1月8日，全国总工会书记处会议通过了《工会劳动保护监督检查员暂行条例》、《基层（车间）工会劳动保护监督检查委员会工作条例》和《工会小组劳动保护检查员工作条例》。

1月10日，民政部、财政部联合发出《关于对革命烈士家属、因公牺牲军人家属、病故军人家属发给定期抚恤金的通知》。规定从1985年1月1日起将革命烈士家属、因公牺牲军人家属、病故军人家属的定期定量补助改为定期抚恤金，并对抚恤金作了适当调整。

1月19日至22日，劳动人事部全国劳动保护科学技术工作会议讨论了《劳动保护科学研究"七五"规划》、《劳动保护科研项目管理办法》和《劳动安全卫生标准化"七五"计划》。

5月28日，冶金部颁布《炼钢安全规程》。

12月16日，劳动人事部、财政部、全国总工会联合发出《关于国营企业职工因工死亡后遗属生活困难补助问题的通知》。

1986 年

1月16日,全国安全生产委员会颁布《关于重视安全生产、控制伤亡恶化的意见》。

5月30日,卫生部、劳动人事部、全国总工会和全国妇联联合颁布《女职工保健工作暂行规定(试行草案)》。

6月25日,财政部发出《关于事业单位人员因公牺牲、病故一次抚恤金标准的通知》。

7月4日,国务院发布《关于加强工业企业管理若干问题的决定》,要求企业抓好安全生产工作,保障职工人身安全。

12月12日,国务院发出《关于乡镇煤矿实行行业管理的通知》。

1987 年

2月27日,国务院颁布《化学危险物品安全管理条例》。

4月27日至30日,劳动人事部在北京召开劳动安全监察工作会议,研究劳动安全监察与经济体制改革相适应的问题。

6月23日,劳动人事部发出《关于严格禁止招用童工的通知》。

7月22日,劳动人事部和农牧渔业部联合颁布《关于加强乡镇企业劳动保护工作的规定》。

9月5日,第六届全国人民代表大会常务委员会第二次会议批准中国加入国际劳工组织于1983年6月20日第十九届大会通过的《残疾人职业康复和就业公约》。

11月5日,卫生部、劳动人事部、财政部、全国总工会联合发出《关于修订颁发〈职业病范围和职业病患者处理办法的规定〉的通知》,并附有《职业病范围和职业病患者处理办法的规定》。该规定列入了职业中毒、尘肺、物理因素职业病、职业性传染病、职业性皮肤病、职业性肿瘤和其他职业病等9类共99种职业病范围,于1988年1月1日起施行。

12月3日,国务院颁布并实施《中华人民共和国尘肺病防治条例》。

1988年

6月3日,国务院颁布《私营企业暂行条例》,对私营企业的劳动保护事项作出了规定。

6月28日,国务院第十一次常务会议通过《女职工劳动保护规定》,于1988年9月1日起施行。

7月21日,国务院颁布《女职工劳动保护规定》,该规定于1988年9月1日起实施。

7月28日,劳动部、国家计委、轻工业部和农业部联合颁布《烟花爆竹安全生产管理暂行办法》。

8月20日,卫生部修订并颁布《职业病报告办法》,明确规定了职业病的统计、分析和报告办法,并于1989年1月1日起施行。

11月5日,劳动部发出《关于严禁使用童工的通知》,坚决制止使用童工。

12月9日,全国劳动厅、局长会议召开,劳动部拟定的《关于企业职工保险制度改革的设想(讨论稿)》在会上征求了意见。

12月29日,第七届全国人大常委会第五次会议审议通过了《中华人民共和国标准法》,对工业产品和建筑工程制定统一的卫生技术标准作了规定。

1989 年

1月,工伤保险改革试点在海南省海口市首先开始,掀开了工伤保险制度改革历史上新的一页。

1月20日,劳动部颁布《女职工劳动保护规定问题解答》。

2月13日,劳动部和农业部联合颁布《关于加强农垦企业劳动安全工作的规定》,要求加强农垦企业劳动安全管理工作。

3月29日,国务院颁布《特别重大事故调查程序暂行规定》。

4月5日至9日,"全国保险福利工作座谈会"在山东省烟台市召开,会议对我国社会保险福利工作现状进行了讨论,提出了关于工伤保险制度改革的原则意见:即走社会化道路;调整工伤待遇,对全残职工根据伤残等级发放长期伤残保障金和一次性工残补助金,适当提高工亡职工丧葬费和供养直系亲属抚恤费标准;建立工伤保险待遇随物价上涨和人民生活水平提高定期调整的制度;按照"以支定收、略有结余"的原则,实行行业差别费率和浮动费率,建立工伤保险基金。

4月15日,民政部发出《关于革命伤残军人评定伤残等级的条件的通知》。

6月16日,农业部、劳动部、公安部和国家建材局联合颁布《乡镇露天矿场爆破安全规程》。

8月24日,辽宁省丹东市东沟县人民政府颁布《东沟县职工工伤保险暂行办法》(东政发[1989]53),工伤保险改革试点开始实施。

8月25日,劳动部发出《关于加强企业职工伤亡事故统计管理工作的通知》。

10月18日,劳动部布出《关于健全劳动鉴定委员会和工作制度的通知》。

12月22日,商业部、劳动部、国家工商局、财政部和全国控购办公室、全国总工会联合发出《关于特种劳动防护用品实行定点经营的通知》,对特种劳动保护用品实行定点经营。

12月,工伤保险改革试点开始在广东省东莞市施行。

1990年

1月18日,劳动部颁布《女职工禁忌劳动范围的规定》,进一步加强女职工劳动保护。

4月23日,国家技术监督局颁布《有毒作业分级标准》(GB12331-90),规定了从事有毒作业危害条件分级的技术规则。

4月,工伤保险改革试点在广东省深圳市展开。

6月5日,国务院办公厅发出《关于特别重大事故报告工作有关问题的通知》。

7月,福建省三明市将乐县开始实施工伤保险试点工作。

12月,辽宁省铁岭市开始实施工伤保险制度改革试点工作。

12月30日,中共十三届七中全会讨论并通过了《中共中央关于制定国民经济和社会发展十年规划和"八五"计划的建议》,指出要在建立健全养老保险和待业保险制度的同时,改革工伤保险制度。

1991年

1月16日,监察部颁布《监察机关参加特别重大事故调查处理的暂行规定》。

2月22日,国务院颁布《企业职工死亡事故报告和处理规定》,于1991年5月1日起施行。1956年国务院颁布的《工人职工伤亡事故报告规定》同时废止。

3月30日,建设部、劳动部和公安部联合颁布《城市燃气安全管理规定》。

4月9日,第七届全国人民代表大会第四次会议批准通过了《中华人民共和国国民经济和社会发展十年规划和第八个五年计划纲要》,提出努力改革工伤保险制度,强调贯彻"安全第一,预防为主"的方针,强化劳动安全卫生监察,努力改善劳动条件,加强劳动保护,大力降低企业职工死亡事故率和职业病发病率,从而将工伤预防和职业安全提到了重要位置。

4月15日,国务院颁布《禁止使用童工规定》。

5月9日,劳动部、交通部联合颁布《油船、油码头防油气中毒规定》。

5月15日,劳动部九江职业安全卫生培训中心建成,这是当时全中国最大的职业安全卫生培训基地。

7月6日,劳动部、交通部联合颁布《港口煤尘防治规定(试行)》。

7月25日,劳动部颁布《〈企业职工死亡事故报告和处理规定〉有关问题的解释》。

8月7日,劳动部、财政部联合颁布《劳动保护专项措施经费管理办法》。

12月6日,劳动部颁布《劳动事业发展十年规划和第八个五年计划纲要》。

1992 年

1月17日,广东省人民政府颁布《广东省企业职工社会工伤保险规定》。

3月9日,劳动部、卫生部、中华全国总工会联合颁布《职工工伤与职业病致残程度鉴定标准(试行)》,该鉴定标准是按照国家《国民经济和社会发展十年规划和第八个五年计划纲要》提出的建立健全社会保障体系的要求、适应工伤保险制度改革需要而研制的第一个工伤与职业病致残程度鉴定标准。

4月3日,第七届全国人大五次会议通过了《中华人民共和国工会法》,对安全生产和劳动保护工作进行了专门的规定。

8月5日,国务院第110次常务会议讨论并原则通过了《矿山安全法(草案)》。

9月5日,国家技术监督局、劳动部等十部委联合发出《关于对实施安全认证的电工产品进行强制性监督管理的通知》。

9月29日,劳动部、财政部、中华全国总工会联合发出《关于调整企业全残职工护理费标准的通知》。

10月5日,经国务院批准,劳动部第一次发布《1991年全国企业职工伤亡情况通报》,这是我国第一次发布企业职工伤亡情况通报。同时决定从1993年起,定期公布全国企业职工伤亡统计人数。

11月7日,第七届全国人民代表大会常务委员会第二十八次会议通过《中华人民共和国矿山安全法》。该法自1993年5月1日起施行。

12月8日至10日,劳动部主持召开全国矿山安全监察工作会议,对贯彻《中华人民共和国矿山安全法》作出部署。

12月9日,劳动部颁布《未成年人特殊保护规定》。

1993年

1月3日,国务院批转劳动部等部委作出的《关于制止小煤矿乱挖滥采确保煤矿安全生产的意见》。

1月11日,人事部、财政部联合发出《关于调整国家机关、事业单位因公致残人员护理费标准的通知》。

4月22日,劳动部和国家统计局联合发布《关于1992年劳动事业发展的公报》,这是新中国第一次以发布会的形式发布劳动事业统计公报。公报中指出,1992年工伤保险制度改革试点扩大,全国17个省、自治区、直辖市开展了改革试点,有360个市、县按照差别费率和浮动费率机制,实行了工伤保险费用社会统筹。草拟了《企业职工工伤保险条例》,试行了《职工工伤与职业病致残程度鉴定标准》,全国已有2000多个市、县建立了劳动鉴定机构,为工伤保险改革全面铺开奠定了基础。

11月14日,中共十四届三中全会通过《中共中央关于建立社会主义市场经济体制若干问题的决定》,提出"普遍建立企业工伤保险制度"的设想。

1993年,是中国工伤保险改革试点扩展最迅速的一年。

1994年

1月7日,国务院第14次常务会议讨论并原则通过了《中华人民共和国劳动法(草案)》。

2月3日,国务院颁布《关于职工工作时间的规定》,规定全国所有机关、企事业单位统一实行每周44小时工作制度。

2月5日,劳动部、监察部、最高人民检察院和全国总工会联合发出《关于必须严肃查处煤矿重大恶性事故的通知》。

2月8日,劳动部颁布《〈国务院关于职工工作时间的规定〉实施办法》。

3月25日,劳动部颁布《矿山呼吸性粉尘危害程度分级方案》。

6月8日,劳动部发出《关于认真贯彻执行〈矿山安全法〉进一步加强矿山安全工作的紧急通知》。

7月5日,第八届全国人大常委会第八次会议通过《中华人民共和国劳动法》,以法律的形式将工伤保险制度确定下来。

7月6日,劳动部发出《关于重申特大伤亡事故报告有关问题的通知》。

10月27日,八届全国人大常委会第十次会议审议批准了"第170号国际劳工公约",即《作业场所安全使用化学品公约》。

12月9日,劳动部发出《关于〈未成年工特殊劳动保护规定〉的通知》,自1995年1月1日起施行。《未成年工特殊劳动保护规定》对年满16岁、未满18岁的劳动者采取特殊的劳动保护措施。

12月26日,劳动部颁布《违反〈中华人民共和国劳动法〉行政处罚办法》。

1995年

3月25日,国务院颁布《关于修改〈国务院关于职工工作时间的规定〉的决定》,实行每天8小时、每周40小时的工作制。

5月10日,劳动部颁布《违反〈劳动法〉有关劳动合同规定的赔偿办法》。

1996 年

3月14日，国家技术监督局颁布《职工工伤与职业病致残程度鉴定》(GB/T 16180-1996)。该标准是在1992年的《职工工伤与职业病致残程度鉴定标准（试行）》基础上修订完善后形成的国家级标准，为工伤、职业病患者于国家社会保险法规规定的医疗期满后进行医学鉴定提供了准则和依据。

4月22日，劳动部、监察部、煤炭部、地质矿产部和全国总工会联合发出《关于开展煤矿安全生产大检查活动的通知》。

8月12日，劳动部颁布《企业职工工伤保险试行办法》，该办法是自1951年《劳动保险条例》公布以来第一个专门的企业职工工伤保险规章，对工伤范围及其认定、劳动鉴定和工伤评残、工伤保险待遇、工伤保险基金、工伤预防和职业康复、管理与监督检查、企业和职工责任、争论处理等问题作了规定。

10月30日，经国务院批准，劳动部颁布《矿山安全法实施条例》。

12月20日，劳动部、化工部联合颁布《工作场所安全使用化学品规定》。

1997 年

2月5日，劳动部、煤炭部、农业部、地质矿产部、监察部和全国总工会联合发出《关于加强乡镇煤矿安全工作的通知》。

4月26日，全国总工会修订并颁布《工会劳动保护监督检查员工作条例》、《基层工会劳动保护监督检查委员会工作条例》和

《工会小组劳动保护检查员工作条例》。

11月1日,八届全国人大常委会第二十八次会议通过《中华人民共和国建筑法》,其中对建筑施工企业生产安全问题作了规定。该法于1998年3月1日起施行。

11月19日,人事部、劳动部联合颁布《安全工程专业中、高级技术职称资格评审条件(试行)》。

1998年

2月17日,劳动部办公厅作出《关于在国内发生并由外方支付赔偿的工伤事故待遇处理问题的复函》。

6月17日,国务院办公厅发出《关于印发劳动和社会保障部职能配置、内设机构和人员编制规定的通知》,决定原劳动部承担的安全生产综合管理、职业安全监察、矿山安全监察职能交由国家经济贸易委员会承担;原劳动部承担的职业卫生监察(包括矿山卫生监察)职能交由卫生部执行;原劳动部承担的锅炉压力容器监察职能,交由国家质量技术监察局执行。工伤保险的管理与实施工作,由新成立的劳动和社会保障部执行。

1999年

3月20日,国务院办公厅转发国家经济贸易委员会作出的《关于加强安全生产工作的意见》。

4月12日,第15届世界职业安全卫生大会在巴西圣保罗举行,中国派代表团参加。会议的主题是"安全、卫生、环境——全球性的挑战"。

10月13日,国家经济贸易委员会颁布《职业安全卫生管理体系试行标准》。

12月14日,卫生部颁布《工业企业职工听力保护规范》。

2000 年

7月7日,国务院办公厅发出《关于切实加强安全生产工作有关问题的紧急通知》。

12月1日,国务院颁布《煤矿安全监察条例》。

12月31日,国务院办公厅发出《关于印发〈国家安全生产监督管理局(国家煤矿安全监察局)职能配置内设机构和人员编制规定〉的通知》。通知规定,设立国家安全生产监督管理局,作为综合管理国家安全生产工作、履行国家安全生产监督管理职能的行政机构。该机构和煤矿安全监察局同一机构、两种职能、两块牌子。涉及煤矿安全监察方面的工作,以国家煤矿安全监察局的名义实施。

2001 年

4月6日,国家安全生产监督管理局发出《关于进一步贯彻落实〈矿山安全法〉的通知》。

4月21日,国务院颁布《国务院关于特大安全事故行政责任追究的规定》。

7月23日,国务院安全生产委员会印发《国务院安全生产委员会工作规则》。

10月27日,第九届全国人民代表大会常务委员会第二十四次会议通过《中华人民共和国职业病防治法》,这是我国职业安全卫生领域的又一部重要法律。该法自2002年5月1日起施行。

2002 年

1月26日,国务院颁布《危险化学品安全管理条例》,该条例自2002年3月1日起施行。

4月4日,国务院决定任命王显政为国家安全生产监督管理局(国家煤矿安全监察局)局长。

4月5日,劳动和社会保障部发出《关于印发〈职工非因工伤残或因病丧失劳动能力程度鉴定标准(试行)〉的通知》。同日,劳动和社会保障部办公厅颁布《关于如何理解〈企业职工工伤保险试行办法〉有关内容的答复意见》。

4月30日,国务院第57次常务会议通过了《使用有毒物品作业场所劳动保护条例》,自公布之日起实施。

5月1日,《中华人民共和国职业病防治法》正式实施。同时,卫生部颁布《国家职业卫生标准管理办法》和《职业危害事故调查处理办法》,完善了工伤保险制度的技术标准和实施规范。

6月29日,第九届全国人民代表大会常务委员会第二十八次会议通过《中华人民共和国安全生产法》,自2002年11月1日起施行。

9月18日,国务院第63次常务会议通过《禁止使用童工的规定》,自2002年12月1日起实施。

9月28日,国务院办公厅发出《关于加强危险化学品安全管理防范投毒事件的紧急通知》。

2003 年

4月27日,国务院颁布《工伤保险条例》,对工伤保险基金的构成、缴纳、管理，工伤认定的范围、程序，劳动能力鉴定的标准及工伤保险待遇、监督管理、法律责任等提出了具体要求，为相关问题的处理提供了法律依据。这是我国第一部立法层次最高的工伤保险法规，于2004年1月1日正式实施。

5月19日，劳动和社会保障部发出《关于贯彻落实工伤保险条例的通知》。

5月23日，劳动和社会保障部、人事部、财政部和卫生部联合发出《关于因履行工作职责感染传染性非典型肺炎工作人员有关待遇问题的通知》。

6月12日，劳动和社会保障部发出《关于加强劳动保障监察工作的通知》。

9月23日，劳动和社会保障部颁布《工伤认定办法》、《因工死亡职工供养亲属范围规定》以及《非法用工单位伤亡人员一次性赔偿办法》，并于2004年1月1日正式实施。

9月26日，劳动和社会保障部、人事部、卫生部、中华全国总工会以及中国企业联合会联合发出《关于劳动能力鉴定有关问题的通知》。

10月23日，中央机构编制委员会发出《关于国家安全生产监督管理局(国家煤矿安全监察局)主要职责内设机构和人员编制调整意见的通知》，对国家安全生产监督管理局(国家煤矿安全监察局)主要职责内设机构和人员编制进行了调整。

10月29日，劳动和社会保障部发出《关于工伤保险费率问题的通知》。

11月13日，劳动和社会保障部发出《关于印发〈工伤保险条例〉宣传提纲的通知》。

2004 年

1月1日,《工伤保险条例》正式生效实施,至此,经过一系列的改革、试点,我国工伤保险制度模式初步定型。

1月9日,国务院颁布《关于进一步加强安全生产工作的决定》。

1月13日,国务院颁布《安全生产许可证条例》,自公布之日起施行。

2月17日,国务院办公厅发出《关于加强安全工作的紧急通知》。

3月2日,劳动和社会保障部工伤保险司正式成立,陈刚任司长。

4月26日,国务院办公厅发出《关于加强危险化学品安全管理工作的紧急通知》。

4月30日,国务院颁布《道路交通安全法实施条例》,该条例于2004年5月1日起施行。

5月18日,劳动和社会保障部办公厅作出《关于当事人对工伤认定不服申请行政复议问题的复函》。

6月1日,劳动和社会保障部发出《劳动和社会保障部关于农民工参加工伤保险有关问题的通知》,对农民工工伤保险进行了专门规定。

6月17日,劳动和社会保障部办公厅发出《关于印发〈工伤保险经办业务管理规程(试行)〉的通知》。

9月16日,劳动和社会保障部发出《关于印发国家基本医疗保险和工伤保险药品目录的通知》。

10月20日,国家安全生产监督管理局(国家煤矿安全监察局)颁布《安全评价机构管理规定》,自2005年1月1日起实施。

11月1日,劳动和社会保障部发出《关于实施〈工伤保险条例〉若干问题的意见》。同日,劳动和社会保障部、铁道部联合发出《关于铁路企业参加工伤保险有关问题的通知》。

11月3日,国家安全生产监督管理局(国家煤矿安全监察局)颁布《煤矿安全规程》,自2005年1月1日起实施。2001年9月19日颁布、2001年11月1日起实施的《煤矿安全规程》同时废止。

11月14日,国务院颁布《劳动保障监察条例》,自2004年12月1日起施行。

12月28日,国家安全生产监督管理局颁布《安全生产培训管理办法》,自2005年2月1日起施行。

2005年

1月11日,劳动和社会保障部颁布《关于进一步加强劳动保障监察工作的意见》。

1月26日,国务院会议审议并原则通过《国家突发公共事件总体应急预案》。

2月26日,国务院发出《关于国家安全生产监督管理局(国家煤炭安全监察局)机构调整的通知》,将国家安全生产监督管理局调整为国家安全生产监督管理总局,以强化安全生产监督管理的重要性。国家煤矿安全监察局单设。

4月7日,劳动和社会保障部、国家安全生产监督管理总局、国防科学技术工业委员会联合发出《关于贯彻〈安全生产许可证条例〉做好企业参加工伤保险有关工作的通知》。

4月19日,第10届职业性呼吸系统疾病国际会议在北京召开。

7月22日,国家安全生产监督管理总局颁布《劳动防护用品监督管理规定》,该规定于9月1日实施。

8月22日,国务院办公厅发出《关于坚决整顿关闭不具备安全生产条件和非法煤矿的紧急通知》。

8月26日,国务院颁布《易制毒化学品管理条例》,于2005年11月1日起施行。

9月3日,国务院颁布《关于预防煤矿生产安全事故的特别规定》,该规定自发布之日起施行。

10月8日至11日,中国共产党第十六届五中全会通过了《中共中央关于制定国民经济和社会发展第十一个五年规划的建议》,将"安全生产状况进一步好转"列为"十一五"时期社会发展的目标之一,同时指出要"完善城镇职工基本养老和基本医疗、失业、工伤、生育保险制度"。

11月30日,劳动和社会保障部、国家安全生产监督管理总局、国家煤矿安全监察局联合发出《关于做好煤矿企业参加工伤保险有关工作的通知》。

12月29日,劳动和社会保障部、人事部、民政部、财政部联合发出《关于事业单位、民间非营利组织工作人员工伤有关问题的通知》。

2006年

3月14日,十届全国人大四次会议通过了《关于国民经济和社会发展第十一个五年规划纲要》,指出要"建立健全与经济发展水平相适应的社会保障体系,合理确定保障标准和方式。完善城镇职工基本养老和基本医疗、失业、工伤、生育保险制度"。

3月27日,国务院颁布《关于解决农民工问题的若干意见》,进一步规定要依法保障农民工职业安全卫生权益,依法将农民工纳入工伤保险范围,加快推进农民工较为集中、工伤风险程度较高的建筑业、煤炭等采掘业参加工伤保险。

5月17日,劳动和社会保障部发出《关于实施农民工"平安计划"加快推进农民工参加工伤保险工作的通知》,制定了在全国组织实施以推进煤矿、建筑等高风险企业农民工参加工伤保险的三年行动计划(2006—2008)。

6月29日,十届全国人大常委会第二十二次会议通过《〈中华人民共和国刑法〉修正案(六)》,对违反有关安全生产规定犯罪的条文作出重要修改和补充。

7月6日,国务院办公厅颁布《关于加强煤炭行业管理有关问题的意见》。

8月17日,国务院办公厅印发《安全生产"十一五"规划》。

9月12日至22日,第三届中国国际安全生产论坛暨中国国际安全生产及职业健康展览会在北京举行。

9月27日,国家安全生产监督管理总局和中国保险监督管理委员会联合颁布《关于大力推进安全生产领域责任保险 健全安全生产保障体系的意见》。

9月28日,国务院办公厅转发国家安全生产监督管理总局等多部委联合作出的《关于进一步做好煤矿整顿关闭工作的意见》的通知。

10月25日,国家安全生产监督管理总局颁布《关于修改〈煤矿安全规程〉第六十八条和第一百五十八条的决定》,自2007年1

月1日起实施。

11月22日,监察部、国家安全生产监督管理总局联合颁布《安全生产领域违法违纪行为政纪处分暂行规定》,该规定自发布之日起施行。

12月5日,劳动和社会保障部、建设部联合发出《关于做好建筑施工企业农民工参加工伤保险有关工作的通知》。

2007年

2月27日,劳动和社会保障部、卫生部、国家中医药管理局联合发出《关于加强工伤保险医疗服务协议管理工作的通知》,对工伤保险医疗服务协议管理的方式、协议医疗机构的条件,以及工伤职工就医和医疗服务费用管理等问题进行了明确与规范。

3月6日,劳动和社会保障部发出《关于新旧劳动能力鉴定标准衔接有关问题处理意见的通知》。

3月28日,国务院办公厅发布《关于严肃查处瞒报事故行为坚决遏制重特大事故发生的通报》。

4月3日,劳动和社会保障部办公厅发出《关于印发加强工伤康复试点工作指导意见的通知》,在做好广州、南昌市工伤康复中心试点的基础上,在全国进一步推广工伤康复试点工作。

4月9日,国务院颁布《生产安全事故报告和调查处理条例》,自2007年6月1日起施行。国务院1989年3月29日颁布的《特别重大事故调查程序暂行规定》和1991年2月22日颁布的《企业职工伤亡事故报告和处理规定》同时废止。

5月31日,国家安全生产监督管理总局局长李毅中等会见了美国利宝互助保险公司副总裁 Tom Lemon 一行,后者将根据温家宝总理指示进行的《发展保险制度 改善中国安全生产》研究报告递交李毅中。

8月31日,国务院办公厅发出《关于进一步加强安全生产工作坚决遏制重特大事故的通知》。

9月7日,劳动和社会保障部、国务院国有资产监督管理委员会联合发出《关于进一步做好中央企业工伤保险工作有关问题的通知》。

11月28日,国务院常务会议讨论通过了《中华人民共和国社会保险法(草案)》,并提请全国人大常委会审议。

11月30日,国家安全生产监督管理总局颁布重新修订的《安全生产违法行为行政处罚办法》。

12月26日,第十届全国人大常委会第三十一次会议对《中华人民共和国社会保险法(草案)》进行第一次审议。

12月28日,国家安全生产监督管理总局颁布《安全生产事故隐患排查治理暂行规定》,自2008年2月1日起施行。

2008年

3月11日,人力资源和社会保障部发出《关于印发〈工伤康复治疗规范(试行)〉和〈工伤康复服务项目(试行)〉的通知》,对开展工伤康复试点工作作出进一步规范。

5月14日,人力资源和社会保障部发出《关于认真做好地震灾区救灾期间基本医疗保险和工伤保险工作的紧急通知》。

9月18日,国务院颁布《劳动合同法实施条例》,自颁布之日起实施。

10月28日,第十一届全国人大常委会第五次会议修订通过

《中华人民共和国消防法》，该法自2009年5月1日起施行。

12月23日，第十一届全国人大常委会第六次会议对《中华人民共和国社会保险法（草案）》进行了第二次审议。

12月28日，根据全国人大常委会委员长会议决定，全国人大常委会办公厅公布《中华人民共和国社会保险法（草案）》，向社会公开征求意见。

2009年

1月24日，国务院颁布《关于修改〈特种设备安全监察条例〉的决定》。

4月1日，国家安全生产监督管理总局颁布《生产安全事故应急预案管理办法》。

4月10日，人力资源和社会保障部发出《关于做好老工伤人员纳入工伤保险统筹管理工作的通知》，决定将工伤保险制度改革前遗留的老工伤人员的工伤保障问题纳入现行的工伤保险制度进行管理。

5月24日，国务院办公厅颁布《国家职业病防治规划（2009—2015）》。

6月15日，广东省东莞市大朗某五金厂工人刘汉黄因工伤纠纷迟迟得不到解决，遂捅死两名台湾籍高管并致一人重伤。这起恶性暴力事件虽然只是一个极端的个案，但是充分说明工伤处理程序烦琐的弊端以及给工伤职工、社会造成的严重危害，此次事件在一定程度上加快了《工伤保险条例》的修改步伐。

7月10日，河南民工张海超为了证明自己患有职业病决定开胸验肺，后在政府、媒体、社会舆论的大力干预下，张海超最终得以被诊断为患有尘肺病,并获得总额60余万元的赔偿。

7月12日,中共中央办公厅、国务院办公厅联合印发《关于实行党政领导干部问责的暂行规定》,决定对决策严重失误、造成重大损失或恶劣影响等7种情形的党政干部领导实行问责。

7月24日,国务院法制办公室公布《工伤保险条例(修订草案)》,向社会公开征求意见。此次征求意见稿对于现行工伤保险制度作了较大的修改,内容涉及工伤认定范围、工伤处理程序、未参保用人单位的处罚以及职工的权益保障、工亡待遇标准等多方面。

9月23日,人力资源和社会保障部发出《关于开展工伤预防试点工作有关问题的通知》,决定结合河南、广东和海南三省工伤预防工作实际,选择郑州、洛阳、安阳、三门峡、广州、深圳、珠海、东莞、海口、昌江、儋州等市县作为工伤预防试点地区。

11月27日,人力资源和社会保障部发出《关于印发国家基本医疗保险、工伤保险和生育保险药品目录的通知》。

致　　谢

本书是在我的博士论文基础上经修改、补充而完成的。本书的付梓,首先要感谢我的博士生导师郑功成教授。一直以来,郑教授在我的学习和工作中给予了莫大的关怀和帮助,他强烈的社会责任感和胸怀天下的人格是我学习的楷模。

在书稿写作中,我还得到了诸多师长和专家的悉心指导。感谢孙光德教授、孙树菡教授、王延中教授、申曙光教授、黎建飞教授、程延园教授在我博士论文写作伊始给予的指导。正是他们的宝贵意见,给了我更宽的写作思路和更准确的定位。

书稿的写作大部分是在国外完成的。感谢德国 Max-Planck 国际社会法研究所的 Ulrich Becker 教授、Barbara Darimont 博士和 B. von Maydel 教授的无私帮助,使我圆满完成了访学任务和研究工作。感谢德国工伤保险同业联合会(HVBG)的 Stefan Zimmer 博士、Edwin Toepler 教授和 Friedrich Mehrhoff 博士的热情帮助,不但为我提供了大量的一手资料,而且提供了与德国专家、同行交流的机会。同时还要感谢美国 W. E. Upjohn 就业研究所的 H. Allan Hunt 教授,为我的论文写作提供了丰富的信息资源。

最后,要感谢我挚爱的家人,是他们的鼓励和支持给了我成功的渴望和前进的信心。

乔庆梅
2010 年 2 月